PORTUGAL INVESTMENT ENVIRONMENT REPORT

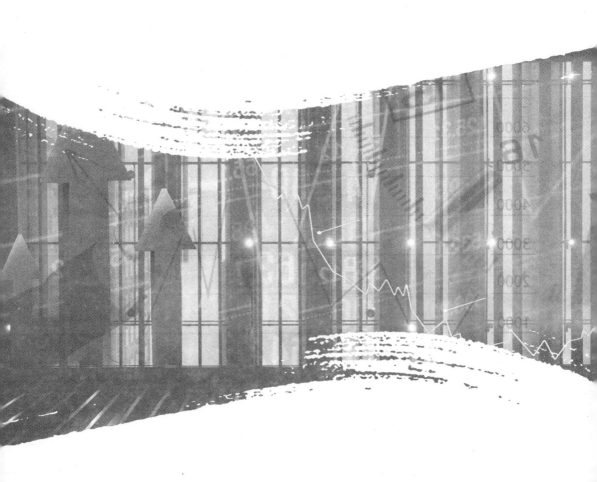

葡语国家投资环境研究系列（一）

主　编　庞　川　林志军　宋雅楠

葡萄牙投资环境报告

主编　宋雅楠

中国财经出版传媒集团

经济科学出版社

Economic Science Press

图书在版编目（CIP）数据

葡萄牙投资环境报告/宋雅楠主编．—北京：经济科学
出版社，2018.5
ISBN 978 – 7 – 5141 – 9387 – 9

Ⅰ．①葡…　Ⅱ．①宋…　Ⅲ．①投资环境 – 研究报告 –
葡萄牙　Ⅳ．①F155.2

中国版本图书馆 CIP 数据核字（2018）第 121242 号

责任编辑：刘　莎
责任校对：郑淑艳
责任印制：邱　天

葡萄牙投资环境报告
主编　宋雅楠
经济科学出版社出版、发行　新华书店经销
社址：北京市海淀区阜成路甲 28 号　邮编：100142
总编部电话：010 – 88191217　发行部电话：010 – 88191522
网址：www. esp. com. cn
电子邮件：esp@ esp. com. cn
天猫网店：经济科学出版社旗舰店
网址：http://jjkxcbs. tmall. com
固安华明印业有限公司印装
710×1000　16 开　18.75 印张　300000 字
2018 年 5 月第 1 版　2018 年 5 月第 1 次印刷
ISBN 978 – 7 – 5141 – 9387 – 9　定价：66.00 元
（图书出现印装问题，本社负责调换。电话：010 – 88191510）
（版权所有　侵权必究　举报电话：010 – 88191586
电子邮箱：dbts@ esp. com. cn）

编 写 委 员 会

主　编　宋雅楠

编　委　王建伟　易再成　戴晴蕾　吕开颜　汤晓雷

　　　　汪清洋　张倩儒　秦　垚　宋灏岩

主 编 简 介

庞川，教授，澳门科技大学副校长、研究生院院长、酒店与旅游学院院长。上海复旦大学管理学博士。具有丰富而深厚的教学、研究、行政和管理经验，见证了澳科大的整个发展历程，为澳科大研究生教育和商学院等发展作出显著贡献。

林志军，教授，澳门科技大学副校长，商学院院长。美国会计学会（AAA）、国际会计教育与研究学会（IAAER）、加拿大会计学会（cAAA）、北美中国会计教授会等学会成员，同时是美国注册会计师协会（AIcPA）、中国注册会计师协会（CICPA）成员。

宋雅楠，副教授，西安交通大学应用经济学博士学位。现任教于澳门科技大学商学院。主要研究方向为国际贸易与投资、中葡经贸关系、"一带一路"等。曾主持及从事"旅游产业视角下的'一带一路'与澳门经济适度多元化研究""中国与葡语国家关系研究（巴西）""金砖国家机制化问题研究""开拓葡语国家市场战略研究""外来劳工流动对澳门经济影响效应及澳门外劳政策研究"等多个研究项目。代表作品有葡语国家蓝皮书《中国与葡语国家关系发展报告·巴西》（执行主编，社会科学文献出版社，2016）、*BRICS：Institutionalization & Macau*（主编，社会科学文献出版社，2016）、《开放经济下的服务贸易壁垒和动态比较优势》（合著，经济科学出版社，2010），并于国内外学术刊物及论文集发表论文 30 余篇。

前　言

澳门回归以来，在"一国两制"和《基本法》的实施指引下，澳门经济得以快速腾飞。澳门因与葡语国家保持悠久紧密的历史文化联系，具有对葡语国家行政、法律、语言、风俗、文化较为了解以及葡语国家市场比较熟悉等优势，被定位为中国与葡语国家之间的服务平台（以下简称中葡平台），旨在发挥澳门优势，促进中国与葡语国家之间的经贸合作交流。

2018 年是中国—葡语国家经贸合作论坛（澳门）（以下简称中葡论坛）成立的十五周年。回顾 15 年来，澳门一直致力于服务和促进中国与葡语国家之间的经贸关系持续发展，并带动更广泛、更多元领域的交流与合作。2017 年，中国与葡语国家贸易总额 1 175 亿美元，对葡语国家直接投资超过 50 亿美元，分别是 2003 年中葡论坛成立时的 11 倍和 90 多倍。随着中国与葡语国家的经贸往来不断提升，未来澳门将进一步发挥中国与葡语国家互相投资和商贸往来的桥梁作用，澳门在熟悉葡语国家经贸领域的人才培养将发挥更重要的作用。

目前，葡语国家因地域和语言的限制较少为中国内地企业和研究人员所关注和了解，市场上从事中国与葡语国家的经贸合作服务、熟悉葡语国家市场的专业经贸人才仍处于匮乏阶段。尤其，葡语国家分布在四大洲，总人口超过 2.6 亿，除自身市场外还可以辐射欧洲、拉丁美洲、非洲和东盟地区市场。但葡萄牙、巴西、安哥拉、莫桑比克、佛得角、几内亚比绍、东帝汶等葡语国家各自在经济结构、发展程度和法律法规方面都有着较大区别，在进行经贸合作及投资过程中，投资方在各国面临的可能是完全不同的问题，故不能简单划一地对待与葡语国家的经贸合作及投资问题。因此，为进一步发挥澳门作为"中葡平台"的人才培养、智力支持和咨询作用，本研究通过发挥澳门高校学者的相关研究优势，形成葡语国家投资环境的系列国别研究报告。

本报告为"葡语国家投资环境研究系列"的第一部，主要针对葡萄牙的投资环境进行研究分析。身为葡语国家的葡萄牙位于欧洲大陆边缘，虽然葡萄牙在经济发展、市场规模等方面对比一些发达欧盟国家仍有很大不足，但在高等教育和科研方面的优势为葡萄牙在新能源和环境保护产业参与国际竞争提供了支持。同时，身为欧盟成员国，进入葡萄牙即意味着进入了准入门槛较高的欧盟市场，加之葡萄牙利用较低的税收和灵活的移民政策创造了较强的投资吸引力。

2017 年，中国为葡萄牙第十一大出口市场和第六大进口来源地。中国企业对葡萄牙投资增长迅猛，葡萄牙已成为中国投资欧盟的主要国家之一。中国企业对葡萄牙投资涵盖能源、电力、通信、民航、金融、保险、水务、工程设计、建材、健康医疗和餐饮等领域。对于投资者来说，葡萄牙不论是从商业环境、投资门槛还是税收方面，都较为宽松和包容。且近年来，随着葡萄牙旅游市场的蓬勃发展，带动了其他相关产业的发展，具有一定的投资机会。我国部分投资者通过对葡萄牙市场的了解，敏锐地捕捉到了一些发展潜力较大的行业并进行了收购和投资。随着这样的成功案例越来越多，对葡萄牙投资的热度也有了增长的势头，也使得葡萄牙成为许多想要进入欧盟或葡语国家市场的投资者所青睐的投资对象。

因此，本报告力图从投资环境的科学内涵出发，多方面搜集数据资料，通过多种分析方法，全方位地分析葡萄牙作为葡语国家和欧盟成员国的投资环境特征。将有助于关注中国与葡语国家经贸合作的政府公务人员、专家学者、企业管理人员以及在校进行葡语和葡语国家相关学习的学生们，更好地了解葡语国家和葡萄牙，为发挥中葡平台作用，科学制定对葡萄牙投资策略提供参考借鉴。

本报告从投资环境概述、政治与经济环境、商业与政策及澳门平台四个方面，分别针对葡萄牙的整体投资和产业发展状况、中葡政治关系、葡萄牙贸易投资状况和金融市场发展状况进行了介绍和分析；特别针对在对葡萄牙投资中的难点和热点问题，如劳动就业政策、投资争端解决和知识产权保护等方面给予分析，并针对我国投资者给出了策略性建议；最后，分析了澳门作为"中葡平台"的相关发展和作用，也对如何利用澳门平台及平台的发展给出了政策建议。

同时配合本研究系列，还推出了"葡语国家投资环境数据库（PLPIDB）"网络数据库，将葡语国家数据和研究成果与读者和用户共享。以网络平台的方式，为有意投资葡语国家的企业提供信息咨询，也为葡语学习和商业、法律等专业葡语人才培养提供资源支持，同时也为高等院校内商业、法律等相关专业教研人员从事葡语国家方面的研究提供便利，支持澳门作为中葡商贸合作服务平台的发展与建设。

本报告得到了澳门特别行政区高等教育辅助办公室的支持。在写作过程中，得到了许多领导、前辈、同事和朋友的支持和帮助，尤其感谢外交部驻澳门特别行政区特派员公署、中华人民共和国驻葡萄牙大使馆暨经商处徐伟丽参赞、徐凌云女士的帮助，感谢澳门盛世集团控股股份有限公司董事主席及行政总裁田达德先生和董事萧家明先生，葡萄牙中华总商会会长蔡文显先生及夫人，葡萄牙环球伊比利亚传媒总裁詹亮先生，葡中侨商会会长刘建云先生，葡萄牙海通银行副总裁贺巍先生对本报告的宝贵建议和经验分享。同时也感谢本报告各篇文章作者们的支持，使本书得以顺利完成！

在国家发展的宏伟战略下，澳门如何实践中国与葡语国家经贸合作的服务平台，助力和参与粤港澳大湾区和"一带一路"建设是一个持续的课题。本研究团队将继续深入中国与葡语国家的经贸合作研究，努力为发挥澳门优势提供参考，为澳门"中葡平台"的建设提供智力支持。

目　　录

葡萄牙投资环境概述

葡萄牙政治与经济环境

葡萄牙商业与政策环境

投资葡萄牙与澳门特区"中葡平台"

葡萄牙投资环境概述

葡萄牙投资环境概述

宋雅楠[*]

一、葡萄牙概况

（一）葡萄牙基本社会情况[①]

1. 地理

葡萄牙是欧洲古国之一，地处欧洲伊比利亚半岛西南部，国土面积不大，仅有 92 212 平方公里，东北部与西班牙相连，西南部被大西洋环绕，是一个拥有较长海岸线的沿海国家，其地理特点也较为明显，沿海地区主要都是平原地区，北部以山地和高原为主，葡萄牙面向海洋和背靠欧洲内陆的地理位置优势促进了该国对外贸易的发展。

葡萄牙国内共有 18 个大区和 2 个自治区，其中首都里斯本是重要的政治、经济、金融、文化以及科技中心，同时也是葡萄牙重要的港口所在地。第二大城市波尔图位于葡萄牙北部，是重要的工业城市，主要工业部门有：酿酒、软木加工、纺织及成衣制作、模具加工等。

得益于依山傍海的优越地理位置，葡萄牙旅游业近些年不断升温。在 2016 年第二十二届世界旅游大奖评选中，葡萄牙斩获 24 项旅游奖项，其中里斯本荣获"欧洲最佳邮轮目的地""欧洲最佳邮轮港口"称号。在 2017 年旅游指南《孤独星

---

* 宋雅楠，澳门科技大学商学院副教授。研究方向为国际贸易与投资、中葡经贸关系等。
① 中国驻葡萄牙大使馆经济商务参赞处：《对外投资合作国别（地区）指南·葡萄牙》，2016 年版。

球》（*Lonely Planet*）评选出的 2018 年十大最佳旅行国家榜单中，葡萄牙位列第三。

2. 人口

据欧盟统计局统计数据显示，2017 年葡萄牙人口数为 1 030.96 万人。根据联合国《2016 年世界各国人类发展指数》公布的数据，葡萄牙人类发展指数为 0.843，全球排名第 41 位。

从图 1 中看出，葡萄牙近些年总人口数呈下降趋势。一方面原因来自人口老龄化问题日渐突出；另一方面，葡萄牙的常住人口 2015 年下降了 0.32%，使得还在经济恢复期的葡萄牙人口形势十分严峻。

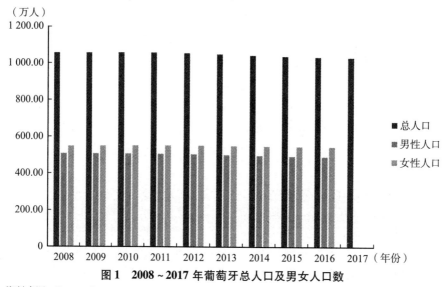

图 1　2008～2017 年葡萄牙总人口及男女人口数

资料来源：Eurostat. http：//appsso. eurostat. ec. europa. eu/nui/show. do？datas－et＝demo_gind&lang＝en.

鉴于以上现状，葡萄牙政府推出了黄金签证吸引了一部分移民者通过投资葡萄牙土地获得欧盟身份，借此来吸引移民人口进入葡萄牙，从而缓解葡萄牙的人口问题。

3. 宗教①

葡萄牙的宗教历史背景浓厚，是一个传统的天主教国家，全国有 94% 的居民信奉天主教。早在 16 世纪中国出口到葡萄牙的丝织品中，就有头戴冠冕的双头鹰等宗教色彩浓厚的商品用来装饰家居或教堂。早在航海大发现时代，葡萄牙

---

① 中国驻葡萄牙大使馆经济商务参赞处：《对外投资合作国别（地区）指南·葡萄牙》，2016 年版；郭熙保、孔凡保：《宗教与经济增长：一项研究综述》，载于《国外社会科学》2006 年第 5 期，第 35～41 页。

的传教士通过对外输出宗教意识形态，很大程度上扩大了天主教的影响力，为早期对外殖民提供了文化基础。

虽然葡萄牙的对外扩张逐渐走向没落，但是宗教信仰带给葡萄牙人的精神支柱一直影响着当地民众。亚当·斯密在《国富论》中就关注到宗教信仰对个人甚至经济运行绩效的影响，这不可避免地会产生经济效应[1]。虽然宗教与经济发展的关系并不能依靠单一学科进行解释，但宗教对经济的影响，作为制度的一个组成部分，宗教教义和经济准则在欧洲许多国家长期经济发展中有着密切联系。

(二) 葡萄牙基本经济情况

葡萄牙于 1986 年 1 月 1 日正式加入欧共体，流通货币为欧元。

2016 年葡萄牙人均 GDP 为 17 900 欧元（见图 2）。在经历了欧债危机的重创之后，葡萄牙进出口贸易额在稳步的回升，并于 2014 年 5 月退出三年救助计划。2016 年葡萄牙的货物进出口额为 1 231.9 亿美元，与上年同期相比，增长 0.8%。GDP 的回升与葡萄牙的贸易是密不可分的，在贸易的带动下，葡萄牙的失业率下降至 12.6%，随着葡萄牙近些年服务业尤其是旅游业的发展，其产业结构更加多元化，并且可以预见葡萄牙的贸易为该国的经济复苏起到了重要的作用。

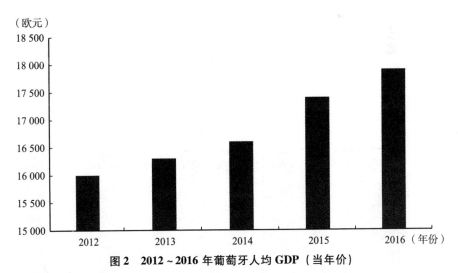

（欧元）

图 2　2012～2016 年葡萄牙人均 GDP（当年价）

资料来源：Eurostat.

葡萄牙的多数企业都是出口外向型企业，据欧盟统计局数据统计，2016 年

---

① 亚当·斯密：《国富论》（中文版·下卷），商务印书馆 2002 年版，第 347 页。

葡萄牙的出口额达到 556.5 亿美元，增长 0.7%，主要出口国家均为欧盟国家。

（三）葡萄牙国内市场概况

据葡萄牙统计局数据，2015~2016 年度，葡萄牙每户家庭每年总平均消费支出为 20 916 欧元，占比最大的部分是日常生活开支，如水、电等，达到 2.09 万欧元，占总支出的 31.8%，同 2010~2011 年度相比，增长了 2.6%；其中食品及饮料支出占 14.3%，相比 2010~2011 年度下降了 28 欧元。住房、食品和交通花费占据葡萄牙家庭年消费总额的 60.3%，增长 3.3%。除了交通、教育、社交、食品等开支，葡萄牙家庭的主要消费还有酒类及烟草制品，占比 1.5%，同 2010~2011 年度相比下降了 0.4%。

葡萄牙的整体物价水平不高，生活水平相当于欧盟国家 75% 的水平，但是基础建设相对比较完善，本地零售业发达，生活较为便利。据英国《卫报》在 2015 年的"100 欧元购买力"调查显示，葡萄牙是欧元区内购买力最高即物价水平最便宜的国家之一，该调查以德国生活消费价格为参照，葡萄牙 100 欧元的购买力相当于德国市面 122 欧元的产品。

（四）葡萄牙与欧盟的贸易概况

葡萄牙于 1986 年加入欧共体，成为欧盟成员国之一，虽然葡萄牙的经济发展相比欧盟一些发达国家仍显不足，但是欧盟仍是葡萄牙最主要的出口区域（见图 3）。

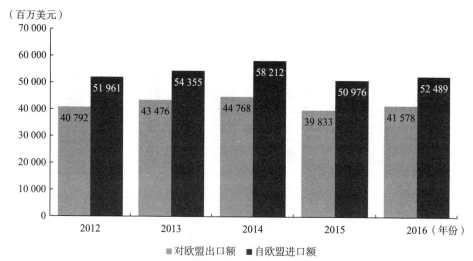

图 3　2012~2015 年葡萄牙与欧盟的贸易额

资料来源：依据《中华人民共和国商务部国别报告》。

葡萄牙的零件加工制造业在世界上处于领先水平，尤其是汽车零件的加工，主要的出口国家有：德国、西班牙、法国、意大利、安哥拉等欧盟或葡语国家。另外，种植也是葡萄牙的一个重要产业，除了熟知的葡萄、橄榄等植物，软木的加工制造是葡萄牙的另一个占比较大的行业，葡萄牙素有"软木王国"的称号，除了传统的葡萄酒瓶软木塞，近些年软木的新产品在不断地被创造出来，并用于建筑材料、工艺品等，软木成品的出口国家也主要为德国、西班牙、意大利等欧盟国家，随着出口量的不断增加，葡萄牙本国的软木已经处于供不应求的状态，所以葡萄牙在进口产品中会从其他欧盟国家进口软木原料，加工后出口。

不论是从贸易的进口还是出口来看，葡萄牙在欧盟中都是一个依赖于欧盟并在欧盟中积极发展经济的国家，同时，随着科技的不断进步，葡萄牙在保持与欧盟大国的交往中，加强在能源上的合作，以促进本国的经济和科技都朝着良好且健康的方向发展。

（五）葡萄牙与中国的贸易概况

中国与葡萄牙在1979年2月建交，高层往来频繁，为两国的贸易往来建立了基础，并且中国近些年来一直为葡萄牙重要的出口市场和进口来源地。

如图4所示，2016年葡萄牙自中国进口约为20.1亿美元，占葡萄牙进口总额的3%，成为葡萄牙第七大进口来源国，中国主要从葡萄牙进口运输设备、纸张等产品。除了货物贸易，中国企业在能源方面近些年也与葡萄牙有着较多的合作，葡萄牙的地理环境使得其在可再生能源方面有着得天独厚的优势，随着新型能源利用方式的不断革新，葡萄牙在可再生能源上的技术居世界领先水平，中国已有企业的代表赴葡萄牙参观学习其先进技术。

受到人口及国土面积的限制，葡萄牙国内市场体量不大，许多加工制造的成品用于出口。葡萄牙是欧盟成员国，又曾经是葡语国家中的宗主国，同时葡萄牙也是世贸组织成员方之一，加之葡萄牙与许多国家建立了良好的外交关系，所以葡萄牙潜在的辐射市场范围比较广，面向的海外市场是可观的。

二、基础设施

水运方面由于葡萄牙海岸线较长，水路贸易也比较发达，2015年本土港口吞吐量达到8 890万吨，创下历史新高。

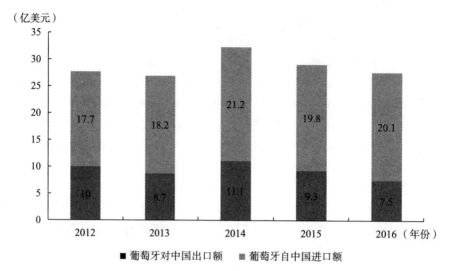

图 4　2012～2016 年中葡进出口总额

资料来源：依据《中华人民共和国商务部国别贸易报告》。

自加入欧共体以来，得益于欧盟的资金援助等便利，葡萄牙在基础设施方面的建设投入不断加大，目前拥有较为完备的公路铁路交通运输网络。葡萄牙还有着天然的海洋优势，港口设施较为发达。根据国际标准，葡萄牙的港口基础设施质量可以达到 5.4①。可以满足国内外投资者对货物运输基本的硬件需求。此外，葡萄牙的新能源行业作为高新技术密集型的行业，在世界上也有着重要的一席之地。

1. 公路

葡萄牙的公路总长约为 16 500 公里，其中高速公路有 3 035 公里，并且葡萄牙与邻近国家西班牙也有着多条公路相连，进而联通到欧洲大陆各国。

2016 年，葡萄牙公路运输货运量达到 1.48 亿吨，虽然较 2015 年度有 1.7% 左右的降幅，但是由于国际大环境及葡萄牙国内的市场需求不断变化，总体来看葡萄牙的货物运输量较为稳定。

2. 铁路

葡萄牙的铁路总长度在 1949 年曾经达到过 3 592 公里，之后长度逐渐缩短，

---

①　根据《全球竞争力报告》（*The Global Competitiveness Report 2016 - 2017*），国际标准 1 = 十分欠发达，7 = 十分发达高效。

据 2016 年欧盟统计局统计数据，葡萄牙境内铁路长度为 2 598.96 公里。葡萄牙境内的铁路网覆盖面较广，除了跨度较长的城市间列车，葡萄牙的铁路也覆盖至部分城镇，还有通往西班牙、马德里等地的跨国列车。

2014～2016 年，随着旅游业的发展，葡萄牙的铁路客运量在逐年增长，从 1.28 亿人次增长至 1.30 亿人次。随着葡萄牙旅游业带来的游客增加，葡萄牙铁路的客运量还会增长。相比于客运量，葡萄牙铁路的货运量近三年一直维持在 1 亿吨左右，较为稳定。

3. 空运

葡萄牙目前有 13 个商用机场，年均客运量超过 15 000 单位乘客，2017 年第二季度接待游客数约为 1 316.7 万人次。目前葡萄牙还计划在首都里斯本新建一座国际机场，以应对越来越多的国际游客。

在葡萄牙本土有两家主要的航空公司，一是葡萄牙航空，规模较大，主要运营国内航线和 20 多条国际航线；另一个是亚速尔航空，主要负责葡萄牙境内及西欧一些目的地之间航线。

根据葡萄牙政府的葡航私有化项目，2015 年 6 月 24 日，葡航私有化改革已完成，大西洋门户联合公司赢得葡航 61% 的股份购买权，中国海南航空也于 2016 年购买葡航 25%，价值约为 3 000 万欧元的可兑换债券，葡航的私有化为葡萄牙的航线拓展带来了更多机遇。

2017 年 7 月 25 日中国与葡萄牙已开通了中葡首条民航直飞航线，由北京首都航空有限公司执飞，从杭州经北京中转直接飞往葡萄牙首都里斯本。这条航线的开通也标志着中国旅客飞往葡萄牙不再需要在第三国中转，为中葡两国的商务交流、人员出行带来了更多便利。

4. 水运

葡萄牙作为欧洲大陆最西边的国家，有较长的海岸线，自古以来航运就非常发达。葡萄牙的大陆地区拥有 9 个港口。

据欧盟统计局数据，2015 年葡萄牙本土港口吞吐量达到 8 890 万吨，创下历史新高，货物吞吐量达到 85 280 万吨，创下历史最高纪录。其中，西内斯港成绩最好，达 4 400 万吨，较 2014 年增长了 17%，占据总吞吐量的 49.5%，成为葡萄牙本土的第一大港。

5. 基础设施比较

葡萄牙在欧盟国家中并不属于发达国家，但是基础建设的基础较好。特别在加入欧盟后，葡萄牙在原有的基础设施上不断完善，基础设施质量也得到了提高。

根据全球竞争力报告，在 138 个国家的对比当中，葡萄牙的公路质量排全球第 9 位，相比于希腊、波兰这样同为欧盟成员国的国家，葡萄牙的评分较高，说明葡萄牙的道路网络是比较发达且便捷的。

从表 1 中可以看到，相比于竞争力总体排名靠前的瑞士和法国，葡萄牙的公路质量评分也并不逊色，并且大大超过同为葡语国家的巴西。作为葡萄牙主要的货物运输方式，公路质量有着一定的优势。

表 1　　　　　　　　　各国运输业基础设施对比

	葡萄牙	瑞士	法国	希腊	波兰	巴西
公路质量	5.9	6	6	4.3	4	3
铁路质量	4.2	6.6	5.8	2.8	3.3	1.9
机场空运质量	5.4	6.1	5.9	4.9	4.3	3.9
港口质量	5.1	4.4	5.3	4.5	4.1	2.9

注：评分 1 = 十分糟糕，7 = 非常好。
资料来源：*The Global Competitiveness Report 2016 – 2017.*

不论是铁路运输还是空中运输，葡萄牙的竞争力排名也都处于相对靠前的位置。受到欧债危机的影响，近年来这两种运输方式的评分呈下降趋势，但是随着葡航私有化改革顺利进行以及铁路网络的完善，铁路和航空运输还是有望继续处于平稳的状态并且有所增长。

根据表 1 的评分对比也可以看出，葡萄牙具有较大的港口优势，同为沿海的葡语国家巴西在港口质量的评分中分数远远低于葡萄牙，作为欧洲航海文化的发源地，葡萄牙至今保有良好的港口和航运优势。

三、葡萄牙的人力资源及成本

（一）人力资源

葡萄牙的教育体系包括基础教育、中等教育和高等教育，其中基础教育和中等教育为义务教育，共 12 年。根据《全球竞争力报告》的评分，葡萄牙的基础教育质量在全球 138 个国家竞争力排名中排行第 30 位，并且有逐渐上升的趋势。葡萄牙在义务教育的普及上超过全球大部分国家，对于基础教育的招生覆盖面达到了 98.6%。

葡萄牙的教育资源也很丰富，有许多知名的高等教育机构，如里斯本大学、科英布拉大学、波尔图大学等。截至 2015 年底葡萄牙受过高等教育的人不足 18%，政府在义务教育方面的支出占公共开支总额的近 8%。

基于葡萄牙政府在教育方面的支出，在语言教育普及上，葡萄牙也具有优势。据统计 61% 的葡萄牙人掌握一种外语，在 25 ~ 34 岁的青年人中，有 27% 可以至少掌握两种外语[①]。

通过表 2 的对比，葡萄牙整体的教育支出所占比例略高于平均水平，但分布不均。人力资源的不对等等问题尤其在高等教育甚至更高教育层次的人才中显现出来。据中国驻葡萄牙大使馆经济商务参赞处数据，截至 2015 年底，葡萄牙有 54.7% 的人只接受过基础教育，完成义务教育的不足 20%。对于葡萄牙目前新能源产业等技术密集型行业来说，高技术人才略显不足。欧债危机后，葡萄牙整体经济水平还在逐步恢复，可供外籍劳务人员加入的市场规模较小，人力资源匮乏的状况依旧存在。

表 2	2015 年欧盟不同国家教育开支占公共开支比例			单位：%
教育	葡萄牙	欧盟 28 国	法国	波兰
小学教育	3	2.5	2	3.7
初中教育	2.3	2.1	2.2	1.8
高中教育	1.9	2.3	2	1.9
合计	7.2	6.9	6.2	7.4

资料来源：Eurostat.

另据欧盟统计局统计，2015 年本科或同等水平毕业生波兰有近 33 万人，法国近 25 万人，葡萄牙仅有 47 494 人，葡萄牙的本科毕业生人数远远低于欧盟部分国家。受到经济发展水平的影响，葡萄牙本国留住人才的能力在全球排名仅有 68 位，吸引外来人才的能力不足。欧盟成员国之间人员流动性大，许多学生会

---

① 商务部国际贸易经济合作研究院、商务部投资促进事务局、中国驻葡萄牙大使馆经济商务参赞处：《对外投资合作国别（地区）指南·葡萄牙》，2016 年版。

选择教育资源相对更好的国家深造，以期待回国可以获得更好的工作机会，这是目前许多国家都存在的现状。

随着经济全球化的进程不断加速，除了追求资本的积累，合理控制成本越来越成为许多投资者面对的问题。近几年人力成本的不断增加使得一些加工企业将目光投向了劳动力成本较低，但生产技术并不逊色的国家，葡萄牙相比于欧盟内其他国家，人力成本相对较低，加上葡萄牙的对外贸易和与欧盟成员国及葡语国家的良好往来基础，人力成本的优势得以体现出来（见表3）。

表3	2016 年各国人力成本对比			单位：年薪/千欧元		
	葡萄牙	欧盟 28 国	法国	希腊	波兰	巴西
人力成本	24.11	25.4	41.25	24.87	25.66	5.89

资料来源：OECD.

但影响因素并不是单一存在的。法国作为欧盟成员国里一个比较发达的国家，劳动力素质较高，相应的劳动力成本也就比较高，甚至法国政府也在不断提高最低保障工资，2016 年初法国最低保障工资涨至 1 466.62 欧元/月，涨幅约为 0.6%。对于预算较低的投资者来说，人力成本的影响就会更大。

巴西与葡萄牙同为葡语国家，但是巴西的劳动力价格低廉，这与当地的劳动力素质密切相关。虽然巴西有很多制造业和各类加工厂，但是缺少高技术人才，加上国际经济形势影响，劳动力工资有所下滑。

葡萄牙的人力成本优势虽然不突出，但是不论是与发达国家相比还是与整体实力相仿的希腊、波兰相比，葡萄牙的人力成本处于相对平均的水平。

（二）社会成本

依靠着大自然给予的得天独厚的气候条件，同时为了减少石油和天然气对国外进口原料的依赖性，葡萄牙利用太阳能和风能资源，开发了节能环保的创能方式，为国内的电力输出提供了技术基础。

从图5可以看出，欧盟国家目前可再生能源在总能源消耗中平均占比不足两成，但是葡萄牙的可再生能源占比却已经接近三成。葡萄牙的智能电网工程以及可再生能源行业的发展，为葡萄牙在电价的优惠政策方面提供了坚实的基础。

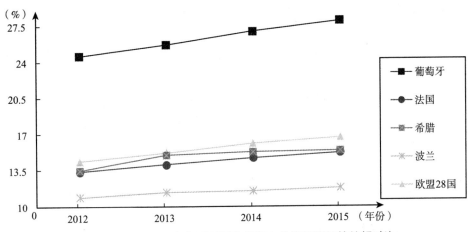

图5　2012～2015年各国可再生能源占总能源消耗的份额对比

资料来源：Eurostat.

通过表4关于成本要素的对比可以看出，葡萄牙工业用电价格处于欧盟平均水平的，但是法国和波兰的工业用电价格比较低。但由于每个国家的实际国情不同，加之税收方式也不尽相同，成本要素并不是影响投资者做出选择的唯一因素。

表4　　　　　　　　　　　　各国部分成本要素价格对比

成本要素	葡萄牙	欧盟28国	法国	希腊	波兰	巴西
家庭用电价格	0.24	0.21	0.17	0.17	0.14	0.1
工业用电价格	0.11	0.12	0.09	0.12	0.07	0.1

资料来源：OECD.

除了电力和人力成本，房屋成本也是占比较大的支出之一，葡萄牙的房屋租金价格视不同地区、不同的房屋类型，价格差异也很大，从6欧元/每月每平方米到20欧元/每月每平方米不等，而且随着移民者对房地产投资的热情日趋高涨，葡萄牙部分地区的房屋价格已经有了小幅的上涨，如果未来葡萄牙的房屋成本增长速度或涨幅超过预期，房屋成本也会从很大程度上影响投资者的选择。

四、葡萄牙的创新能力

据欧盟统计局统计，2013年葡萄牙的专利申请数为119个。相比技术资源更雄厚的国家略有不足，但是对比整体条件相当的希腊等国，葡萄牙每年的申请数稳定在 120 个也是技术推动的体现。

从表 5 可以看出，由于教育资源的限制，葡萄牙在科技方面的教育水平不及瑞士、法国这样教育资源较为丰富的发达国家。与希腊、波兰等条件和发展水平相近的国家相比，葡萄牙的得分较高。由于对新能源、新技术的重视，葡萄牙也努力在数学、科学等基础学科上提高自身水平，培养出更多高水平人才。

表 5 各国科研教育能力对比

教育能力	葡萄牙	瑞士	法国	希腊	波兰	巴西
数学及科学教育质量	4.6	5.9	5.3	4.3	4.4	2.6
工程师及科学家可获得能力	4.6	5.1	4.7	5.2	4.3	3.4
新技术的获取能力	6	6.4	6.1	4.9	4.8	4.4

资料来源：*The Global Competitiveness Report 2016 – 2017.*

表 5 中还可以看出葡萄牙在技术革新的获取力上表现较好。说明葡萄牙的技术密集型企业除了发挥传统技术优势，还意识到了技术革新对产品和产业更好发展的重要性。虽然葡萄牙还未完全从欧债危机的阴影中走出来，但科技作为带动生产力的一个要素，科技水平的提高可以带动和促进葡萄牙经济恢复和发展的。

根据图 6，2016 年葡萄牙政府科研预算占政府支出总预算的 2.01%，超过了欧盟 28 国的平均水平，虽然在教育资源上葡萄牙与法国、瑞士等发达国家存在差距，但葡萄牙政府在科研方面的资金支持体现出了对新技术和科研的足够重视。

五、葡萄牙的金融竞争力

葡萄牙的国内市场较小，金融市场的发展在全球竞争力排名中并不具备优势，排名靠后，近些年还有下滑的趋势，与欧盟和北美国家平均水平相比，落后较多。除了国内市场较小从而影响葡萄牙整体经济财富的创造，由于国家整体发展速度较慢，在银行及金融政策上不能及时跟上国际市场的节奏也使得葡萄牙的金融市场发展较缓。

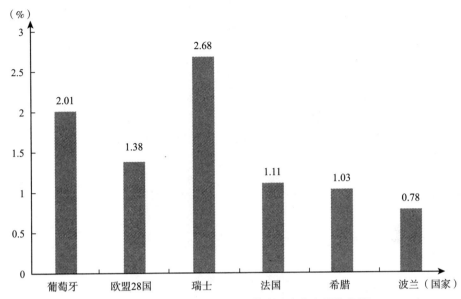

图 6　2016 年欧盟各国科研预算占政府支出预算份额

资料来源：Eurostat.

从表 6 和图 7 中可以看到，葡萄牙的人均生产总值为 17 900 欧元，远远低于瑞士、法国这样的高度发达国家。尽管 2016 年葡萄牙的失业率降至 11.2%，但劳动参与率不高导致生产力相对缺乏，没有明显提高经济收入。葡萄牙许多出口产业受国际市场影响，国际成本及产品价格都有波动，资本增长速度较慢，随之而来的人均国内生产总值受到不小的影响。

表 6　　　　　　　　　　　　各国宏观指标对比

宏观指标	葡萄牙	欧盟 28 国	法国	希腊	波兰
人均国内生产总值（欧元）	17 900	29 100	33 300	16 200	11 100
居民消费价格指数（HICP）	1.636%	1.541%	1.075%	1.041%	1.606%

资料来源：Eurostat.

HICP 是欧洲央行的通货膨胀和物价稳定的消费物价指数，采用欧元的成员国价格指数的加权平均。从表 7 中可以看出，通货膨胀对葡萄牙的影响比较大，欧盟成员国受到经济危机和英国脱欧等国家事件影响都有不同程度的通货膨胀存

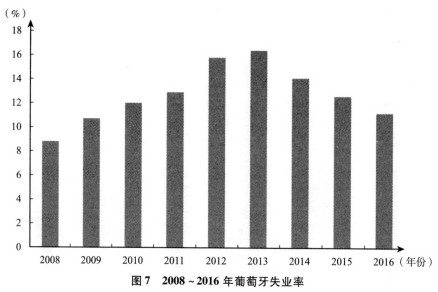

图7 2008～2016 年葡萄牙失业率

资料来源：Eurostat.

在，但是葡萄牙明显波动较大。随着欧元区经济复苏的势头加剧，除了法国等大国外，大部分欧元区国家经济增速都超过了历史均值，以葡萄牙为首的边缘国家预估势头会更为强劲。

表7 不同国家银行及金融服务对比

银行与金融服务	葡萄牙	瑞士	法国	希腊	波兰	巴西
银行的稳健程度	3.3	5.9	5.7	2.7	5.4	5.6
合法权益指数	2	6	4	3	7	2
金融服务是否能满足需求	4.5	6	4.8	3	4.6	3.9

注：合法权益指数评分为 1～10 分。

资料来源：*The Global Competitiveness Report 2016 - 2017.*

虽然葡萄牙政府在努力地创造更多就业机会为降低失业率做贡献，但是结构性失业比重较高是欧洲市场普遍存在的问题，随着葡萄牙教育科研投入的增加，学习年限增长也很容易导致青年参与工作率降低，所以轻微的通货膨胀可以促进经济向着较好的方向复苏，但是不排除葡萄牙快速恢复的经济也可能带来一些其他的社会问题，从而加速通货膨胀，造成人民生活水平下降等更为严重的问题。

通过表7的对比可见，从具体金融竞争力上看，葡萄牙具备提供本国所需金融服务的诉求。但葡萄牙的银行稳健性十分不足，虽然葡萄牙在吸引投资上具有一定优势，并且也有着现代化且完备的金融系统，但迫于经济危机压力，葡萄牙的银行部分股权也在近些年不断地被收购。葡萄牙本国人民也并不热衷于利用银行或者股票市场做投资以获得财富。

政府及葡萄牙普通家庭的高负债，经济上的低增长，使得葡萄牙的银行在艰难的环境中挣扎。近些年，随着经济全球化势头的继续，欧元区经济的复苏，欧元区的经济增长模式不再单一，葡萄牙虽然受到经济危机的负面影响，但葡萄牙的经济复苏在边缘国家中相对较快，也越来越受投资者青睐。

除了对于产业的投资，欧洲的移民数量也在不断增加，葡萄牙近些年优惠的移民政策在带动资金的同时也埋下了一些隐患，除了劳动力问题，移民带来的房地产增值、市场活力下降等问题对于正在恢复经济的葡萄牙来说有利也有弊。

六、葡萄牙的市场准入门槛

葡萄牙政府对于投资者的进入基本没有门槛，也没有明显的歧视等可能会阻碍企业在葡萄牙发展的因素。并且，企业投资进入葡萄牙后获得欧盟准入牌照的可能性较大，为企业进一步进入欧盟其他市场提供了方便。

由于欧洲市场许多发达国家的准入门槛较高，行业受限，一般企业进入很难达到其标准而对其望而却步，但是葡萄牙的投资基本可以帮助投资者解决这个问题，通过"迂回"的形式进入欧洲市场，一方面节省了直接进入其他国家市场可能失败的成本浪费，另一方面还可以通过先进入葡萄牙市场从而熟悉欧洲市场环境，获取更多的信息，减少风险。

如表8所示，葡萄牙的整体可创业排名在190个国家排名25位，作为欧盟区一个边缘国家经历了经济危机后在商业及投资方面仍是有很大的发展空间的。相比于同为发展较好的葡语国家巴西来说，葡萄牙的创业程序简便很多，手续相对不烦琐，带来的时间成本也就相对比较低；而对于潜力差不多的波兰来说，工作效率相对就成为波兰的弱势，虽然葡萄牙的工作节奏并不是特别快，甚至相比国内一些企业来说是工作节奏比较慢的，但是在全球排名中，葡萄牙的平均创业用时还是较快的。

表8 各国创业商业环境对比

商业环境	葡萄牙	瑞士	法国	希腊	波兰	巴西
创业类整体排名（1～190）	25	31	29	61	24	123
创业用时（天）	4.5	10	3.5	13	37	79.5
经过程序（平均）	5	6	5	5	4	11

资料来源：OECD.

通过上述对比，反映了葡萄牙目前的商业状况正在朝着一个良好的趋势发展，准入门槛也比较低。尽管在某些方面葡萄牙仍是有明显的不足，比如市场扩大的可能性等，受限于葡萄牙本身国内市场的容量，可能投资者会考虑到对葡投资之后的收益等，但是从另一方面来看，现在已经在葡萄牙有投资或者收购项目的企业都逐渐地开始开发与欧盟其他市场或葡语国家市场的项目，这也是葡萄牙目前在投资上的一个重要作用，即中介作用，得益于欧盟成员国的优势，葡萄牙也是欧盟市场的一部分，并且拥有一定的优惠政策；对于葡语国家，虽然发展相对比较落后，但是葡萄牙作为葡语宗主国，对葡语国家的影响是潜移默化的。葡萄牙的特色行业目前也不仅仅局限于手工制造业和工业，新能源等高科技产业也是投资者所关心的热门产业之一，越来越多的投资选择和简单明了的市场门槛为投资者的成功投资提供了很大的便利。

七、葡萄牙的税收政策

葡萄牙的法律属于大陆法系的范畴，主要的税收体系由个人所得税、企业所得税、增值税和地方税构成。根据全球竞争力排名，税收政策是投资者选择出的最关心的在葡投资的影响因素的第5位。葡萄牙作为近些年发展较快的边缘国家，很多政策与欧盟的大框架有相似之处但是又不尽相同，为了避免在投资过程中承担过多的风险，投资者对葡萄牙的税收政策关心较多。在众多税收政策问题中关注度最高的是税率。

从表9中可以看到，葡萄牙的税收占了企业利润的近四成，但是相比法国、希腊这样的税收较高国家还是有很大的优势。然而，葡萄牙的工作效率并没有这两个国家高，花在计算税收上的时间比较多。

表9   不同国家税收指标对比

税收指标	葡萄牙	瑞士	法国	希腊	波兰	巴西
总税率（占利润的百分比）	39.80%	28.80%	62.80%	50.70%	40.40%	68.40%
花在付税的时间（小时/年）	243	63	139	193	271	2 038
现行税种	8	19	8	8	7	9.6

资料来源：World Bank.

随着近些年葡萄牙的旅游资源被开发，葡萄牙在增值税上的税率优势也得以体现。葡萄牙的增值税优惠税率为13%，主要对餐馆中食物实行优惠税率，对酒和非酒精饮料的税率保持23%的高税率。同时，为了促进科技、旅游等行业发展，在部分地区葡萄牙还有最优惠税率，增值税可降到4%～12%不等。

为了吸引外来投资者在葡萄牙建立企业创造工作机会，促进国内工业、物流园区的发展，对如环保行业、能源行业、农牧业、旅游业等设立特定行业的公司实行额外的税收优惠，对于符合葡萄牙税收优惠的外来投资企业，可以减免10%～20%不等的企业所得税和部分房产税及印花税。

此外，相比于波兰、法国等同为欧盟的国家，葡萄牙的税收优惠政策相对简单。例如，波兰对于投资者投资的行业有所限制，并且波兰的税收政策优惠除了国内熟知的税种外，还包括关税等税种的一些政策性优惠，相对复杂；而法国作为欧盟区内的经济发展大国，对投资者的资格或产品的质量要求颇为严格，一定程度上给中小投资者造成了困难。

八、投资环境总结

通过对葡萄牙市场概况、国内基础建设等投资环境的对比分析可以看出，根据近年来的数据资料显示，葡萄牙的整体水平在经济危机之后正逐渐恢复，并且在基础建设、新技术的获得以及基础教育投入方面都超过了欧盟的平均水平。

虽然葡萄牙在经济市场发展、市场规模等方面对比一些发达的欧盟国家仍有很大不足，比如葡萄牙存在国内市场体量小、银行竞争力不足等问题，但葡萄牙在经济复苏的过程中找到了转型的道路，如在高等教育和科研方面增加投资以获取更先进的技术和专利为新能源和环境保护等行业做出贡献，借此打开世界市场的大门。

葡萄牙在吸引投资上具有优势，充分利用技术和灵活的移民政策，除了带动资本储备及流通，还可以吸收国内外不同的经验，充分发挥自身的自然条件优势，增强竞争力。

对于投资者来说，葡萄牙不论是从商业环境、贸易投资门槛还是税收方面，都是宽松且包容的。目前葡萄牙的经济还在恢复中，投资的机会较多，我国部分投资者通过对葡萄牙市场的了解，敏锐地捕捉到了一些发展潜力较大的行业并进行了收购和投资。随着这样的成功案例越来越多，对葡萄牙投资的热度也有了增长的势头，也使得葡萄牙成为许多想要进入欧洲或葡语国家市场的投资者所青睐的投资对象。

参考文献

［1］商务部国际贸易经济合作研究院、商务部投资促进事务局、中国驻葡萄牙大使馆经济商务参赞处：《对外投资合作国别（地区）指南》（葡萄牙、瑞士、希腊、法国、波兰、西班牙），2016 年版。

［2］中国旅游新闻网：《葡萄牙荣膺 2016 年世界旅游大奖（WTA）24 项桂冠》，来自 http：//www. cntour2. com/viewnews/2016/09/08/QFfOcZtzU5nyj1r5iDIa0. shtml.

［3］凤凰网资讯：《欧洲性价比最高！高颜值低消费的葡萄牙值得一去》，来自 http：//news. ifeng. com/a/20180105/54835455_0. shtml.

［4］Doing Business 2017. World Bank Group. 2016.

［5］The Global Competitiveness Report 2016 – 2017. the World Economic Forum. 2016.

［6］EY Portugal Attractiveness Survey 2017. 2017.

［7］张琳、陈宏主编：《中东欧十六国投资环境分析——兼论中国企业投资策略》，格致出版社、上海人民出版社，2017 年版。

［8］谢素科、黄虎：《近代早期葡萄牙东方战略要地选择的宗教因素——以澳门为载体的构建》，载于《文史博览：理论》2011 年第 4 期，第 4～5 页。

［9］郭熙保、孔凡保：《宗教与经济增长：一项研究综述》，载于《国外社会科学》2006 年第 5 期，第 35～41 页。

葡萄牙主要行业概述

宋雅楠　　蔡擎仪[*]

受到 2008 年欧债危机的影响，葡萄牙的出口贸易受到重创，2009 年出口额 434 亿美元，同比下降 22.6%[①]。但葡萄牙得益于欧盟内的资金援助，加上经济支柱产业的有力扶持，葡萄牙的出口贸易额一直在稳步回升，2016 年出口总额达到 552.82 亿美元。

具体来看，葡萄牙的贸易产业种类多样，传统的贸易产业有葡萄酒、软木及软木制品、模具加工特别是汽车零件加工、纺织品制造等。机电产品、运输设备以及纺织品和原料一直占据葡萄牙出口商品的前三位。近年来，可再生能源技术的逐渐发展使得这个新兴行业加入到葡萄牙特色行业的队伍中来。

一、可再生能源行业

由于葡萄牙的天然气和石油主要都是依靠进口，但是本国的风能和太阳能资源相当丰富，近几年葡萄牙的可再生能源发展迅速与这两种资源密不可分（见表1）。葡萄牙的风力源于长达 1 800 公里的海岸线，面对大西洋的海风，葡萄牙风力发电能力已经在 2015 年达到 4 826 兆瓦，位于葡萄牙北部的风力发电厂年发电量 6 亿千瓦时，排行欧洲第二，为葡萄牙的可再生能源利用提供了巨大贡献。葡萄牙每年的日照时间长达 2 200 ~ 3 000 小时，从 2001 年葡萄牙开始发展太阳能发电开始，发电量逐年增长，到 2015 年已经达到 429 兆瓦。

* 宋雅楠，澳门科技大学商学院副教授。研究方向为国际贸易与投资、中葡经贸关系等。
蔡擎仪，澳门科技大学商学院硕士研究生。

① 中华人民共和国国别贸易报告，来自 https://countryreport.mofcom.gov.cn/record/view110209.asp?news_id=18784。

表1　　　　　　　　　葡萄牙 2013～2015 年可再生能源产量　　　　　单位：TOE

可再生能源	2013 年	2014 年	2015 年
水力发电	1 180.6	1 338.7	744.6
风力发电	1 033.0	1 041.4	998.1
太阳能	72.8	76.9	80.3

资料来源：Eurostat.

除了在接近海岸线和远郊利用可再生能源，葡萄牙还拥有世界上最大的城市光伏项目，利用太阳能电池板供电，减少了碳排放，充分利用有效的自然资源。目前在能源上，葡萄牙政府为了推进可再生能源在电力上的利用，降低对外能源依赖，对可再生能源十分重视，并且在 2016 年 5 月 7～11 日的 107 个小时内，成功利用可再生能源供应全国电力，也得到了国际能源署的积极评价。

在可再生能源上，葡萄牙与欧盟其他国家相比并不逊色，据欧盟统计局数据，2015 年，欧盟 28 个国家约 28.8% 的电力来自可再生能源。而葡萄牙的数据高达 52.6%，仅次于奥地利、瑞典、冰岛、挪威、阿尔巴尼亚。虽然葡萄牙的电力资源本身就很充足，可再生能源发电的形式为葡萄牙提供的电力占到总发电量的 48.1%，葡萄牙电力公司也是目前全球排名第 3 的风电企业，中国有多个城市的代表团都曾前往该公司参观学习。

随着葡萄牙在可再生能源行业上的突破得到越来越广泛的支持，也为了葡萄牙经济的进一步复苏提供了支持。葡萄牙电力公司在 2011 年 12 月出售了 21.35% 的股份，由中国三峡集团收购并成为最大股东。2012 年 2 月，中国国家电网出资 3.87 亿欧元收购了葡萄牙国家能源网公司 25% 的股份，并派出了高级管理人员参与经营管理。从中国对葡萄牙的能源投资可以看出葡萄牙的能源市场是极具诱惑力的，并且通过收购之后参与经营管理等活动加强经验交流。由于在可再生能源领域葡萄牙具有一定技术优势，也拥有高技术人才和知识产权，在 2013 年 6 月，中国电力科学研究院与葡萄牙能源网公司共同设立了研发中心，共同为新能源的开发作出努力，也为中国能源企业提供借鉴和咨询。

除了熟知的水力、风力、太阳能发电，葡萄牙还拥有世界上首个水电太阳能混合发电站，该发电站在原有水电站的基础上加装 840 块浮式太阳能电池，预计运行时发电量相当于 100 户家庭的年用电量。

葡电新能源葡萄牙公司总经理 Antonio Lobo 在与中国三峡集团的"欧洲新能源发展趋势"专题讲座上表示："欧洲能源在未来的 30 年，将会更加突出竞争性、安全性以及可持续性，预计到 2050 年可以将温室气体减排到 80% 以上。"[①]

---

① 欧洲新能源趋势都有啥，来自 http://www.d1net.com/power/news/493108.html.

而葡萄牙如今可再生能源发电占总发电量57%，在开发可再生能源的同时也加强在储能方面的研究，比如发展电动汽车、革新智能电网等。

二、葡萄酒行业

葡萄牙的地理区域上，可种植葡萄的地区从南到北都有分布，可以说纵贯整个葡萄牙国土，据欧盟统计局数据，葡萄牙可利用的农业面积达到367万公顷，其中葡萄种植约为23.9万公顷，2016年葡萄牙的葡萄酒产量高达5.84亿升，从业人数达20万。

从图1中可以看到，葡萄牙国内对酒类的消耗也不容小觑，2015年葡萄牙的葡萄酒出口量为2.8亿升，而近几年葡萄牙的葡萄酒产量基本维持在5.8亿升左右，葡萄牙国内对葡萄酒的消耗量在3亿升左右，占据了其产量的近一半，2016年葡萄牙葡萄酒出口量为2.77亿升，出口额达到7.27亿欧元。可见葡萄牙的葡萄酒市场不仅仅依靠于国际市场，国内市场也很大。从古罗马时期葡萄被带入葡萄牙后，葡萄牙便开始有了酿造和饮用葡萄酒的历史。葡萄牙的葡萄酒出口国为法国、比利时、英国、美国等国家，消费者对葡萄酒的了解相对多一些，市场的推广更容易。

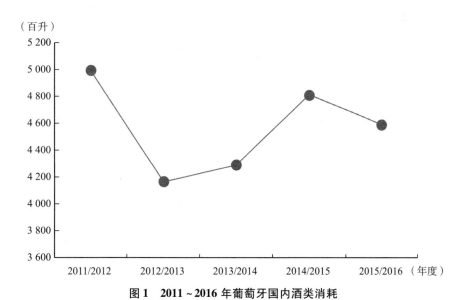

图1　2011～2016年葡萄牙国内酒类消耗

注：年度以每年9月1日起至次年8月31日止为一个统计年度。

资料来源：Statistics Portugal.

目前葡萄牙的葡萄酒在中国市场的地位还没有显现出来，虽然 2015 年葡萄牙对中国葡萄酒出口量达到 700 万升，但只占中国葡萄酒市场不足 1% 的份额，从这一点上，葡萄酒这一传统特色产业与中国投资者还有许多发展的可能。葡萄牙也正为加强在中国市场的推广而作出努力，不仅仅是葡萄酒的出口，双方的葡萄种植和酿酒技术也可以有更多的合作交流机会。

葡萄牙目前有十大葡萄酒产地，以阿连特茹（Alentejo）、杜罗（Douro）和波尔图（Porto）较为著名，产量也比较高。不同的葡萄酒产地产出的葡萄酒也各有特色。

杜罗产区有着世界上最大的山丘葡萄园，杜罗地区的地势高，温度较低且多为山坡，这里主要生产红、白葡萄酒，产出的葡萄酒带有很浓的水果香气。而绿酒产区靠近大西洋，受海风和冷湿气流影响，这里产出的葡萄酒口感较为清新，而且因为出产未经橡木桶处理的白葡萄酒，绿酒产区（Vinho Verde）以生产带有些甜味的餐前酒而闻名。杜奥产区（The Dão）的葡萄酒不论红葡萄酒还是白葡萄酒，都带有浓郁的香气，生产的配餐酒也比较多。在首都里斯本附近的葡萄酒产区可谓产出了葡萄牙较为优质的葡萄酒，除了口感更为清新，果香也更为浓郁。

葡萄牙的葡萄种植区不仅分布在大西洋沿岸，在内陆的山间，沿河的流域内都有种植且品种繁多，使得葡萄酒酿造这一葡萄牙的传统行业至今都有着巨大的发展潜力。近些年葡萄酒酿造商从看重酿造总量逐渐向看重葡萄酒质量转变，对葡萄酒的酿造工艺也有了新的要求。葡萄牙的酿酒企业也在不断地完善葡萄酒的口感，为葡萄酒的出口贸易做更充分的准备。

三、软木及软木制品

葡萄牙的森林覆盖率达到 35.8%，其中软木树的覆盖率为 21.3%，仅次于松树覆盖率，种植面积近 70 万公顷。软木树的一大特点就是防沙漠化以及净化空气，葡萄牙政府为了保护这一高经济附加值的树种，并且对其合理利用开发，颁布法案规定新的软木树在未长到周长 70 厘米以前禁止采剥使用，并且近些年在推行再造林计划以保证资源的可持续发展。

这一传统行业一度是葡萄牙的国民经济支柱产业。在 2010 年，葡萄牙软木出口 15.8 万吨，出口额达到 7.54 亿欧元，占总出口额 2.2%，占 GDP 总额的 0.7%[①]。

---

① 中国驻葡萄牙大使馆经济商务参赞处。

　　葡萄牙主要的软木制品为葡萄酒瓶塞，因此软木制品与葡萄酒酿造行业有着密不可分的关系。随着葡萄牙软木制品在国际舞台上越来越重要的作用，软木制品的加工厂不满足于仅仅制造单一商品。葡萄牙全国有近600家软木加工厂，且为中小企业，随着国际市场对软木制品要求的提高，传统软木加工企业为了更好地适应市场需求，不断挖掘创新以丰富软木制品的种类。目前软木制品从传统的葡萄酒瓶塞，增加到软木地板、保温材料等建筑材料。在旅游业不断发展的利好情况下制作出大量软木工艺品、日用品等。对于软木成品制作完的废料，还可用作加工过程中的燃料，将软木的利用率最大化。

　　软木制品的革新为软木加工行业带来了贸易机会，近些年软木制品的出口贸易额基本占葡萄牙贸易出口额的1.8%~1.9%，主要出口的国家有法国、德国、意大利、俄罗斯等欧洲国家，美国是除欧洲外软木出口的最大市场（见图2）。2010年葡萄牙对美国出口软木价值1.2亿欧元，占软木出口总额的15.8%。2016年葡萄牙软木及软木制品对中国出口额达到2 900万美元，占葡萄牙对中国出口额的3.9%，创近五年来新高（见图3）。

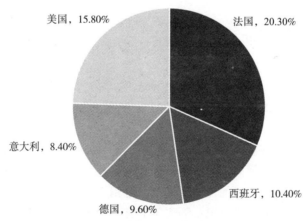

图2　2010年葡萄牙软木出口主要国家所占百分比

资料来源：中国驻葡萄牙大使馆经济商务参赞处。

　　葡萄牙本国的软木加工企业多为出口外向型企业，企业内的软木制品大部分都销往国外。随着人民生活水平的提高，中国每年软木消费能力也在提高，但是中国的软木自然条件不如葡萄牙，技术工艺相比也有很大差距，软木行业处于初级发展阶段，已成为葡萄牙软木产品第六大进口国。如今人们的环保意识也在增强，软木在建筑行业的运用也促进了葡萄牙软木制品在中国市场上有更加活跃的表现。

（百万美元）

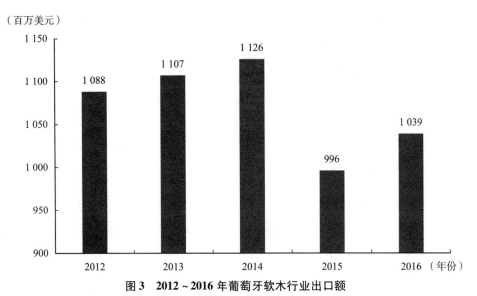

图3　2012～2016 年葡萄牙软木行业出口额

资料来源：依据《中华人民共和国商务部国别贸易报告》。

四、模具及零件加工

（一）模具加工

葡萄牙的模具业起源于 1943 年，最初是由一家玻璃模具厂股东萌生了制造注塑模具的想法，随着模具技术的引进和发展，葡萄牙 1955 年实现了模具出口，到 20 世纪 80 年代，葡萄牙的注塑模具已经远销 50 多个国家。

表2 显示，葡萄牙的模具出口额逐年上升，2016 年葡萄牙模具的进口额仅为出口额的三成，体现出了该行业在对外出口能力上的优势。葡萄牙的注塑模具除了传统的包装模具和汽车模具外，近年来随着高精技术的发展，模具加工行业还扩展到电子类模具加工等领域，模具行业的多样化发展为葡萄牙模具对外出口开辟了新的道路。虽然在金融危机对葡萄牙的模具加工行业造成了不小的影响，但是 2016 年葡萄牙模具出口额仍达到了 6.424 亿欧元，占当年总出口额的 1.28%，体现出葡萄牙国内雄厚的模具加工实力。

表2　　　　　　　　　　　2012~2016年葡萄牙模具进出口额　　　　　　　　单位：亿欧元

年度	出口额	进口额
2012	5.121	1.165
2013	5.495	1.560
2014	5.635	1.702
2015	6.038	1.592
2016	6.424	1.981

资料来源：葡萄牙模具协会。

　　葡萄牙的模具加工行业有两个特点：一是产业区域集中。根据中国驻葡萄牙大使馆经济商务参赞处的市场调研，葡萄牙的模具行业以中小企业为主，人数超过100人的企业就归为规模较大的企业，所以葡萄牙的模具企业虽然有500多家，但是从企业规模上来说都是小企业，分布地区也集中在中部的 Marinha Grande 和北部的 Oliveira De Azmeis 两个城市，分别占到模具企业总数的65%和35%。

　　葡萄牙模具行业的另一个特点是高精技术普及。由于在葡萄牙加工注模的知名企业较多，葡萄牙的企业比较注重工艺的质量，高精度数控设备的投入使用也加速了葡萄牙模具产业向高端和高技术含量模具加工发展。目前随着客户与企业之间沟通的便捷程度不断提高，葡萄牙的模具企业都具备从设计到生产甚至包括技术人员的培训和生产线升级的资质。如今葡萄牙的模具行业也有一些如葡萄牙全国模具工业协会一样的组织通过组织研讨会、参加国际展会向国际更多地展示和学习技术及工艺。

　　葡萄牙的模具加工及生产技术一直处于世界领先水平，是世界第八大模具供应国。葡萄牙的模具加工企业多为出口导向型企业，据中国驻葡萄牙大使馆经商处数据，葡萄牙模具出口占该行业生产总额的九成以上。受到欧债危机的影响，该产业的发展陷入过一段较慢的时期，一方面，葡萄牙仍然有很多全球知名的汽车和箱包厂商建址加工模具，这其中汽车行业较为著名的有大众、宝马、奔驰等，以及新秀丽等箱包品牌；另一方面，近年来受经济复苏的影响，模具行业重新呈现快速发展的特征，葡萄牙的模具出口额逐年上升。根据葡萄牙模具协会的数据，2016年葡萄牙模具出口额占当年总出口额的1.28%，较上一年增长了6.39%。鉴于葡萄牙国内雄厚的模具加工实力，2016年葡萄牙模具的进口额仅为出口额的三成，也体现出了该行业在对外出口能力上的优势。

（二）汽车零配件加工

　　葡萄牙的汽车零配件加工行业经过半个世纪左右的发展，已经成为葡萄牙重要的产业之一，位列葡萄牙所有出口产业第二位。在 20 世纪该产业刚开始发展时最主要是为了满足葡萄牙的国内市场，此时的零配件加工都是作坊式的小企业，形成不了规模，同时技术并没有达到一定的出口水平，该产业的出口投资一度受到许多现实条件的限制。但正是由于刚刚发展时这些作坊式的企业，在数量上为汽车零配件加工奠定了坚实的基础，随着葡萄牙加入欧盟，不论是资源上还是市场上，都有利于葡萄牙打破传统的加工模式，在发展中不断创新以适应更广阔的国际市场。从 20 世纪 80 年代开始，葡萄牙的作坊式加工的小企业逐渐合并以扩充市场竞争力，不断地发展产品生产线，除了提高生产能力，也使得汽车零配件加工走向专业化和规模化的道路。

但作坊式的发展并不能促成葡萄牙目前在汽车零件制造上的地位。真正使得葡萄牙汽车零件走向广阔的欧洲市场的标志性事件是在 1994 年德国大众在葡萄牙建立分厂。凭借大众在汽车行业的地位，三菱、丰田等众多汽车企业也紧随其后选择在葡萄牙建厂，并且多数都是在葡萄牙整车生产，使得葡萄牙的汽车零配件加工得到了迅速发展，并快速打开了欧洲市场。葡萄牙的企业凭借外来投资不断提升生产水平，提高生产线质量，使得该产业一跃成为拥有国际化水平的工业产业。目前，葡萄牙的汽车零部件加工主要用于出口，出口额连续位列出口总额第一（见图 4）。

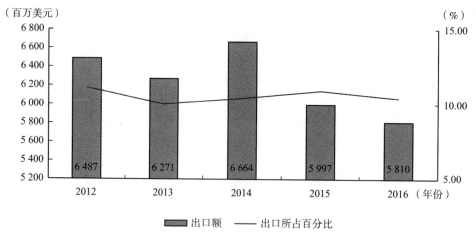

图 4 2012～2016 年葡萄牙汽车及零配件出口额及所占百分比

资料来源：依据《中华人民共和国商务部国别贸易报告》。

在葡萄牙每年的出口产品中，汽车及零配件产品主要销往的国家以欧盟内国家居多。仅 2016 年，运输设备类出口国排名前五位的分别是西班牙约 1.58 亿美元，占比 25.3%；德国约 1.29 亿美元，占比 20.6%，其次是法国、英国和意大利等国。

除了欧盟国家，葡萄牙对中国出口的产品中，汽车零部件的出口额也占很大比重，虽然近些年出口比例大幅降低，从 2012 年的 53% 降至 2016 年的 22%，但是这个比重相比于其他出口至中国的货物出口比例来看，还是很大的。不仅仅是出口，葡萄牙汽车及零配件企业也开始寻觅海外的投资机遇。2013 年葡萄牙就有企业在中国大连投资建厂，为大众汽车集团在大连的公司生产配套零部件，该项目也是葡萄牙企业在中国投资额最大的一个项目。

汽车及零配件行业近些年由于国际市场在汽车能源上的革新，对汽车零配件的要求越来越高，而葡萄牙的汽车及零配件行业又缺少自主研发的能力，加之国内资金不足，一些中小规模的企业发展的机会变少，使得该行业在今后发展道路上的瓶颈逐渐显现，不过随着一些欧洲国家对新型汽车的零部件研发的投入越来越多，葡萄牙的这一传统行业也会面对更多的发展机遇。

另外值得一提的是，葡萄牙除了汽车零配件的加工业较为发达，目前整车的产量也在不断攀升，由于葡萄牙受金融危机影响较重，但是从 2010 年起整车行业在逐步回升（见表 3）。

表3	葡萄牙 2010～2015 年汽车生产情况	单位：万辆

年份	产量
2010	15.9
2011	19.2
2012	16.35
2013	15.4
2014	16.15
2015	15.66

资料来源：中国驻葡萄牙大使馆经济商务参赞处。

随着葡萄牙对环境的重视，能源消耗也为葡萄牙整车制造的市场带来新的生机。除了传统的汽车之外，2016 年前 11 个月葡萄牙生产销售的电动汽车就达到了 660 辆，超过了之前任意时期的年销量，混合动力车的销量在 2016 年前 11 个月已同比增长了 17.8%。

五、纺织及制衣工业

据商务部统计,纺织行业每年可以占据葡萄牙总出口额的 10% ,为工业行业创造 19% 的就业机会,2015 年的纺织和制衣产值达到 48.4 亿欧元。葡萄牙的纺织业企业多为劳动密集型企业,且企业规模都属于中小企业,产业链较短,主要聚集在葡萄牙北部,主要为西班牙、意大利等国家的企业代加工。

葡萄牙为其他国家代工纺织制品可以追溯到 20 世纪 80 年代,由于劳动成本较低,并且纺织技术的经验丰富,西班牙的一些品牌选择葡萄牙作为代工厂,并持续到现在。与汽车零配件行业不同,葡萄牙的纺织业从一开始的代加工到现在逐渐扩大产业链,形成相对完整的产业结构。向上扩展到材料购买,向下推进到完整成衣交付,并且在这个过程中还可以横向带动物流、设计等多个领域的发展,创造新的就业机会,形成新型纺织行业。

通过图 5 对比可以看到西班牙仍然是葡萄牙纺织业的第一大出口国。并且增长速度很快,从 2012 年出口额接近 13 亿欧元,4 年内增长至近 18 亿欧元,涨幅高达 38.6% 。

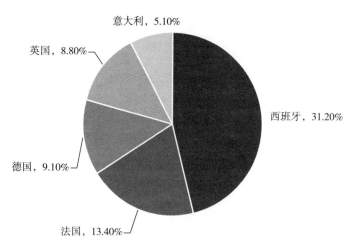

图 5　2012 年葡萄牙纺织出口额前五位国家及所占百分比

资料来源:依据《中华人民共和国商务部国别贸易报告》。

葡萄牙的纺织业随着技术的革新,虽然出口地区以西班牙和欧盟国家为主,但是面对经济全球化的浪潮,葡萄牙的企业也在开拓更广阔的国际市场,据葡萄牙统计局数据显示，截至 2013 年，葡萄牙的纺织制品市场已经扩大至全球 186 个国家和地区，其中对英国出口额达到 5.35 亿美元，同比增长 17.2%；对美国出口额达到 2.72 亿美元，同比增长 15.7%；对中国出口同比增长 11%，成为葡萄牙纺织品第十六大出口市场①。葡萄牙与中国的纺织品交易往来具体起始时间已无从考证。16 世纪左右，葡萄牙的贵族就拥有来自中国的纺织制品，虽然中国奢华的纺织制品仅仅是当时葡萄牙贵族才可以拥有的产物，但是至少可以看出中国与葡萄牙在纺织制品上的贸易往来不论是古代还是现代都有良好的贸易基础，也为双方的纺织制品技术发展交流奠定了良好基础。

从图 6 可以看到，虽然近几年葡萄牙的纺织业出口额有小幅波动，但因为劳动力成本较低，纺织技术也比较成熟，葡萄牙的纺织行业对许多投资者来说仍具有较大吸引力。随着国际市场纺织制品的需求量增加，葡萄牙纺织行业在发展过程中已经具备了较强的竞争力。

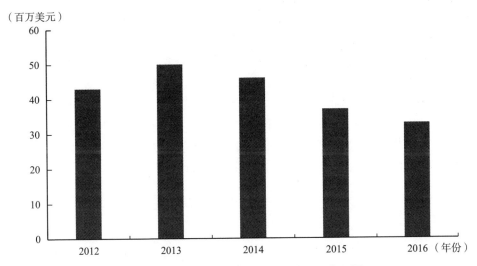

（百万美元）

图 6　2012～2016 年葡萄牙对中国纺织品出口额

资料来源：依据《中华人民共和国商务部国别贸易报告》。

六、矿产行业

葡萄牙的矿产资源较为丰富，金属和非金属类矿石产品每年出口额都占总出

---

① 中华人民共和国驻葡萄牙经济商务参赞处。

口额 10% 左右（见表 4），但是石油、天然气等资源目前还是依赖于进口，为了减少燃煤带来的二氧化碳排放量，葡萄牙对清洁能源的利用率越来越高，技术也逐渐成熟。

表 4　　　　　　　　2012～2016 年葡萄牙矿产品出口额及所占比重

	2012 年	2013 年	2014 年	2015 年	2016 年
出口额（百万美元）	5 945	7 614	6 455	5 171	4 211
占比（%）	10.2	12.1	10.1	9.4	7.6

资料来源：依据《中华人民共和国商务部国别贸易报告》。

葡萄牙的金属类矿产主要有铜、钨、锌、铅、锡等，其中铜和钨的产量较多。葡萄牙是世界上重要的产铜国之一，钨的储量也排行西欧第一。葡萄牙每年的矿产品出口以铜、锌、钨为主，2014 年仅铜的产值就达到 3.27 亿欧元，占当年金属类矿产总产值的 85%。

葡萄牙的非金属类矿产以大理石最为著名，其产量和出口量位居世界第五，在欧洲地区，葡萄牙是紧随意大利和西班牙之后的第三大石材生产出口国，而大理石的出口居世界第二位。大理石的加工制造也是葡萄牙较为古老的传统产业之一，据葡萄牙《商业日报》报道，在 2013 年葡萄牙石材的出口销售额高达 3.4 亿欧元，出口至德国、西班牙、法国等欧洲国家，但是随着市场的竞争越来越激烈，加上葡萄牙的大理石等石材一直以质量、花色取胜，葡萄牙的经销商也慢慢地希望开发中国市场，在转型的同时获取更大的市场份额。

七、总结

在 2016 年，标准普尔对葡萄牙的债信评级维持为 BB +，前景展望为"稳定"，据《特殊经济政策谅解备忘录》，葡萄牙目前发展规划的重点在一些基础设施及新能源方面，基础设施上包括：对港口的扩建、铁路的互联互通，加强与一些欧盟国家的互通能力、对交通网络的整体分布优化，水陆空三种运输途径有更好的结合以降低成本，最大程度提高能源的利用效率等。在新能源方面，进一步减少对能源的依赖度，推进可再生能源的发展利用、进一步加强电力系统的可持续发展、推进伊比利亚电力和天然气市场的融合。

根据前文对葡萄牙主要行业的介绍及葡萄牙《特殊经济政策谅解备忘录》可以看出，目前葡萄牙政府对可再生能源行业较为重视，不仅因为葡萄牙掌握世界领先的科学技术，随着环保成为越来越重要的议题之一，可再生能源也受到更广泛的重视。

从贸易角度来看，葡萄酒和软木制造仍然为葡萄牙传统的出口支柱行业。而汽车及零部件制造行业近些年生产数量虽有小幅波动，但面对欧盟市场的需求，仍是具有行业优势和广阔前景的行业之一。

葡萄牙作为历史悠久的制造业国家，除了在新能源行业目前的技术突破较大，在特色行业的对外贸易上也谋求新的发展，开拓更广阔的国际市场。在软木加工、葡萄酒加工生产这样的传统行业上，葡萄牙的产品质量一直也受到好评，对于中国投资者来说葡萄牙的可投资行业除了高新技术，还可以引进葡萄牙的传统行业产品，对于中国市场来说，葡萄牙的产品还相对陌生，可投资的潜力还有待发掘。

随着葡萄牙私有化进程的推进，其经济结构也处在转型的过程中，对于观望葡萄牙市场的投资者来说，葡萄牙的市场也许不太明朗，但是葡萄牙不仅是欧盟成员国，还与葡语国家有着密切往来，中国企业和投资者想要进入欧洲的大市场或与葡语国家有更多合作，可以充分利用葡萄牙的优势资源，为投资战略提供保障。

参考文献

［1］商务部国际贸易经济合作研究院、商务部投资促进事务局、中国驻葡萄牙大使馆经济商务参赞处：《对外投资合作国别（地区）指南·葡萄牙》，2016 年版。

［2］常思哲、陈宁：《中国与葡萄牙风电行业状况对比刍议》，载于《水电与新能源》2014 年，第 5 卷，第 6 ~ 10 页。

［3］凤凰网：《葡萄牙软木产业调研》，来自 http：//news. ifeng. com/gundong/detail_2012_02/03/12259690_0. shtml？_from_ralated.

［4］凤凰网：《葡萄牙汽车零配件产业发展简析》，来自 http：//finance. ifeng. com/roll/20120924/7084751. shtml.

［5］中华人民共和国商务部：《葡萄牙 Sodecia 集团大连新厂房落成启用》，来自 http：//www. mofcom. gov. cn/article/i/jyjl/m/201305/20130500134539. shtml.

［6］马可资讯：《葡萄牙模具工业发展深度解析》，来自 http：//news. makepolo. com/137113. html.

［7］红酒世界：《葡萄牙葡萄酒亮点解析》，来自 http：//www. wine – world. com/culture/pj/20140218163207395.

葡萄牙政治与经济环境

中欧关系视角下的中葡关系

王建伟　　杨佳龙[*]

　　摘　要：中欧关系是中国对外关系的重要组成部分，欧盟是欧洲各国处理对外关系的主要平台。中国与欧盟的关系在很大程度上决定和影响了中国与欧洲各国的外交关系。与此同时，由于美国和主要欧洲国家的特殊关系，美国因素在中欧关系中的作用不可忽视。葡萄牙作为欧盟的重要成员国，对包括《里斯本条约》在内的欧盟的发展以及法律法规的奠定做出了特殊的贡献。中国与欧盟的关系会直接和间接影响到中国与葡萄牙的关系。而澳门特区，作为一条特殊的历史纽带，在中葡两国关系的发展中起到了独特的作用。到目前为止中欧关系取得了哪些进展，面临着哪些挑战？美国因素在其中起到了怎样的作用？中葡关系在多大程度上受到中欧关系的制约？以及中国澳门与葡萄牙关系在中欧、中葡关系中扮演着什么样的角色？这些将是本文探讨的主要问题。

　　关键词：中欧关系　中葡关系　中国　欧盟　葡萄牙　中国澳门

一、引言

　　从宏观来讲，中欧、中葡关系，以及中国澳门与葡萄牙之间的关系如图1所示，属相互交叉、相互影响的关系。一方面，中国与欧盟的关系发展日益密切，合作领域逐年拓宽；另一方面，葡萄牙作为欧盟重要的成员国之一，与中国的交往自两国建交以来一直稳步发展。同时，由于紧密的历史渊源，在澳门回归后，澳门特区逐渐成为中国与葡萄牙沟通的桥梁，扮演着媒介和平台的作用。本文分为三个部

---

　　[*] 王建伟，澳门大学政府与行政学系教授，全球与公共事务研究所所长。
　　杨佳龙，澳门大学政府与行政学系政治学博士研究生。

分：第一部分将介绍中欧关系，包括已取得的成就，所面临的挑战，以及讨论中欧关系中的美国因素；第二部分先讨论葡萄牙在欧盟发展过程中的地位和作用，并剖析在中欧关系框架下的中国与葡萄牙的关系；最后在第三部分讨论回归以后澳门特区与葡萄牙关系的发展，以及澳门特区在中葡关系中扮演的特殊角色。

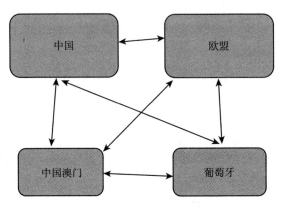

图1　中国、欧盟、葡萄牙、中国澳门之间的关系

二、中欧关系

自 1949 年新中国成立以后的 60 多年来，中国与欧盟各国的发展收获了累累果实，也走过了曲折的道路，经历了挫折与磨难。中华人民共和国成立后最初的十几年间没有欧洲国家与中国建交。直至 1964 年 1 月 27 日，法国第一个与新中国建交，从此逐渐打开了中国与欧洲各国外交关系的大门。1975 年 5 月 6 日，中国与欧洲经济共同体建立正式关系。欧共体的所有成员国都开始承认中华人民共和国为中国的唯一合法政府，并不再与中国台湾保持任何官方关系或缔结任何协议。1978 年中国改革开放以后，中国外交逐渐转型，经济合作成为中欧关系发展的重点。1983 年 11 月 1 日，中国与欧洲煤钢共同体和欧洲原子能共同体建立正式关系。[1] 1985 年，中国同欧共体签署了贸易和经济合作协议，其中包括工业、农业、科技、能源、交通运输、环境保护等多方面的内容。[2] 然而，就在中欧关系逐渐变暖之际，1989～1991 年发生的一系列的历史事件如东欧剧变、华约解散、苏联解体，改变了欧洲的政治和经济格局。在这一国际大气候下，1989

---

①② "欧洲联盟简介"，人民网，2000 年。检索日期：2017 年 10 月 15 日。http：//www.people.com.cn/GB/channel1/10/20000627/119739.html.

年春夏之交中国发生的政治风波，也对中欧关系产生了消极影响。欧共体单方面中断与中国的高层往来，使得中欧经贸关系的发展受到了严重阻碍。但是到了1992年，中欧关系有所回升，并逐步恢复正常化，欧共体相继出台六份《对华政策文件》，从整体上调整对华政策，及对华长期发展的基本框架。①

1993年11月1日，《马斯特里赫特条约》正式生效，人口逾3.4亿的欧共体正式更名为欧洲联盟，简称欧盟，从此中国与欧洲各国的友好交往翻开了新的篇章。在最近二十多年中，中欧关系总的势头是好的，双方高层交往日益频繁，合作不断深化，在诸多领域取得瞩目成果。例如，1995年和1996年，欧盟先后通过《中国－欧盟关系长期政策》和《欧盟对华新战略》文件。1998年4月，时任国务院总理的朱镕基在伦敦与欧盟主席英国首相布莱尔、欧盟委员会主席桑特举行了首次中国－欧盟领导人会晤。② 2003年10月，中国政府第一次制定并公布《中国对欧盟政策文件》，全面地阐述了中国对欧盟的政策。2013年，双方发表《中欧合作2020战略规划》。③ 2014年4月，中国再次发表"深化互利共赢的中欧全面战略伙伴关系"的中国对欧盟政策文件。④ 自此，中欧政治关系于1998年实现了从建设性伙伴关系，到2001年的全面伙伴关系，再到2003年全面战略伙伴关系的三大步跨越式发展，多层次、宽领域的各级政治对话机制得以建立。⑤ 中欧经贸关系在强劲政治关系的加持下飞速发展。中欧贸易额从2007年的3 562亿美元增长到2015年的5 657.61亿美元。中国成为欧盟第三大出口贸易伙伴和第一大进口来源地。⑥ 2016年中国对欧盟直接投资达到了351亿欧元，欧盟对中国直接投资达到了77亿欧元。科技、文化交流密切：双方在科技、能源、气候变化、旅游、海关、质检、社会事务等领域签署了一系列重要的合作文件。⑦

与西欧国家相比，近年来中国与中东欧国家关系的发展更引人注目。中东欧国家经济相对欠发达，大多面临加快发展本国经济的艰巨任务，它们和中国的经济互补程度比较高，迫切需要中国的产品、产能和资本。《欧洲发展报告》认为⑧，中国与中东欧国家关系处于转型以来的最好阶段，双方行业领域的合作机制不断丰富，投资合作方兴未艾，地方合作和第三方合作迅速兴起，"16＋1"合作前景普遍被看好⑨。中国与中东欧国家间的经济合作潜力巨大，正在以下四个

①② "欧洲联盟简介"，人民网，2000年。检索日期：2017年10月15日。http://www.people.com.cn/GB/channel1/10/20000627/119739.html.

③④⑤⑥⑦ "欧盟概况"，外交部。检索日期：2017年10月15日。http://www.fmprc.gov.cn/web/gjhdq_676201/gjhdqzz_681964/1206_679930/1206x0_679932.

⑧ "欧洲蓝皮书：欧洲发展报告（2015~2016）"，每日头条，2016年。检索日期：2017年10月16日。https://kknews.cc/world/rzjan.html.

⑨ "16＋1"为中国与中东欧16国的合作机制，自2012年华沙峰会开始。16国包括：保加利亚、克罗地亚、捷克、爱沙尼亚、匈牙利、拉脱维亚、立陶宛、波兰、罗马尼亚、斯洛伐克、斯洛文尼亚、阿尔巴尼亚、波斯尼亚、马其顿、塞尔维亚和黑山。

方面加强合作：一是推进互联互通建设，建设好匈塞铁路、中欧陆海快线；二是打造产能合作新样板，探讨依托亚得里亚海、波罗的海及黑海港口的"三海港区合作"；三是不断创新和拓宽投融资合作方式，探讨设立"16＋1"金融公司；四是以农业等领域为突破口，促进贸易投资双增长。①

但是中欧关系在全面发展、各方面合作不断加强的同时，也有一些不和谐的音符出现。例如欧盟多国领导人，包括法国前总统萨科齐（Sarkozy）、英国前首相布朗（Brown）、卡梅伦（Cameron）等，无视中国主权，先后接见到访的达赖。2008 年一些欧洲国家出现抵制北京奥运会的声浪，4 月北京奥运会火炬在英法等国传递时，遭到无理阻挠，发生多起骚乱事件；欧洲贸易保护主义近年来也不断抬头，欧盟多次对中国企业提出不合理的反倾销调查。由于历史文化传统，政治制度和意识形态等方面的巨大差异，中欧在主权和人权问题等政治价值观问题上有着根本性分歧。改革开放 40 年来，中国经济高速发展，而欧盟各国则发展相对缓慢甚至停滞，各种社会矛盾突出，使得中国与欧盟国家之间的差距越来越小，引发部分欧盟国家的忧虑，经济上担心中国与其竞争国际市场；政治上担心中国挑战以西方，包括很多欧洲国家在内，为主导的现存国际秩序，削弱欧洲国家在国际事务中的既得利益和影响。

与此同时，中欧关系还时而受到美国的牵制和影响。"冷战"结束之后，美国成为世界上唯一的超级大国，又是欧盟的重要盟友，因而对欧盟的内外政策有着很大影响。21 世纪初，欧盟曾拉中国共同对抗美国的单边主义政策，即共同牵制在国际社会中处于过于强大的美国，从而避免美国在外交行为上显得过于"我行我素"，自此，中欧关系进入所谓的"蜜月期"；但随着美国外交政策的调整，欧洲国家再次回到大西洋伙伴关系框架中。欧盟和美国共同维持以西方为主导的现存国际秩序，并在防范和对冲中国崛起方面有着共同利益。近年来美国对中欧关系的牵制具体表现在以下三个问题上：中国市场经济地位问题、对华武器禁运问题，以及南海问题。

关于中国市场经济地位问题，2001 年《中国加入世贸组织议定书》② 中的第十五条明确规定，允许世贸组织其他成员方在针对中国的反倾销调查中使用"替代国"做法，也就是说，采用第三国，而不是中国本国的产品的价格来计算倾销幅度，墨西哥往往被当作参照国。但是，议定书规定，该做法必须在中国加入世贸组织之后 15 年结束，也就是 2016 年 12 月 11 日必须终止。议定书当时之所以规定采取替代国的方法，是因为 15 年前中国并认为不是市场经济

①　"欧洲蓝皮书：欧洲发展报告（2015～2016）"，每日头条，2016 年。
②　郭亚飞（2002）"中国加入世贸组织协议书（标准中文版全文）"，检索日期：2017 年 10 月 16 日。http://www.people.com.cn/BIG5/jinji/31/179/20020125/656050.html.

国家。而议定书规定 15 年后终止"替代国"的做法，这就意味着承认中国的市场经济地位。也就是说中国应在 2016 年底在全球范围自动获得市场经济地位。但是欧盟却违约，至今不愿意承认中国的市场经济地位，认为中国还不符合市场经济的要求。欧盟认为市场经济必须符合：按照市场需要分配经济资源、取消物物交换、尊重财产权、企业管理权，以及开放金融行业。① 欧盟贸易专家认为，中国仅仅在取消物物交换这一点上达到了市场经济的标准，而且中国政府对中国企业的监控不仅仅限于国有企业。不仅中国的金融行业对外开放受到严格限制，中国政府其他行业的对外开放程度也十分有限。欧洲议会也通过决议，反对承认中国市场经济地位。欧盟最大的担忧是倘若承认中国的市场经济地位，中国产品可能会大量涌入欧盟市场，对欧盟的重工业尤其是钢铁以及铝制品工业会造成巨大的冲击；欧盟钢铁行业 8 万多个工作岗位会因此而受到威胁。② 直接另一个重要原因是因为美国也不承认中国的市场经济地位，除了担心中国与其争夺国际市场经济地位以外，亦担心中国向其美国内市场进行产品倾销，导致美国本土产品处于不利地位。③ 并且，美国于 2017 年底正式向世界贸易组织表态拒绝承认中国是一个市场经济国家，使中美关系在经济领域的合作制造了新的摩擦。④

　　对华武器禁运问题是 20 世纪遗留下来的问题。1989 年春夏之交的政治风波，为表达对中国的不满，欧盟决定对中华人民共和国实施武器禁运。然而由于具体规定含糊不清等原因，所谓的禁运并不彻底。进入 21 世纪之后，一些欧盟成员国要求解除对华武器禁运的呼声开始上升。如法国前总统希拉克就认为禁运已经不能反映出当前的地缘政治现实。⑤ 从 2003 年 6 月起，法国、德国、意大利和荷兰等国先后发表声明，呼吁尽快解除对华武器禁运。在众多成员国的推动下，欧盟开始采取行动。2003 年 10 月，欧盟与中国签署《伽利略卫星导航合作协议》⑥，迈出欧盟解除对华武器禁运的第一步。2004 年 1 月下旬，欧盟外长会议不顾美国反对，讨论了取消对华武器禁运问题。这是近 15 年来，欧盟首次重新

　　① 郭亚飞（2002）"中国加入世贸组织协议书（标准中文版全文）"，检索日期：2017 年 10 月 16 日。http：//www.people.com.cn/BIG5/jinji/31/179/20020125/656050.html.
　　② 法广（2016）"欧盟拒绝承认中国市场经济地位的依据"，世界之声，检索日期：2017 年 10 月 17 日。http：//trad.cn.rfi.fr/%E4%B8%AD%E5%9C%8B/20161213-%E6%AD%90%E7%9B%9F%E6%8B%92%E7%B5%95%E6%89%BF%E8%AA%8D%E4%B8%AD%E5%9C%8B%E5%82%82%E5%A0%B4%E7%B6%93%E6%BF%9F%E5%9C%B0%E4%BD%8D%E7%9A%84%E4%BE%9D%E6%93%9A.
　　③④ "欧美日都不承认中国市场经济地位　贸易战濒爆发边缘"，民报，检索日期：2017 年 10 月 20 日。http：//www.peoplenews.tw/news/f2e0e269-3c56-4240-a782-ff3cb8a64305.
　　⑤ 郑若麟（2006）"驻法记者亲历希拉克印象：打破虚拟中国的斗士"，新浪新闻中心，检索日期 2017 年 10 月 20 日。http：//news.sina.com.cn/w/2006-10-27/074810338065s.shtml.
　　⑥ "欧美签署卫星导航合作协议"，BBC 中文网，检索日期：2017 年 10 月 19 日。http：//news.bbc.co.uk/chinese/simp/hi/newsid_3840000/newsid_3843200/3843261.stm.

审议对华军售禁令。必须指出欧盟当年的对华武器禁运是和美国同步进行的。当时的美国老布什政府提出对华武器禁运在一定程度上是迫于 1989 年春夏之交的政治风波后国内外压力的权宜之举，但是随着"冷战"的结束，中美关系中竞争冲突的一面开始上升，对华武器禁运就成为美国的既定国策。这就和一些欧盟成员国要求解除禁运的主张发生矛盾。美国担忧如果欧盟解除对中国武器禁运后，会产生军事技术的转移，帮助增强中国人民解放军的军力。因此美国政府对欧盟可能解除对华武器禁运发出了一连串的强烈阻挠的信号。美国国务院发言人鲍彻表示，美国不同意解除对华武器禁运，希望欧盟和美国继续维持对中国的这一军事制裁。另外，美国官员也向欧盟表示，欧盟转移军事科技给中国，会对美国国家安全构成威胁，"也会使台海军力失衡"。美国国务院另一发言人埃雷利则表示，美国"根本没考虑"解除对中国的武器禁运。① 这种公开对欧施压的做法使得欧盟很难违背美国的意志解除对中国的武器禁运。

在南海问题上，与美国不同，欧盟在中国南海以及东海地区没有明确的地缘政治利益，故欧盟在南海问题和钓鱼岛问题上，一贯保持谨慎态度，"一方面对东亚的安全问题表示关切，另一方面强调美国的军事存在是维护该地区稳定的重要因素"。② 然而，在美国的压力下，欧盟近几年在南海问题上的立场发生明显变化。2016 年 3 月 11 日，欧盟外交与安全政策高级代表就近期南海局势发展发表声明。声明中称，在南海"争议"岛屿上部署军事设施将会影响地区安全，并呼吁结束南海地区"军事化"。欧盟方面表示："在南海'争议'地区临时或永久的军力部署将会影响到该地区的安全，也可能威胁到该区域的飞行及航行自由。欧盟方面敦促有关各方以和平手段解决争端，阐明其主权声索的依据，并遵守国际法及《联合国海洋法公约》"③。欧盟委员会 2016 年 6 月 22 日发布一份标题为"欧盟对华新战略要素"的对华政策文件，为未来 5 年内的中欧关系做出了筹划。欧盟在文件中称，南海的通航自由必须要得到维护。这是同年中国在南中国海上空近距拦截一架美国军机后，欧盟首次就南海问题发出外交警告。④ 欧盟介入南海问题的姿态不仅停留在言辞上，也开始表现在行动上。一些欧盟国家的军事力量多次驶入南海海域，配合美国的所谓航行自由行动。比如自 2015 年以来，十余艘法国军舰航经南沙群岛进行侦查和搜集情报。⑤ 英国国防大臣法伦也

---

① 刘爱成（2004）"不理盟国扬言继续禁运 美国还要对华军事制裁"，人民网。检索日期：2017年 10 月 22 日。http://people.com.cn/BIG5/guoji/14549/2323492.html.

② 刘丽蓉（2016）"'南海仲裁'结果出炉在即，欧盟还能保持'原则性中立'吗？"检索日期：2017年 10 月 14 日。http://www.thepaper.cn/newsDetail_forward_1486101.

③④ 查希（2016）"欧盟：在南海的'争议'中不选择边站吁和平解决争端"。检索日期：2017 年 10 月 14 日。http://world.huanqiu.com/exclusive/2016-03/8701651.html.

⑤ "法国军舰闯南海岛礁，称疑遭中国潜艇追踪"，观察者网军工频道。检索日期：2017 年 10 月 23 日。https://xw.qq.com/cmsid/20171102A0DWBG00.

声称，英国计划在 2018 年向中国南海地区派遣一艘军舰，以增加英国在该水域的军事存在，并表示该军舰在驶经中国南海时，将不会理会中国的限制，确保其海上"航行自由"的权利。①

从以上的例子可以看出，欧盟对中欧关系中的一些敏感问题，尤其是安全问题的处理，都或多或少受到美国的影响和干预。不能说欧盟在市场经济地位、武器禁运、南海问题上的态度完全是美国压力造成的，它们也体现了欧美在这些问题上的共同利益和共同认知。但是美国的僵硬立场和高压态势至少使得欧盟很难在这些问题上改变政策，采取和美国不一致的立场。

然而天有不测风云，2017 年特朗普（Trump）上台之后，以其与以往历届美国总统迥然不同的执政风格和理念，陡然给欧美关系本身带来了诸多不确定因素。特朗普在访欧时拒不公开承诺履行对《北约宪章》第 5 条的集体防御义务，指责北约成员国没有履行增加军费的承诺。在经贸问题上，特朗普坚持"美国优先"的理念，反对欧盟一直标榜的多边贸易体制，欧洲学者普遍对特朗普执政下的欧美关系前景表示担忧，认为特朗普外交政策中的"实用主义"使得欧美之间的安全和经贸合作都面临挑战。特朗普提出有条件承担北约所规定的集体防御责任，并且有选择性地提供安全保护伞，这已经引起了一些东欧国家的担忧。在经贸合作领域，久拖不决的《跨大西洋贸易与投资伙伴关系协议》恐怕难逃流产的厄运。高举保护主义大旗上台的特朗普注定会在贸易和投资领域采取更加强硬的姿态，从而使缔结经贸协议变得更加困难。② 面对特朗普政府"美国优先"的政策导向，或许为中欧关系带来了新的契机。例如，2017 年 5 月，应德国总理默克尔（Merkel）邀请，中国总理李克强乘坐专机抵达德国进行正式访问。在李克强赴德国访问之际，特朗普刚刚结束对欧洲的访问。在特朗普访欧期间，与欧洲的诸多盟友出现了一系列的不协调和不愉快，例如拒绝对巴黎气候变化协议表态，指责德国在经贸问题上"坏事做尽"等等。③ 作为欧盟主要强国之一的德国，其总理默克尔甚至也发出了"盟友不再可靠、必须自力更生"的言论，标志着欧美战略伙伴关系出现裂痕。④ 美欧关系出现的变数是否意味着欧盟会更多地向东看，更重视和中国的关系，还有待观察。但是 2018 年刚刚开始，在德国总理默克尔因国内问题不再强势的情况下意欲成为欧盟新"领头羊"的法国总统马克龙高调访华似乎可以让人在这方面产生不少联想。

---

① "英扬言派军舰到南海搞'航行自由'"，海外网，检索日期：2017 年 10 月 18 日。http：//nanhai. haiwainet. cn/n/2017/0728/c3542185－31043056. html.

② 魏巍（2016）"欧盟对特朗普当选美国总统感到'震惊'和'忧虑'"。每日头条。检索日期：2017 年 10 月 25 日。https：//kknews. cc/world/2a645xz. html.

③④ 张晓（2017）"特朗普刻意疏远欧洲，令中欧关系迎新契机"，侨报网。检索日期：2017 年 10 月 29 日。http：//news. uschinapress. com/2017/0601/1108172. shtml.

通过以上论述可以看到，中欧关系从本身来说发展前景广阔，有着巨大的发展潜力。习近平主席曾指出，要从战略高度看待中欧关系，将中欧两大力量、两大市场、两大文明结合起来，共同打造中欧"和平、增长、改革、文明"四大伙伴关系。① 中欧关系发展前景广阔，中国与欧盟国家人口占全球1/4，经济总量占全球1/3。中欧经济互补性强，中国的发展将为欧盟提供更加巨大的市场，互利共赢的合作模式将为双方带来更多实实在在的好处。中欧之间没有地缘利害冲突，都奉行多边主义，主张维护世界文明的多样性，都是国际体系的积极参与者和建设者。② 中国驻欧盟使团团长宋哲大使也指出："中欧关系将进一步超越双边范畴，具有越来越重要的全球影响。只要中欧双方坚持相互尊重、平等互利，始终从战略高度和长远角度处理存在的问题，不因一时一事而干扰，中欧关系就一定能够得到更大的发展。"③

在这方面，最近几年热议的"一带一路"倡议给中欧关系带来新的增长动力，该倡议旨在通过投资连接中欧要道沿线的港口、铁路和公路建设，从而促进欧亚大陆经济发展、投资和文化交流。"一带一路"倡议的两条主要路线——贯穿中亚的丝绸之路经济带和贯穿南亚、东南亚的21世纪海上丝绸之路，均以欧洲为最终目的地，因此为欧洲重振经济带来了历史契机。欧盟目前面临多重危机：经济危机、安全危机、种族危机、难民危机直至可能解体的危机，而"一带一路"即使不是治本之方，也给欧洲应对这些危机创造了很好的条件。从大的历史视野来看，欧洲是幸运的。当身处"二战"的废墟时，美国以互利的"马歇尔计划"令欧洲重获新生。进入21世纪，当欧洲一体化面临空前困境时，再度复兴的中国又带来了合作共赢的"一带一路"。④ 欧洲能不能抓住这个历史机遇，就看欧洲政治家们有没有历史的高度和远见了。

当然中欧关系也有不少内外制约因素，我们对此必须保持清醒的头脑。欧洲有不少人对中国的崛起和发展道路仍然抱有偏见和戒心，对中国日益增长的全球影响感到不适应，常常用过时陈旧的思维和观念来看待中国。前面所提到的中欧之间在一些经济与安全议题上的矛盾就反映了欧盟的这种心态。这也反映在欧盟对中国"一带一路"倡议的态度上。中国提出这一倡议之后，欧盟虽然没有公开表示反对，但也没有表现出积极的姿态。2017年5月，为期2天的中国"一带

---

①② 鞠鹏摄（2014）"习近平同欧洲理事会主席范龙佩举行会谈，赋予中欧全面战略伙伴关系，新的战略内涵，共同打造中欧和平、增长、改革、文明四大伙伴关系"，新华网。检索日期：2017年10月21日。http://news.xinhuanet.com/world/2014-03/31/c_1110032444.htm.

③ "中国的改革开放与中欧关系——中国驻欧盟使团团长宋哲大使在比利时自由大学的演讲"（2008）中华人民共和国驻欧洲使团。检索日期：2017年10月23日。http://www.chinamission.be/chn/sgxx/t454195.htm.

④ 宋鲁郑（2017）"观点：欧洲应该支持'一带一路'的六大理由"。检索日期：2017年10月21日。http://www.bbc.com/zhongwen/trad/world-39847203.

一路"国际合作高峰论坛及圆桌峰会在北京召开，欧盟主要国家领导人除意大利总理真蒂洛尼（Gentiloni）外，都没有出席，多半只是派出部长或低层级官员出席。① 相较于西欧国家，倒是中东欧各国对"一带一路"的态度比较积极。罗马尼亚社民党主席、众议长德拉格内亚（Dragnea）认为，"一带一路"国际合作高峰论坛是中国主办的重要外交活动，它将为"一带一路"开启新的发展阶段，并为"16＋1合作"不断注入新的动力。② 塞尔维亚社会党副主席奥布拉多维奇（Obradović）指出，"一带一路"倡议的目的是为了让沿线各国在平等互利基础上实现互相连通，其本质上与"马歇尔计划"并不相同，前者是一个"没有附加条件、没有压力"的着眼全球公共发展的长远计划。③ 欧盟主要大国对"一带一路"不冷不热的态度不能不说和美国也有一定的关系。美国至今没有对此倡议做出正面响应。不过这也不说明欧盟在处理与中国关系时和美国发生矛盾的时候，就没有选择，只能跟着美国走。例如同样在中国发起建立的亚洲基础设施投资银行（AIIB）的问题上，欧洲国家就没有对美国亦步亦趋，以英国带头，主要欧盟国家都先后加入了亚投行。所以关键还是欧盟确定如何做才符合自身的最大利益。最近欧洲主要国家对"一带一路"的态度出现了松动的迹象。例如2018年元旦，法国总统马克龙（Macron）访华，在参访古代丝绸之路的起点西安时，表示"'一带一路'是中方提出的重大倡议，具有重要的政治、经济和文化意义，法方愿与中方在共同遵守相关规则和标准的基础上，积极参与'一带一路'建设，促进亚欧大陆和非洲的繁荣稳定发展。"④ 马克龙访问中国期间，中法双方签署了涉及航天、核能、航空、环保、养老、金融等领域的商业协议，涉及金额约200亿美元。⑤ 法国带头高调支持"一带一路"，是否会像英国带头加入亚投行那样引起骨牌效应，值得学界关注。

三、中葡关系

葡萄牙是欧盟的重要国家。在当代，欧盟是葡萄牙对外关系的基础。葡萄牙

① "'一带一路'国际合作高峰论坛"（官方网站，2017）。检索日期：2017年10月24日。http：//www.beltandroadforum.org/.

②③ "中东欧各国政党积极评价'一带一路'倡议"，国务院新闻办公室网站，转自新华社。检索日期：2017年10月26日。http：//www.scio.gov.cn/31773/35507/35515/35523/Document/1558445/1558445.htm.

④ 王义桅（2018）"法国缘何高调支持'一带一路'"，人民网。检索日期：2018年1月12日。http：//world.people.com.cn/n1/2018/0110/c1002-29755516.html.

⑤ "中法签单200亿美元、欧盟拟对接'一带一路'、酒店'走出去'不要乱走……央企出海内参2018第5期（总第188期）"。检索日期：2018年1月13日。https：//read01.com/zh-tw/zPxdado.html#.WIs-PulT1UxE.

于 1986 年加入欧盟。虽然葡萄牙在欧盟成员国中属于经济相对偏弱的国家，但葡萄牙始终积极参与欧洲一体化的进程，赞成欧盟东扩，反对将成员国分为不同等级，并在欧盟的体制和法律建设上做出了不可或缺的贡献。① 2007 年下半年，葡萄牙担任欧盟轮值主席国，主持完成修订和签署《里斯本条约》，使欧盟走出"制宪"困境，推动欧盟制定"里斯本战略"第二个 3 年规划，进一步增强欧盟经济活力和竞争力，还完成申根区东扩至中东欧 9 国。② 葡萄牙积极保持与西、法、德等欧盟大国的密切高层交往，促进欧盟经济和科技合作；积极推进欧盟能源战略规划，积极发展可再生能源；重视与欧盟各国联合打击非法移民和反对恐怖主义，正式启动电子生物指纹护照和签证制度，并且成功促成欧洲海洋安全局总部落户里斯本。③ 那段时间，欧洲一体化的重心转向了政治联盟的建设，《里斯本条约》便是其中最重要的篇章，也为欧洲进一步一体化提供了制度上的保证。2007 年，欧盟 27 国首脑在葡萄牙里斯本峰会上通过了替代《欧洲宪法条约》的新条约《里斯本条约》（2009 年 12 月 1 日正式生效，欧盟全面取代欧共体），④并具有法律人格，其职能明确地超越了经济领域，"朝着创立一个政治实体的方向走出了重要一步"。在对外关系上，《里斯本条约》的一系列新规定都谋求欧盟作为一个整体在国际舞台上发挥作用。⑤《里斯本条约》对欧盟的决策方式和机构设置等都进行了大刀阔斧的革新，以便更加顺利地推动欧洲一体化进程。《里斯本条约》奠定了欧盟最重要的法制基础以及运行规则。而葡萄牙在欧洲走向政治一体化的过程中发挥了重要且独特的作用。

中葡两国交往历史悠久，最早的官方交往可以追溯到明朝，1502 年，葡萄牙向明朝政府派遣了使节，⑥ 从此拉开了中葡关系的帷幕。到明末清初，葡萄牙逐渐占领澳门，从此，澳门地区成为中葡外交的重要节点。在 1949 年新中国成立之后，葡萄牙追随美国，不承认新中国。⑦ 1950 年，朝鲜战争爆发，葡萄牙对中国实行禁运。1952 年，解放军同驻澳门葡军因关闸事件发生冲突，这也是新中国成立以后人民解放军首次与外国军队发生边界冲突，同年 8 月 23 日，澳葡政府与中国政府签署协议，向中国政府递交道歉书，并赔偿 443 720 300 元（旧币）。⑧ 1974 年，"4·25 革命"后，葡萄牙新政府宣布放弃殖民主义，公开承认澳门主权属于中国。1975 年，葡萄牙宣布同台湾国民党政府断交，为中葡建交

①②③ "与中国驻葡萄牙共和国大使馆经商参处夏晓玲经济商务参赞访谈记录"，中华人民共和国商务部。检索日期：2017 年 10 月 25 日。http：//www.mofcom.gov.cn/article/zhengcejd/bj/200912/20091206680933.shtml.

④⑤ 王新玲（2004）"欧洲联盟概况"，人民网。检索日期：2017 年 10 月 25 日。http：//www.people.com.cn/BIG5/shizheng/8198/41598/41633/3035754.html.

⑥⑦⑧ 麦琪（2009）"葡萄牙与中国关系"，中国网。检索日期：2017 年 10 月 26 日。http：//www.china.com.cn/international/txt/2009-07/03/content_18064717.htm.

奠定了基础。① 中国和葡萄牙于 1979 年 2 月 8 日建交。建交三十多年来，两国在政治、经贸、文化、科技、军事等领域的友好合作关系不断发展，关系日益密切。1999 年澳门问题顺利解决，为两国关系全面发展奠定了稳定的基础，开辟了广阔的前景。2005 年 1 月，葡萄牙总统桑帕约（Sampaio）对中国进行国事访问，两国发表联合新闻公报。2005 年 12 月，温家宝总理对葡萄牙进行正式访问，中葡两国总理签署联合声明，宣布成立全面战略伙伴关系。近年来，双方领导人互访频繁，推动两国友好合作关系进一步发展。②

除政治关系不断提升之外，两国在经贸、文化、科技、教育以及国防等方面的交流也逐渐增加。中葡经贸合作长期以来发展顺利，近几年更呈现突飞猛进的态势。葡萄牙是中国在欧盟的重要贸易伙伴，而中国已成为葡萄牙的第十大出口市场和第七大进口来源地。中葡两国近 10 年来的双边贸易额从 2005 年的 12.3 亿美元增加到 2014 年的 48.0 亿美元，增长近 3 倍。2014 年中葡贸易额与上年相比增长 22.9%，其中中国出口 31.4 亿美元，同比增长 25.1%，进口 16.6 亿美元，同比增长 18.9%，双方贸易再次回到两位数的快速增长阶段。③ 据欧盟统计局统计，2014 年，中葡双边贸易额 32.3 亿美元，增长 20.1%。其中，葡萄牙对中国出口 11.1 亿美元，相比同期增长 27.6%。中国成为葡萄牙第十大出口市场和第八大进口来源地。④ 截至 2016 年，中国企业和公民对葡萄牙投资则已经超过 80 亿欧元。⑤

在教育及人文方面，中国在葡萄牙一些大学中设立了孔子学院，推广学习中国语言和传播中国软实力。目前，在葡萄牙有四所孔子学院：里斯本大学孔子学院、米尼奥大学孔子学院、阿威罗大学孔子学院，以及科英布拉大学孔子学院。另外中葡间共建立了 7 对友好城市。⑥ 2000 年 12 月 29 日，中国葡萄牙友好协会在北京成立。2006 年 3 月，全国人大和葡萄牙议会互设友好小组。⑦ 在司法方面，两国签有《中葡刑事司法协议》《中葡引渡条约》《中葡移管被判刑人条约》，目前均已生效。在科技合作方面，中葡双方签有《中葡两国政府间科技合作协议》，至今已召开 7 届中葡科技合作联委会，共商定 10 个合作项目。两国科

① 麦琪（2009）"葡萄牙与中国关系"，中国网。检索日期：2017 年 10 月 26 日。http：//www.china.com.cn/international/txt/2009 – 07/03/content_18064717.htm.

② "中国同葡萄牙的关系"，外交部。检索日期：2017 年 10 月 27 日。http：//www.fmprc.gov.cn/web/gjhdq_676201/gj_676203/oz_678770/1206_679570/sbgx_679574/.

③ 王成安（2016）"中葡论坛成效显著 呈现五大亮点"，人民网。检索日期：2017 年 10 月 28 日。http：//politics.people.com.cn/n1/2016/1009/c1001 – 28763073.html.

④⑤ "2014 年葡萄牙货物贸易及中葡双边贸易概况"，国别报告。检索日期：2017 年 11 月 3 日。https：//countryreport.mofcom.gov.cn/record/view110209.asp？news_id =43365.

⑥⑦ "中国同葡萄牙的关系"（2017），外交部。检索日期：2017 年 10 月 27 日。http：//www.fmprc.gov.cn/web/gjhdq_676201/gj_676203/oz_678770/1206_679570/sbgx_679574/包括：北京—里斯本、上海—波尔图、无锡—卡斯卡伊斯、珠海—布朗库堡市、铜陵—莱里亚、重庆永川—托列斯维德拉及山东蓬莱—莱里亚。

技部也签署合作谅解备忘录。根据协议，2013 年"中葡先进材料联合创新中心"正式落户浙江大学。① 两国分别于 2014 年和 2016 年签署《关于海洋科学领域研究与创新合作议定书》和《关于海洋领域合作谅解备忘录》。②

在军事方面，中葡两军最早交往始于 1980 年，近年来两军高层和一线官兵互访频繁。2006 年，葡国防部长阿马多（Amado）访华，签署《两国国防部合作协议》。③ 2009 年，葡海、空军参谋长分别率团出席我海、空军成立 60 周年系列活动。2010 年，葡海军"萨格雷斯"号风帆训练舰访问上海。2011 年，葡陆军参谋长拉马略（Ramalho）上将访华。2013 年 4 月，由黄山舰、衡阳舰和青海湖舰组成的中国海军第十三批护航编队抵达葡首都里斯本，对葡进行为期 5 天的友好访问。④ 2014 年 12 月，葡空军参谋长皮涅伊罗（Pinheiro）上将访华。2015 年，葡武装力量总参谋长蒙特罗（Montero）上将访华，中国海军第二十批护航编队访葡。⑤

澳门回归之后，虽然中葡之间不存在重大的悬而未决的问题，然而，葡萄牙在对华关系上也受到中欧关系大框架不同程度的影响和制约。以上述中欧关系中的四个案例来看，葡萄牙的立场和欧盟的立场有同有异。例如在中国市场经济地位问题上，葡萄牙同西班牙、意大利等国保持相同的立场，即拒绝给予中国市场经济地位。⑥ 在 2016 年的欧盟领导人峰会上，在是否承认中国市场经济地位的问题上，欧盟各国产生了非常严重的分歧。一方面，德国和其他出口强国支持承认中国市场经济地位。德国认为中国已加入世贸组织 15 年，理应给予认可。而另一方面，意大利总理伦齐及西班牙、葡萄牙等国领导人呼吁对华采取强硬方针，拒绝承认中国市场经济地位。反对派主要是对于中国出口的太阳能电池板、钢铁制品和陶器对欧洲工业行业带来的威胁感到不满，认为承认中国市场经济地位会对欧洲市场带来更大的冲击。⑦

在对华武器禁运问题上，欧盟各国的立场并非铁板一块，部分支持继续禁运，部分支持解除禁运。英国、荷兰和北欧国家包括瑞典和芬兰以中国国内的人权问题为由，继续支持对华武器实行禁运。但以上几个国家的立场并不坚定，普遍表示若欧盟正式解除对华武器禁运，自己将不再反对。⑧ 而德国、法国、意大利、葡萄牙等国皆支持解除对华实行武器禁运，以期望达成更多的军售交易。

---

① ② ③ ④ "中国同葡萄牙的关系"（2017），外交部。检索日期：2017 年 10 月 27 日。http：//www. fmprc. gov. cn/web/gjhdq_676201/gj_676203/oz_678770/1206_679570/sbgx_679574/包括：北京—里斯本、上海—波尔图、无锡—卡斯卡伊斯、珠海—布朗库堡市、铜陵—莱里亚、重庆永川—托列斯维德拉及山东蓬莱—莱里亚。

⑤ "中国同葡萄牙的关系"（2017），外交部。检索日期：2017 年 10 月 27 日。http：//www. fmprc. gov. cn/web/gjhdq_676201/gj_676203/oz_678770/1206_679570/sbgx_679574/.

⑥ ⑦ 钟和（2016）"意大利等国拒绝给予中国市场经济地位"，新民网。检索日期：2017 年 10 月 29日。http：//newsxmwb. xinmin. cn/world/2016/10/19/30523536. html.

⑧ 梁正纲：《贬值的筹码：欧盟对中国武器禁运》，秀威出版社 2011 年版，第 20 页。

2005 年葡萄牙总统桑帕访华时表示，在政治条件合适的情况下，葡萄牙政府欢迎欧盟撤销对中国的武器禁运，并表示愿意尝试去改变那些反对解禁的成员国的态度。① 由此可见，整体上而言，欧盟内部并没有强烈反对对华解除武器禁运的势力，因此，美国在欧盟对华解除武器禁运方面仍然是最大的阻力。

对于中国南海问题，和英国和法国不同，葡萄牙并没有发出太多的声音或采取实质行动来反对中国的南海政策。在欧盟内部，针对中国南海问题各国很难达成一个统一的共识。比如，尽管欧盟总体上倾向在中国南海问题上保持中立的态势，但是英国、法国、德国强烈要求中国政府必须遵守国际法。② 然而，对于一些较小国家的政府，特别是那些正在接受中国投资和援助的国家，如匈牙利、希腊，它们并不想在中国南海"军事化"的问题上做过多表态。③ 但总体上来讲，包括葡萄牙在内的欧盟各国在中国南海问题上倾向于保持"中立"，如前面所提到的，迫于美国方面的压力，欧盟在中国南海问题上也不得不与美国在大体上保持步调一致。

对中国的"一带一路"倡议，同欧盟的总体态度类似，葡萄牙对于中国的"一带一路"倡议虽然表现出兴趣，并表示做好了准备，欢迎中国与葡萄牙在可持续能源、农业、基础建设、文化、教育和旅游业的深化合作，④ 但同时也抱着半信半疑、举棋不定的态度。前面提到在 2017 年 5 月北京举行的"一带一路"高峰论坛上，⑤ 中国原本要在峰会中与各国签订一份自由贸易声明，然而由于该份文件未符合欧盟国家所关注的公开采购透明度、社会保障与环境保护相关的标准，因此包括葡萄牙在内的一些西欧国家拒绝签署。⑥ 由此看来，葡萄牙对中国关于"一带一路"倡议的态度类似于传统西方国家的"有条件的支持"或者"有保留的支持"。在言辞上表示一般性的支持，但是尚未就实质参与做出政治决断。

通过以上论述可以看出，中葡关系也与整体中欧关系一样，属积极与消极面并存，但是积极面远大于消极面的关系。一方面，同中欧关系一样，中葡关系在多个领域的合作取得了日益深化的进展；另一方面，葡萄牙在中欧之间一些有争议的问题上，尽管在个别方面与欧盟的立场不尽相同，但是总体上还是与欧盟基

---

① 梁正纲：《贬值的筹码：欧盟对中国武器禁运》，秀威出版社 2011 年版，第 20 页。

②③ Emmott，R（2016）"EU's statement on South China Sea reflects divisions"，*Reuters*. Retrieved October 15th，from https：//www. reuters. com/article/us – southchinasea – ruling – eu/eus – statement – on – south – china – sea – reflects – divisions – idUSKCN0ZV1TS.

④ "Portugal ready to enhance economic links with China as a part of One Belt One Road Initiave"（n. d.），*Sott*. Retrieved October 16th from https：//www. sott. net/article/356235 – Portugal – ready – to – enhance – economic – links – with – China – as – a – part – of – One – Belt – One – Road – Initiative.

⑤⑥ "'一带一路'国际合作高峰论坛"（官方网站，2017）。检索日期：2017 年 10 月 24 日。http：//www. beltandroadforum. org/.

本保持一致。因此从宏观角度上看，中葡关系依然在较大程度上受到中欧整体关系的影响。

四、澳葡关系

和中国与欧盟其他国家的关系相比，中葡关系的特殊性就是澳门问题。从历史的角度来看，澳门一直是中国与葡萄牙交往的一个重要窗口。1557 年葡萄牙从明朝政府租借澳门后，逐步占领并于清朝末年正式开始实行殖民。① 1974 年葡萄牙"康乃馨"革命爆发，独裁政府被推翻，并于第二年宣布放弃海外殖民地。但此时中国与葡萄牙尚未建交，为避免澳门走向独立，中国政府以"拒绝按照殖民地方式处理香港、澳门回归问题的基本原则"拒绝接收，并将澳门视为特殊地区。② 为妥善解决澳门回归主权过渡问题，1976 年葡萄牙政府先后颁布《澳门组织章程》和《葡萄牙共和国宪法》，承认澳门是"葡萄牙管制下的中国领土"，③ 成立澳门立法议会，修订各项法律；在经济上加强吸引外资，推进工业多元化与都市化计划。④ 1979 年中葡建交，两国关系从此进入一个全新的阶段。1987 年中葡两国政府通过平等协商就历史遗留的澳门问题达成协议并签署了关于澳门问题的联合声明，中国并于 1999 年 12 月 20 日恢复对澳门行使主权。⑤

自澳门回归以来，澳门与葡萄牙仍保持着友好密切的关系。澳门特区政府在葡萄牙首都里斯本设立了澳门驻里斯本经济贸易办事处，进一步巩固彼此的经贸联系。2000 年 5 月，澳门特首何厚铧访问葡萄牙，签署《中华人民共和国澳门特别行政区和葡萄牙共和国关于相互鼓励和保护投资协议》。⑥ 2005 年 1 月，葡萄牙总统桑派欧访澳，参加"2005 粤澳 - 葡萄牙经贸合作交流会"与粤澳两地参会代表探讨经贸合作项目。⑦ 2010 年，澳门特首崔世安访问葡萄牙，加强了双边贸易投资及各方面合作。⑧

在澳门与葡萄牙保持高层领导互访的同时，双方也签订了一系列互利互惠的合作协议。如前所述，2000 年 5 月，澳门特区政府与葡萄牙政府签订了投资保护

---

① "第一章 澳门经济概述"，澳门基金会，澳门虚拟图书馆。检索日期：2017 年 11 月 13 日。http：//www. macaudata. com/macaubook/ebook006/html/ch1. html.

②③④ "1975年中国拒绝澳门回归？"（2012），腾讯历史。检索时间，2017 年 10 月 28 日。http：//view. news. qq. com/zt2012/am/index. htm.

⑤ "中国和葡萄牙双边关系"（2015），中华人民共和国驻葡萄牙大使馆。检索时间：2017 年 10 月 27 日。http：//pt. china - embassy. org/chn/zpgx/t1244751. htm.

⑥⑦⑧ "2016澳门年鉴"，澳门特别行政区新闻局。检索日期：2017 年 10 月 29 日。http：//yearbook. gcs. gov. mo/uploads/book/2016/myb2016cBN04. pdf.

协议,① 借此加强双方的经贸合作及联系,为两地投资者创造有利条件。同年5月,澳门特区政府与葡萄牙在澳门签署了《中华人民共和国澳门特别行政区与葡萄牙共和国合作纲要协定》②,共同推动澳门特区与葡萄牙在经济、金融、技术、科学、文化、内部公共治安、司法等领域的合作。2001年7月,澳门特区政府与葡萄牙在澳门进一步签署《科学技术合作协定》③,促进两地日后在科技领域的合作和发展。范围包括:科技信息及科研人员的交流,共同拟订及进行研发计划,共同推动和举办会议、研讨会和其他活动等。

回归后的澳门政府在中央政府的帮助下,积极利用澳门所具有的特殊历史人文优势打造中葡经贸合作的服务平台。2003年设立了中国—葡语国家经贸合作论坛(中葡经贸合作论坛),深化了中国与葡语国家的经贸合作和共同发展。自此,澳门作为中国与葡语国家的经贸平台,将中国与包括葡萄牙在内的葡语国家的贸易紧密联结起来。中国与葡语国家的贸易在最近十几年中取得了突破性的进展。2004年中国与葡语国家贸易额达182.7亿美元,较论坛成立当年增长76.7%。2005年,双方贸易额首次突破200亿美元,达到231.9亿美元,2006年增至340.8亿美元,2007年增至463亿美元。2013年第一季度中国与葡语国家进出口总额262.77亿美元,而到了2017年第一季度,中国与葡语国家进出口总额为463.25亿美元,同比增长近1倍。澳门作为经贸合作和交流的平台积极地促进了中葡在经贸上的联系,并通过定期举行的中国—葡语国家经贸合作论坛深化中国与其他葡语国家的经贸关系。澳门的这一特殊作用得到葡萄牙官方的肯定。葡萄牙外交部国务秘书奥莉薇亚曾表示,"葡萄牙将继续与澳门紧密合作,透过澳门深化葡语国家与中国的经贸关系。"④

习近平主席于2013年提出"一带一路"倡议,并逐渐得到越来越多的沿线国家认可和加入。2016年12月底,在澳门特别行政区行政长官崔世安向国家领导人述职时,中央正式批准澳门参与国家"一带一路"的工作。澳门特区与葡萄牙有着深厚的历史渊源和文化纽带,因此在推动葡萄牙和其他葡语国家支持参与"一带一路"倡议方面可以发挥独特的作用。虽然澳门特区的经济体量比较小,但是它在促进中国和葡萄牙以及其他葡语国家的民心相通方面有自己的优势,并非无足轻重。例如澳门特区的旅游业是其经济的重要支柱,也是促进各国人民民心相通的重要途径。澳门以其弹丸之地,每年要接纳3 000万人次的游客,这中间蕴藏着加深各国人民相互了解的巨大潜能。但是目前这些游客中的约2 800万

①②③ "葡萄牙"(2017),澳门特别行政区新闻局。检索日期:2017年10月29日。http://www.io.gov.mo/cn/legis/int/list/countries/portugal.

④ "Macau can play an important role in the 'One Belt, One Road' initiative",(n. d.)Retrieved November 2, 2017 from https://macauhub.com.mo/2017/03/09/macau-can-play-an-important-role-in-the-one-belt-one-road-initiative/.

人来自中国内地、香港和台湾，其余主要来自韩国、印度尼西亚及日本。[①] 来自葡萄牙或其他葡语国家的游客更是少之又少。这是令人遗憾也是不太正常的现象。澳门特区如果能够采取有力措施，有效提升旅游质量和档次，从而吸引更多葡语国家以及"一带一路"沿线国家的民众来澳观光，同时利用澳门的历史文化资源，打造中国和葡语国家之间人文交流的机制化平台，那将是对"一带一路"建设的积极和重要贡献。

五、结语

从以上的分析可以看到，总体来讲，中欧关系、中葡关系、澳葡关系形成了相互关联、相互影响、相互依存的关系框架。中欧关系具有两面性。一方面中欧关系没有不可调和的地缘政治冲突，有着巨大的发展潜力；另一方面中欧关系也陈旧的历史和意思形态的偏见的影响，并不时受到第三方因素主要是美国因素的影响和干扰。通过对四个案例的分析可以看出，欧盟对中国总体上持有"软中立"的倾向，但是美国往往迫使欧盟要选边站。从目前来看，中欧关系中出现了中国、欧盟、美国之间错综复杂的三角利益关系链，一边是欧美之间政治与安全的利益链、一边是中欧之间不断深化的经济利益链。两者之间常常发生碰撞和冲突，导致欧盟在很多议题上举棋不定，瞻前顾后。但是面对特朗普政府的美国"新政"，欧美关系产生很多不确定性因素，或许会为中欧关系带来新的机会，使得中、欧、美三角关系变得更加平衡，更有利于中欧关系的发展。

相对整体中欧关系而言，中葡关系有更大的灵活性。在对华问题上，葡萄牙更多地受到欧盟立场，而不是美国因素的制约。中葡之间没有根本的利害冲突，两国关系也没有重大的悬而未决的问题，应该也可以走在中欧关系发展的前面，而不是落在后面。中葡关系框架下的澳葡关系总体上是积极的。澳门回归后与葡萄牙保持着良好的互动和联系。中国政府也有意将澳门打造成联系中国与葡萄牙及其他葡语国家联系的经贸和人文交流平台。澳门在推动中葡关系和中国与葡语国家关系不断发展方面有独特优势，大有可为。

参考文献

[1] "欧洲联盟简介"，人民网，2000 年。检索日期：2017 年 10 月 15 日。http：//www. people. com. cn/GB/channel1/10/20000627/119739. html.

---

① "Macau records 30. 95m tourists last year"（n. d. ）Retrieved November 3，2017 from https：//www. shine. cn/archive/business/consumer/Macau – records –3095m – tourists – last – year/shdaily. shtml.

［2］"欧盟概况"，外交部。检索日期：2017 年 10 月 15 日。http：//www. fmprc. gov. cn/ web/gjhdq_676201/gjhdqzz_681964/1206_679930/1206x0_679932.

［3］"欧洲蓝皮书：欧洲发展报告（2015～2016）"，每日头条。检索日期：2017 年 10 月 16 日。https：//kknews. cc/world/rzjan. html.

［4］郭亚飞（2002）"中国加入世贸组织协议书（标准中文版全文）"，检索日期：2017 年 10 月 16 日。http：//www. people. com. cn/BIG5/jinji/31/179/20020125/656050. html.

［5］法广（2016）"欧盟拒绝承认中国市场经济地位的依据"，世界之声，检索日期：2017 年 10 月 17 日。http：//trad. cn. rfi. fr/% E4% B8% AD% E5% 9C% 8B/20161213 – % E6% AD% 90% E7% 9B% 9F% E6% 8B% 92% E7% B5% 95% E6% 89% BF% E8% AA% 8D% E4% B8% AD E5% 9C% 8B% E5% B8% 82% E5% A0% B4% E7% B6% 93% E6% BF% 9F% E5% 9C% B0% E4% BD% 8D% E7% 9A% 84% E4% BE% 9D% E6% 93% 9A.

［6］"欧美日都不承认中国市场经济地位　贸易战濒爆发边缘"，人民报，检索日期：2017 年 10 月 20 日。http：//www. peoplenews. tw/news/f2e0e269 – 3c56 – 4240 – a782 – ff3cb8a64305.

［7］郑若麟（2006）"驻法记者亲历希拉克印象：打破虚拟中国的斗士"，新浪新闻中心，检索日期 2017 年 10 月 20 日。http：//news. sina. com. cn/w/2006 – 10 – 27/074810338065s. shtml.

［8］"欧美签署卫星导航合作协议"，BBC 中文网，检索日期：2017 年 10 月 19 日。http：// news. bbc. co. uk/chinese/simp/hi/newsid_3840000/newsid_3843200/3843261. stm.

［9］刘爱成（2004）"不理盟国扬言继续禁运　美国还要对华军事制裁"，人民网。检索日期：2017 年 10 月 22 日。http：//people. com. cn/BIG5/guoji/14549/2323492. html.

［10］刘丽蓉（2016）"'南海仲裁'结果出炉在即，欧盟还能保持'原则性中立'吗？"检索日期：2017 年 10 月 14 日。http：//www. thepaper. cn/newsDetail_forward_1486101.

［11］查希（2016）"欧盟：在南海的'争议'中不选择边站吁和平解决争端"。检索日期：2017 年 10 月 14 日。http：//world. huanqiu. com/exclusive/2016 – 03/8701651. html.

［12］"法国军舰闯南海岛礁，称疑遭中国潜艇追踪"，观察者网军工频道。检索日期：2017 年 10 月 23 日。https：//xw. qq. com/cmsid/20171102A0DWBG00.

［13］"英扬言派军舰到南海搞'航行自由'"，海外网，检索日期：2017 年 10 月 18 日。http：//nanhai. haiwainet. cn/n/2017/0728/c3542185 – 31043056. html.

［14］魏巍（2016）"欧盟对特朗普当选美国总统感到'震惊'和'忧虑'"。每日头条。检索日期：2017 年 10 月 25 日。https：//kknews. cc/world/2a645xz. html.

［15］张晓（2017）"特朗普刻意疏远欧洲，令中欧关系迎新契机"，侨报网。检索日期：2017 年 10 月 29 日。http：//news. uschinapress. com/2017/0601/1108172. shtml.

［16］鞠鹏摄（2014）"习近平同欧洲理事会主席范龙佩举行会谈，赋予中欧全面战略伙伴关系，新的战略内涵，共同打造中欧和平、增长、改革、文明四大伙伴关系"，新华网。检索日期：2017 年 10 月 21 日。http：//news. xinhuanet. com/world/2014 – 03/31/c_1110032444. htm.

［17］"中国的改革开放与中欧关系——中国驻欧盟使团团长宋哲大使在比利时自由大学的演讲"（2008）中华人民共和国驻欧洲使团。检索日期：2017 年 10 月 23 日。http：//www. chinamission. be/chn/sgxx/t454195. htm.

［18］宋鲁郑（2017）"观点：欧洲应该支持'一带一路'的六大理由"。检索日期：2017

年 10 月 21 日。http：//www. bbc. com/zhongwen/trad/world – 39847203.

［19］"'一带一路'国际合作高峰论坛"（官方网站，2017）。检索日期：2017 年 10 月 24
日。http：//www. beltandroadforum. org/.

［20］"中东欧各国政党积极评价'一带一路'倡议"，国务院新闻办公室网站，转自新
华社。检索日期：2017 年 10 月 26 日。http：//www. scio. gov. cn/31773/35507/35515/35523/
Document/1558445/1558445. htm.

［21］"中法签单 200 亿美元、欧盟拟对接'一带一路'、酒店'走出去'不要乱走……央
企出海内参 2018 年第 5 期（总第 188 期）"。检索日期：2018 年 1 月 13 日。https：//read01. com/
zh – tw/zPxdado. html#. WlsPulT1UxE.

［22］王义桅（2018）"法国缘何高调支持'一带一路'"，人民网。检索日期：2018 年 1
月 12 日。http：//world. people. com. cn/n1/2018/0110/c1002 – 29755516. html.

［23］"与中国驻葡萄牙共和国大使馆经商参处　夏晓玲经济商务参赞访谈记录"，中华人
民共和国商务部。检索日期：2017 年 10 月 25 日。http：//www. mofcom. gov. cn/article/zhengce-
jd/bj/200912/20091206680933. shtml.

［24］王新玲（2004）"欧洲联盟概况"，人民网。检索日期：2017 年 10 月 25 日。http：//
www. people. com. cn/BIG5/shizheng/8198/41598/41633/3035754. html.

［25］麦琪（2009）"葡萄牙与中国关系"，中国网。检索日期：2017 年 10 月 26 日。http：//
www. china. com. cn/international/txt/2009 – 07/03/content_18064717. htm.

［26］"中国同葡萄牙的关系"，外交部。检索日期：2017 年 10 月 27 日。http：//www. fmprc.
gov. cn/web/gjhdq_676201/gj_676203/oz_678770/1206_679570/sbgx_679574/.

［27］王成安（2016）"中葡论坛成效显著　呈现五大亮点"，人民网。检索日期：2017
年 10 月 28 日。http：//politics. people. com. cn/n1/2016/1009/c1001 – 28763073. html.

［28］"2014 年葡萄牙货物贸易及中葡双边贸易概况"，国别报告。检索日期：2017 年 11
月 3 日。https：//countryreport. mofcom. gov. cn/record/view110209. asp? news_id = 43365.

［29］"中国同葡萄牙的关系"（2017），外交部。检索日期：2017 年 10 月 27 日。http：//
www. fmprc. gov. cn/web/gjhdq_676201/gj_676203/oz_678770/1206_679570/sbgx_679574/.

［30］钟和（2016）"意大利等国拒绝给予中国市场经济地位"，新民网。检索日期：2017
年 10 月 29 日。http：//newsxmwb. xinmin. cn/world/2016/10/19/30523536. html.

［31］梁正纲：《贬值的筹码：欧盟对中国武器禁运》，秀威出版社 2011 年版。

［32］Emmott，R.（2016）"EU's statement on South China Sea reflects divisions"，*Reuters*.
Retrieved October 15th，from https：//www. reuters. com/article/us – southchinasea – ruling – eu/eus –
statement – on – south – china – sea – reflects – divisions – idUSKCN0ZV1TS.

［33］"Throttled by EU，Greece warms to China's cash"（n. d.），*The Straits Times*. Retrieved No-
vember 1st from http：//www. straitstimes. com/world/europe/throttled – by – eu – greece – warms – to –
chinas – cash.

［34］"Portugal ready to enhance economic links with China as a part of One Belt One Road Initi-
ave"（n. d.），*Sott*. Retrieved October 16th from https：//www. sott. net/article/356235 – Portugal –
ready – to – enhance – economic – links – with – China – as – a – part – of – One – Belt – One – Road –

Initiative.

［35］"'一带一路'国际合作高峰论坛"（官方网站，2017）。检索日期：2017 年 10 月 24 日。http：//www. beltandroadforum. org/.

［36］"第一章 澳门经济概述"，澳门基金会，澳门虚拟图书馆。检索日期：2017 年 11 月 13 日。http：//www. macaudata. com/macaubook/ebook006/html/ch1. html.

［37］"1975 年中国拒绝澳门回归?"（2012），腾讯历史。检索时间，2017 年 10 月 28 日。http：//view. news. qq. com/zt2012/am/index. htm.

［38］"中国和葡萄牙双边关系"（2015），中华人民共和国驻葡萄牙大使馆。检索时间：2017 年 10 月 27 日。http：//pt. china - embassy. org/chn/zpgx/t1244751. htm.

［39］"2016 澳门年鉴"，澳门特别行政区新闻局。检索日期：2017 年 10 月 29 日。http：// yearbook. gcs. gov. mo/uploads/book/2016/myb2016cBN04. pdf.

［40］"葡萄牙"（2017），澳门特别行政区新闻局。检索日期：2017 年 10 月 29 日。http：// www. io. gov. mo/cn/legis/int/list/countries/portugal.

［41］"Macau can play an important role in the 'One Belt, One Road' initiative"，（n. d. ） Retrieved November 2，2017 from https：//macauhub. com. mo/2017/03/09/macau - can - play - an - important - role - in - the - one - belt - one - road - initiative/.

［42］"Macau records 30. 95m tourists last year"（n. d. ） Retrieved November 3，2017 from https：//www. shine. cn/archive/business/consumer/Macau - records - 3095m - tourists - last - year/ shdaily. shtml.

葡萄牙贸易现状、特征与发展

宋雅楠　　庞晓娴[*]

摘　要：葡萄牙不仅是欧盟成员国之一，还与巴西、几内亚比绍、安哥拉等非洲葡语国家有着极深的渊源。目前中葡关系正处于历史最好期，中葡经贸合作潜力巨大。本文分析了葡萄牙的贸易现状与特征，发现葡萄牙对外贸易一直处于逆差状态。具体分析中国与葡萄牙贸易现状和特征，并对中葡贸易发展趋势展开讨论。

关键词：葡萄牙　中国　双边贸易　中葡关系

一、葡萄牙贸易现状

葡萄牙位于欧洲西南部，东部处于伊比利亚半岛，西部和南部是大西洋的海岸。葡萄牙的矿产资源十分丰富，其钨储量为西欧第一，而铜的产量更是在欧盟名列前茅。葡萄牙加大对基础设施的投入，交通运输网络、港口设施等都得到了很大的改善。

1986 年葡萄牙加入欧共体，并在 1999 年成为首批加入欧元区的国家。受欧洲经济债务危机的影响，葡萄牙的经济受到重创，对外贸易总额明显下降。得益于欧盟的经济援助，葡萄牙的经济有所复苏，但对外贸易仍处于逆差状态。葡萄牙地理位置优越，矿产资源丰富，基础设施健全，有着高素质的人力资源，是进入欧盟很好的切入点，也是前往非洲葡语国家的一个战略平台。

---

[*]　宋雅楠，澳门科技大学商学院副教授。研究方向为国际贸易与投资、中葡经贸关系等。
　　庞晓娴，澳门科技大学商学院硕士研究生。

（一）葡萄牙进出口贸易

1. 货物贸易

由于经济结构等原因，葡萄牙整体对外贸易常年逆差。对于货物贸易来说，据葡萄牙国家统计局的数据显示，2016 年葡萄牙的货物贸易进出口总额为 1 113.5 亿欧元。其中出口额为 502.9 亿欧元，年增长率为 0.9%。进口额为 610.6 亿欧元，同比 2015 年增长 1.2%，[①] 但货物贸易收支平衡仍然呈现逆差状态。

为了应对国际市场不振，加大出口力度，促进葡萄牙的经济复苏，葡萄牙政府从 2013 年起实施了一系列"出口简化"的措施。其中有加快出口退税程序、对烟酒等特殊消费品报审手续进行进一步简化等措施。从表 1 可以看出葡萄牙的货物贸易出口额从 2013~2016 年逐年增长，年增长率为 2.1%。除了出口额的增长外，葡萄牙的货物贸易进口额也处于平稳增长的趋势，货物贸易仍然摆脱不了逆差的状态。

表 1   **葡萄牙货物贸易进出口额**   单位：亿欧元

货物贸易	2012 年	2013 年	2014 年	2015 年	2016 年
出口	452.1	473	480.5	498.3	502.9
进口	563.7	570.1	590.3	603.1	610.6
逆差	-111.6	-97.1	-109.8	-104.9	-107.7

资料来源：葡萄牙统计局。

从出口产品种类来看，车辆及其零附件是葡萄牙最重要的出口商品，汽车零配件加工行业发展成为葡萄牙的重要行业之一。从表 2 可以看出车辆及其零附件占其货物出口的 10.4%，同比下降为 3.2%。其次是电机、电气、音像设备及其零附件，同比增长 12.1%，增速较快。最值得关注的是针织或钩编的服装及其附件这一大类，与 2015 年相比增长 11.7%，可以说纺织及服装产品在葡萄牙的出口总额的比重越来越高。下滑最多的是矿物燃料、矿物油及其产品；沥青等这一大类，出口同比下降为 18.1%。

---

① 中国商务部综合司、中国商务部国际贸易经济合作研究院：《国别贸易报告》，2017 年。

表2   2016年葡萄牙前十大出口商品（按国际海关HS分类法）

排名	HS章节	商品描述	金额（百万欧元）	比重（%）	同比（%）
		总量	47 858	100	0.7
1	87	车辆及其零附件，但铁道车辆除外	4 996	10.4	−3.2
2	85	电机、电气、音像设备及其零附件	4 294	9	12.1
3	84	核反应堆、锅炉、机械器具及零件	3 064	6.4	−1.6
4	27	矿物燃料、矿物油及其产品；沥青等	3 015	6.3	−18.1
5	39	塑料及其制品	2 528	5.3	3.5
6	61	针织或钩编的服装及衣着附件	2 007	4.2	11.7
7	64	鞋靴、护腿和类似品及其零件	1 876	3.9	2.7
8	94	家具、寝具等；灯具；活动房	1 731	3.6	6.3
9	48	纸及纸板；纸浆、纸或纸板制品	1 688	3.5	0.2
10	73	钢铁制品	1 320	2.8	−1

资料来源：《中华人民共和国商务部国别报告》。

从货物贸易进口种类来看，汽车及零配件进口增长迅速，成为葡萄牙主要的进口产品。从表3可以看出车辆及其零附件占葡萄牙进口比重最多，占葡萄牙进口商品的12.4%，同比增长为10.1%。电机、电气、音像设备进口额增幅明显，同比增长更达到13.5%。受国际油价下跌的影响，矿物燃料的进口额有非常明显的下降，与2015年相比下滑23.1%。除矿物燃料外，钢铁和有机化学品的降幅也十分明显，进口同比下降同为10.4%。

表3   2016年葡萄牙前十大进口商品（按国际海关HS分类法）

排名	HS章节	商品描述	金额（百万欧元）	比重（%）	同比（%）
		总量	58 080	100	1.0
1	87	车辆及其零附件，但铁道车辆除外	7 222	12.4	10.1
2	27	矿物燃料、矿物油及其产品；沥青等	5 850	10.1	−23.1
3	84	核反应堆、锅炉、机械器具及零件	4 971	8.6	0.8
4	85	电机、电气、音像设备及其零附件	4 734	8.2	13.5
5	39	塑料及其制品	2 802	4.8	1.4
6	30	药品	2 218	3.8	3.1
7	72	钢铁	1 682	2.9	−10.4
8	03	鱼及其他水生物脊椎生物	1 636	2.8	7.1
9	90	光学、照相、医疗等设备及零附件	1 190	2.1	3.0
10	29	有机化学品	982	1.7	−10.4

资料来源：《中华人民共和国商务部国别报告》。

2. 服务贸易

服务贸易方面，根据葡萄牙统计局的统计显示，2016 年葡萄牙的服务贸易总额为 394.21 亿欧元，同比增长 4.10%。其中出口额为 262.81 亿欧元，同比增长 4.38%；进口总额为 131.40 亿欧元，增长 3.12%；贸易顺差达到了 131.41 亿欧元，与 2015 年相比增长 5.7%。[①]

从出口行业看，旅游业仍然占据葡萄牙服务贸易的主导地位。从表 4 表明葡萄牙的旅游业在 2016 年出口额达到 126.81 亿欧元，占葡萄牙服务贸易出口总额的 48.25%，同比增长 10.74%。紧接着就是交通运输业和其他商业服务，分别占葡萄牙服务贸易出口总额的 21.11% 和 17.11%。这三个行业占服务贸易出口的 86.47%。其中制造业的增幅非常明显，同比增长 16.56%。下滑最严重的是政府服务，与 2015 年相比下滑了 12.33%。

表 4 　　　　　2015～2016 年葡萄牙服务贸易各行业类别出口情况　　　单位：百万欧元

行业类别	2015 年	2016 年	2016 年占比（%）	同比（%）
合计	25 178	26 281	100	4.38
旅游业	11 451	12 681	48.25	10.74
交通运输	5 689	5 549	21.11	-2.46
其他商业服务	4 651	4 497	17.11	-3.31
制造业	320	373	1.42	16.56
维修保养业	414	440	1.67	6.28
个人、文化和娱乐服务产业	204	223	0.85	9.31
政府服务	139	122	0.46	-12.23

资料来源：葡萄牙央行。

从进口行业来看，旅游业、交通运输业和其他商业服务占据葡萄牙服务贸易进口总额较多。从表 5 可以看出旅游业、交通运输业和其他商业服务 2016 年的进口额分别为 38.15 亿欧元、30.45 亿欧元、27.44 亿欧元。这三个行业加起来占葡萄牙服务贸易进口总额的 73.08%。政府服务业与制造业的进口额增长十分明显，同比增长分别为 22.64% 和 14.29%。维修保养业和交通运输业在 2016 年有所下降，与 2015 年相比分别下降 4% 和 2.2%。

---

① 商务部国际贸易经济合作研究院、商务部投资促进事务局、中国驻葡萄牙大使馆经济商务参赞处：《对外投资合作国别（地区）指南·葡萄牙》，2017 年版。

表5　　　　　　　　　2015～2016年葡萄牙服务贸易各行业类别进口情况　　　单位：百万欧元

行业类别	2015 年	2016 年	2016 年占比（%）	同比（%）
合计	12 742	13 140	100	3. 12
旅游业	3 612	3 815	29.03	5.62
交通运输	3 172	3 045	23. 17	− 4.00
其他商业服务	2 594	2 744	20.88	5.78
制造业	21	24	0. 18	14.29
维修保养业	318	311	2. 37	− 2.20
个人、文化和娱乐服务产业	242	261	1. 99	7.85
政府服务	106	130	0. 99	22.64

资料来源：葡萄牙中央银行。

　　葡萄牙的服务贸易主要以旅游业为主。如图 1 所示，葡萄牙旅游业收入在 2012～2016 年持续增长，年平均增长率为 10.2%。2016 年营业收入更达到近 127 亿欧元，其价值占葡萄牙总出口额 16.7%，年增长率为 10.7%。

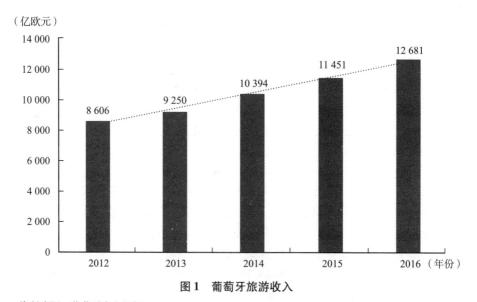

图 1　葡萄牙旅游收入

资料来源：葡萄牙中央银行。

　　葡萄牙旅游收入客源市场为法国、英国、西班牙、德国和美国（见图 2）。

上述五国的市场份额分别占葡萄牙旅游收入的 18.0%、17.9%、12.9%、11.7%、4.7%。共计为总量的 65.1%。

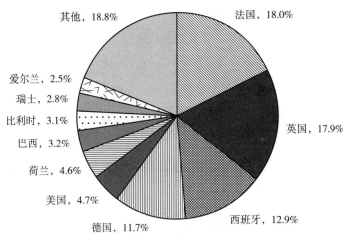

图 2　葡萄牙旅游收入客源国构成

资料来源：葡萄牙中央银行。

（二）葡萄牙贸易特征

1. 与欧盟各国相比

1986 年葡萄牙加入欧共体，并在 1999 年成为首批加入欧元区的国家。2009 年欧元区主权债务危机首先在希腊爆发。受欧洲债务危机的影响，葡萄牙财政现金流极度紧张，对外贸易疲软，失业率上升，商业信心也降到有记录的最低点。葡萄牙政府向欧盟提出了金融救助申请，每年从欧盟得到大量的经济援助。2012 年葡萄牙从欧盟基金中共获得 68 亿欧元援助，这类援助极大地促进了国民经济的发展。葡萄牙对外贸易主要集中在欧盟内部。2016 年葡萄牙向欧盟其他成员国的出口额约占葡萄牙对外贸易总额的 75.2%，从欧盟国家进口额占葡萄牙进口总额的 77.7%①。

本文挑选了欧盟内部具有代表性的法国、瑞士、波兰和希腊这四个国家来体现葡萄牙在欧盟中的商业环境和贸易竞争力。从图 3 可以看出，与葡萄牙相比法国货物贸易总额遥遥领先。法国在 2016 年的出口总额是葡萄牙的 9.05 倍。受欧

---

① 商务部国际贸易经济合作研究院、商务部投资促进事务局、中国驻葡萄牙大使馆经济商务参赞处：《对外投资合作国别（地区）指南·葡萄牙》，2017 年版。

洲经济危机的影响，法国在 2009 年和 2010 年出口额有所跌落。瑞士的货物贸易出口总额在 2007～2016 年增长十分迅猛，年增长率达到 9.05%。波兰整体的货物贸易出口额维持了平稳发展的状态，年增长率为 3.07%。上述三国的货物贸易出口总额都远比葡萄牙高。除此之外，希腊是欧盟成员国中的小国，与葡萄牙一起并称为欧盟中的"发展中国家"，其经济发展水平落后于欧盟的整体水平。如图 3 所示，希腊出口贸易发展一直停滞不前。与上述四国相比，葡萄牙的出口贸易发展处于相对平稳的状态。

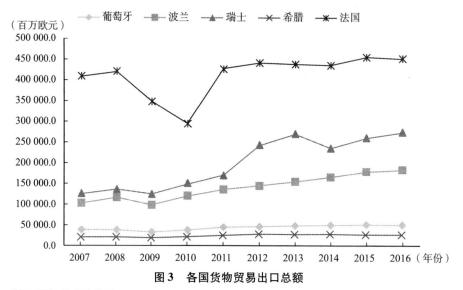

图 3　各国货物贸易出口总额

资料来源：欧盟统计局。

如图 4 所示，法国的货物贸易进口总额与其他四国相比在 2007～2016 年仍然遥遥领先，但在 2009 年有所跌落，进口额为 4 040.98 亿欧元，同比下降了 17.08%。瑞士和波兰的进口额增长幅度都比葡萄牙的高。其中瑞士经济高度发达，在 2013 年上升迅速，进口额为 2 421.56 亿欧元，随后在 2014 年有所下降，但从 2015 年开始又继续上升，2016 年进口额达到 2 442.11 亿欧元，年增长率为 8.47%。波兰进口总额在 2007～2016 年增长速度较缓慢，年增长率仅为 4.41%。葡萄牙的货物进口总额虽然比不上上述的三国，但与停滞不前的希腊相比，还是处于相对平稳发展的状态，在 2007～2016 年增幅不大，年增长率为 0.24%。

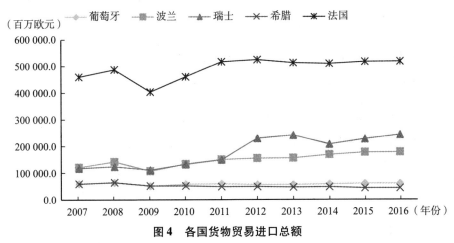

图4　各国货物贸易进口总额

资料来源：欧盟统计局。

2. 与葡语国家相比

由于历史发展原因，葡萄牙同上述五国的关系较为密切。近几年来，为了发挥葡萄牙在欧、非两大陆的桥梁作用，葡萄牙积极发展同五国在各个领域的合作，大量增加了在非能源、军事、金融和商贸等各领域的投入力度。1996 年 7 月，葡萄牙和巴西倡议成立葡语国家共同体（Comunidade dos Países de Língua Portuguesa，CPLP，即葡共体），成员国包括葡萄牙、巴西、安哥拉、莫桑比克、佛得角、几内亚比绍、圣多美和普林西比、东帝汶。尤其发展与巴西的关系是葡萄牙的外交重点之一。近十年来，葡巴两国高层互访频繁，签署了一系列关于经济、文化等合作协定。

本文特意抽取了葡语国家中具有代表性的巴西来与葡萄牙相比。巴西国土面积辽阔，自然资源丰富，农业生产条件得天独厚，但基础设施落后，成为制约经济发展的瓶颈。巴西政府意识到这一点，积极投入建设基础设施项目。对外贸易在巴西经济中占有重要地位，通过巴西政府稳定的经济发展政策，再加上世界对原料性商品的需求，巴西的对外贸易快速发展。相比于贸易快速增长的巴西，葡萄牙的对外贸易一直处于平稳发展状态。

从图 5 可以看出巴西的货物贸易出口总额远远大于葡萄牙，2015 年的出口总额是葡萄牙的 3.5 倍。但从 2011～2015 年巴西的货物贸易出口额呈下降趋势，从 2011 年的 2 560 亿美元下滑到了 2015 年的 1 911 亿美元。由于葡萄牙政府出台的一系列出口措施，从 2011～2014 年呈上升趋势，2014 年更达到 640 亿美元，但 2015 年有所回落。

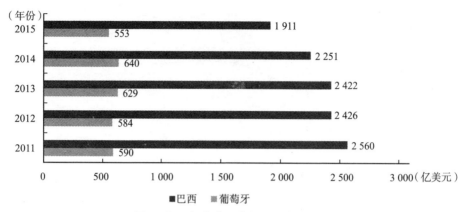

图5 巴西与葡萄牙货物贸易出口总额

资料来源:《中华人民共和国商务部国别报告》、巴西发展工业外贸部。

如图6所示,巴西的货物贸易进口仍然高于葡萄牙。2011~2013年巴西的货物贸易进口总额有所上升,从2 263亿美元上升到2 396亿美元,随后2014~2015年又呈下降趋势。2015年巴西的进口总额为1 715亿美元,是葡萄牙的2.6倍。葡萄牙的货物贸易进口额从2011年803亿美元下降到2015年的667亿美元,整体呈现下降趋势。

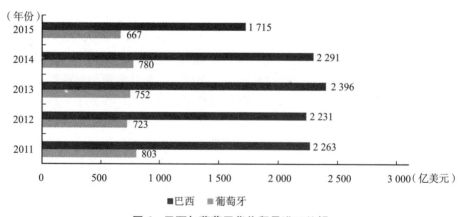

图6 巴西与葡萄牙货物贸易进口总额

资料来源:《中华人民共和国商务部国别报告》、巴西发展工业外贸部。

二、中葡贸易现状与特征

中国与葡萄牙于1979年正式建交,中葡关系在相互尊重、平等互利、互不干涉内政的原则基础上发展。为了发展贸易关系,两国政府签署了一系列协定,

1980 年 7 月 4 日中葡双方在北京签订《中华人民共和国政府和葡萄牙共和国政府贸易协定》；1998 年签署《避免双重征税和防止偷漏税协定》；2005 年签署《中葡经济合作协定》和重签《鼓励和相互保护投资协定》。上述协定为中葡两国经贸发展提供了有利的条件。

（一）中葡贸易现状

自建交以来，中葡贸易保持了稳步发展势头。据欧盟统计局数据显示，2016年中葡双边货物进出口总额为 27.6 亿美元，其中葡萄牙对中国出口 7.5 亿美元，占葡萄牙出口总额的 1.3%；中国对葡萄牙出口总额为 20.1 亿美元，与上一年相比增长了 1.9%，占葡萄牙进口总额的 3.0%。[①] 中国是葡萄牙第十一大出口市场和第七大进口来源地。

如图 7 所示，葡萄牙自中国的货物贸易进口总额高于葡萄牙对中国出口总额，双边贸易逆差非常明显。但近年来葡萄牙对中国出口总额有上升趋势，双边贸易逆差有所减缓。2007～2010 年中葡双边贸易逆差仍然不断扩大，从 12.1 亿美元上升到了 17.7 亿美元，但从 2011～2016 年中葡双边贸易逆差有所下降，2016 年贸易逆差仅为 12.6 亿美元。

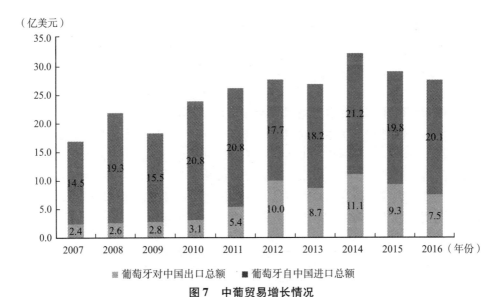

图 7　中葡贸易增长情况

资料来源：《中华人民共和国商务部国别报告》。

[①] 中国商务部综合司、中国商务部国际贸易经济合作研究院：《国别贸易报告》，2017 年。

据中国海关统计，2016 年葡萄牙对中国进口的大类商品主要有运输设备、矿产品、纤维素浆、纸张、机电产品、食品、饮料、烟草、塑料、橡胶、木及制品、纺织品及原料、贱金属及制品、化工产品等。如表 6 所示，2016 年葡萄牙对中国出口的主要商品构成中占比最多的是运输设备，虽然与 2015 年相比下滑 57.6%，但其比重仍然达到 22.1%。同比增长最迅猛的是化工产品、食品、饮料、烟草和纤维素浆、纸张这三类商品，增幅分别达到 330.6%、82.7%、55.4%。除了运输设备外，下滑严重的还有矿产品，同比下降 27.7%。

表 6　　　　　　　2016 年葡萄牙对中国出口十大主要商品构成（类）

排名	海关分类	HS 编码	商品描述	金额（百万美元）	比重（%）	同比（%）
			总值	748	100.0	-19.5
1	第17类	86-89	运输设备	165	22.1	-57.6
2	第5类	25-27	矿产品	121	16.2	-27.7
3	第10类	47-49	纤维素浆；纸张	102	13.6	55.4
4	第16类	84-85	机电产品	85	11.4	2.8
5	第4类	16-24	食品、饮料、烟草	69	9.2	82.7
6	第7类	39-40	塑料、橡胶	35	4.6	-4.6
7	第9类	44-46	木及制品	34	4.6	25.8
8	第11类	50-63	纺织品及原料	33	4.4	-10.9
9	第15类	72-83	贱金属及制品	26	3.5	9.4
10	第6类	28-38	化工产品	18	2.4	330.6

资料来源：《中华人民共和国商务部国别报告》。

中国对葡萄牙出口集中于技术含量较高的工业制成品上。从表 7 可得 2016 年葡萄牙自中国进口的大类商品主要有机电产品、纺织品及原料、贱金属及制品、家具、玩具、杂项制品、化工制品等。其中机电产品、纺织品及原料和贱金属及制品占比最多，这三类产品进口额合计占葡萄牙自中国进口总额的 58.1%。家具、玩具、杂项制品这一类商品与上一年相比增幅最大，同比增长 16.4%。另外贱金属及其制品和化工产品有所下降，同比分别下滑 9.7% 和 9.2%。

表 7　　　　　　　2016 年葡萄牙自中国进口五大主要商品构成（类）

排名	海关分类	HS 编码	商品描述	金额（百万美元）	比重（%）	同比（%）
			总值	2 012	100.0	1.9
1	第16类	84-85	机电产品	718	35.7	6.6
2	第11类	50-63	纺织品及原料	240	11.9	0.3

排名	海关分类	HS 编码	商品描述	金额（百万美元）	比重（%）	同比（%）
3	第 15 类	72 – 83	贱金属及制品	212	10.5	−9.7
4	第 20 类	94 – 96	家具、玩具、杂项制品	127	6.3	16.4
5	第 6 类	28 – 38	化工产品	127	6.3	−9.2

资料来源：《中华人民共和国商务部国别报告》。

（二）中葡贸易特征

1. 贸易增速平稳增长

中葡双边贸易整体来说呈上升趋势。如图 8 所示，2009 年受欧洲金融危机的影响，中葡贸易有明显的回落，中葡双边贸易额下降 16.9%。但由于葡萄牙进口市场总体较小，进口来源又多为欧洲国家，此次欧洲金融危机对中葡双边贸易的影响较小。双边贸易额虽然有所下降，但降幅低于葡萄牙总体对外贸易的降幅。2010～2012 年贸易总额持续上升，但到 2013 年有小幅度的跌落，与 2012 年相比下降了 2.7%。2014 年中葡双边贸易额增长最迅猛，增速达到了 20.1%。2015～2016 年有所回落，但整体呈上升趋势。

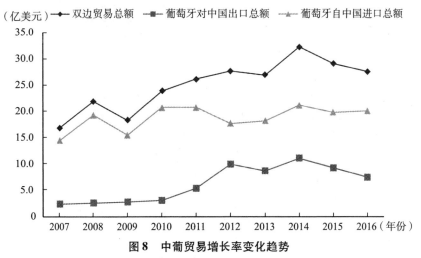

图 8 中葡贸易增长率变化趋势

资料来源：《中华人民共和国商务部国别报告》。

2. 中葡贸易逆差有所减缓

近年来，葡萄牙自中国进口商品总额一直大于葡萄牙对中国出口总额。2016

年中葡论坛第五届部长级会议上，李克强总理表明中国给予部分葡语国家97%进口商品零关税待遇①，这对中葡贸易发展有很大的帮助。但由于葡萄牙货物出口目的地大部分为欧盟地区，所以出口到中国的商品占出口总额比例较小。加上两国产品结构等原因，中葡贸易一直呈现逆差状态。葡萄牙是"一带一路"框架倡议重要合作方，目前中葡两国正积极推进葡萄牙优势产品特别是农产品和水产品对中国出口，加快促进两国电商服务平台建设，提高进口便利化水平，巩固传统货物贸易规模，中葡贸易逆差逐年有所减缓。

3. 各自双边贸易中所占比重不高

中国与葡萄牙的贸易关系并不对称，中国对葡萄牙出口的总额远远大于葡萄牙对中国出口的总额，但各自双边贸易中所占的比重都不高。如图9所示，葡萄牙货物出口的主要目的地仍然是欧盟地区，占总量的75.2%，其次是非洲、北美洲、亚洲、其他欧洲地区和中美洲及南美洲。其中前五大出口产品目的国分别为西班牙、法国、德国、英国和美国。

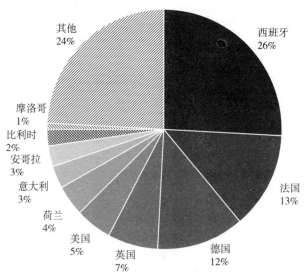

图9　2016年葡萄牙出口产品十大目的国

资料来源：葡萄牙国家统计局。

---

① 李克强总理在2016年中葡论坛第五届部长级会议的开幕式上表示，中国不追求对葡语国家的贸易顺差，愿意积极落实给予部分葡语国家97%的税目零关税优惠政策，鼓励从葡语国家进口更多商品，支持双方企业开展跨境电子商务，进一步挖掘贸易增长潜力。

对于货物进口，欧盟是最大的进口来源国，占葡萄牙进口总额的77.7%。西班牙、德国、法国是葡萄牙最大的进口来源国。从图10可得，2016年西班牙是葡萄牙最大进口产品来源国，其占比达到33%。其次就是德国和法国，分别占总比重的14%和8%。值得关注的是中国占葡萄牙进口产品来源国总量的3%。

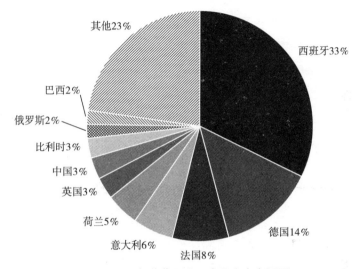

图10　2016年葡萄牙进口产品十大来源国

资料来源：葡萄牙国家统计局。

中国的主要贸易伙伴为欧盟、美国、东盟等。如图11所示，欧盟是中国第一大贸易伙伴，其占比达到14.8%。其次是美国和东盟，分别占比重的14.1%和12.3%。虽然葡萄牙的占比不多，但葡萄牙是中国在欧盟内排名第十八位的贸易伙伴，中国是葡萄牙在亚洲的第一大贸易伙伴。

4. 中国与葡萄牙存在较强的互补性

中国是人口大国，劳动力资源丰富，制造业较发达，资本积累较为充裕，科学技术及管理水平也比较先进。相比而言，葡萄牙为欧盟中等发达国家，其拥有丰富的矿产资源，地理位置优越，有着优秀的人才和较完善的基础措施，市场规模虽然可观，但其经济仍处于成长地位，需要得到外界的支持。因此，中国与葡萄牙存在很强的资源和经济互补性，这为两国构成经贸关系打下基础。

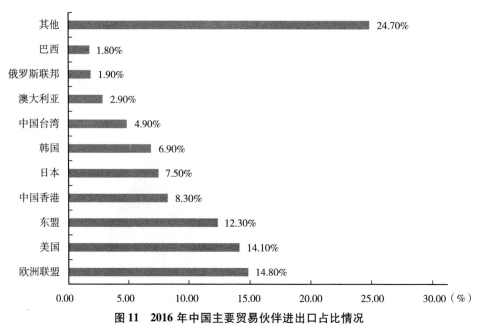

图 11　2016 年中国主要贸易伙伴进出口占比情况

资料来源：《中华人民共和国商务部报告》。

　　由于葡萄牙在饮料和烟草等方面的资源有着较强的比较优势，中国主要从葡萄牙进口葡萄酒、橄榄油、软木及制品、纸浆纸张、汽车零件。凭借着中国在劳动密集型和资本、技术密集型产品中的优势，中国向葡萄牙出口的大多数为机电产品、服装、钢铁、家具、通信设备、家用电器、箱包、化工原料等。其中通信行业已经成为中国与葡萄牙重点关注的领域（见表 8）。

表 8　　　　　　　　　　　　　中国与葡萄牙贸易产品结构

	中国进口或当地有优势的产品	中国出口或在当地具有市场前景的产品
葡萄牙	矿砂、矿渣及矿灰；电机、电气、音像设备及其零附件；木浆等纤维状纤维素浆；废纸及纸板；车辆及其零附件，但铁道车辆除外；饮料、酒及醋；盐；硫酸；土及石料；石灰及水泥等；软木及软木制品；塑料及其制品；橄榄油、鞋类等	电机、电气、音像设备及其零附件；核反应堆、锅炉、机械器具及零件；钢铁；有机化学品；鞋靴、护腿和类似品及其零附件；车辆及其零附件；家具；寝具皮革制品；旅行箱包；动物肠线制品；灯具；活动房；皮革制品；鱼及其他水生无脊椎动物；服装、通信设备、化工原料、建材等

资料来源：作者自行整理。

三、中葡贸易发展趋势

葡萄牙作为欧盟成员国之一，是中国投资欧盟的重要战略伙伴之一。欧盟是全球第一大经济体、贸易体，同时也是全球最大的对外直接投资来源地和目的地。中国作为世界最大的发展中国家和世界第二大经济体，两者对世界的经济发展起着重要的作用。中国与欧洲国家建交历史悠久，自新中国成立后，中国便开始与欧洲国家建立外交关系。最早建交的欧洲国家有匈牙利、斯洛伐克、波兰等。20世纪70年代，中国陆续和西欧的主要国家建交，如英国、德国、荷兰等。此后，中欧贸易进入了快速增长阶段。相对来说，葡萄牙与中国建交较晚，但其在欧盟中有着不可忽视的影响。

同时，葡萄牙也是葡语国家共同体的成员国之一，在非洲和拉美葡语国家中也有较大的影响力。葡语国家共同体以发展中国家为主体，涵盖多种类型的葡语国家作为一个整体，日益成为世界政治、经济格局中的重要力量。改革开放后中国取得的巨大成就也对葡语国家形成较大的吸引力。在此背景下，2003年"中国—葡语国家经贸合作论坛（澳门）"正式成立。该论坛为中国与葡语国家经贸合作提供了一个很好的平台。十多年来中国与葡语国家贸易快速增长，虽然在规模上仍然无法与中国其他主要贸易伙伴相比，但未来将有更大的合作潜力和发展空间。

（一）双边贸易将稳步发展，未来将扩大贸易投资规模

中葡货物贸易将在双方较有利的市场环境中健康发展，双边贸易很有可能保持平稳的增长趋势，中葡贸易的稳步发展将有利于两国的经济健康发展。在全球贸易下滑的情况下，中葡双边贸易仍保持了较快速度的增长。据中国海关总署统计，2003年中葡双边贸易额达到了6.01亿美元。2005年增至12.36亿美元。2016年，中葡双边贸易额达到了27.6亿美元。① 近年来中葡贸易呈现平稳发展状态。中国企业对葡萄牙投资逐年增长，葡萄牙已经成为中国对欧盟投资的主要国家之一。据驻葡萄牙使馆经商参赞徐伟丽表述，截至2016年底，中国企业对葡萄牙的投资已经超过68亿欧元，其中投资领域涵盖能源、金融、保险、通信、民航、水务、工程设计、餐饮等，中方投资企业为当地提供了超过3.6万人的就

---

① 中国商务部综合司、中国商务部国际贸易经济合作研究院：《国别贸易报告》，2017年。

业。中葡在投资领域的合作不断深化，预计未来投资规模将不断扩大，将进一步拓宽投资领域，发展前景十分广阔。①

（二）中葡货物贸易结构未来很难有所变化，但预计服务贸易占比会逐步增加

葡萄牙是以服务业为主的欧盟国家，其农业和工业也颇具特色。葡萄酒、橄榄油、软木产品、汽车零部件更是其优势商品。中国是世界制造业大国，以电机、电气、音像设备为主的机电产品，服装与衣着附件，家具、寝具、灯具等轻工产业在世界具有较强的竞争力。近年来葡萄牙加大对中国旅游资源的推介力度，2017 年 7 月 25 日，中国葡萄牙首条直航航线正式开通，随着我国出境游客的增加及消费需求更加多样化，葡萄牙适宜的气候和悠闲的环境将会受到更多中国旅客的青睐，预计中葡服务贸易占比会逐步增加，但中葡双边货物贸易主导的结构相对稳定，未来中葡贸易仍以货物贸易为主，双方贸易主要集中于资源密集型产品和技术密集型产品，商品种类变化也不会有太多变化。

（三）"中国—葡语国家经贸合作论坛（澳门）"助力中葡贸易发展

"中国—葡语国家经贸合作论坛（澳门）"于 2003 年 10 月在澳门创立，该论坛旨在增进中国和葡语国家间的经贸往来与合作。自论坛开创以来，中国与葡语国家贸易额增长稳定。中国成为葡语国家最重要的贸易伙伴之一，也是葡语国家增长最快的主要出口市场。中葡论坛促进了各方贸易、投资与各领域合作，并取得了显著的效果。近年全球经济增长疲软的状态下，更需要在贸易及旅游上加强合作，通过中葡论坛，能够进一步加强多边合作。

2016 年 10 月 11～12 日中国—葡语国家经贸合作论坛第五届部长级会议在澳门举行，中国与安哥拉、巴西、佛得角、几内亚比绍、莫桑比克、葡萄牙和东帝汶 7 个葡语国家政府代表团参加会议。该会议签署了《经贸合作行动纲领（2017—2019）》等文件，明确规划了未来三年中国与葡语国家经贸合作的主要领域和发展方向。该论坛肯定了中国澳门作为中国与葡语国家商贸合作服务平台的作用，并加强了中国与葡语国家间的经贸、文化交流，促进了中国和葡语国家的共同发展。

---

① http：//sl. china. com. cn/2017/0713/22098. shtml.

（四）中葡贸易发展推动中葡双向投资

中葡贸易的稳步发展带动了中葡双向投资。尽管葡萄牙经济总体并不景气，葡萄牙企业并没有放慢对中国投资的脚步。受欧洲债务危机的影响，葡萄牙财政濒临破产。为了应对这一难关，葡萄牙在 2011 年开始了私有化进程，出售政府在公用领域的多家企业股份。截至 2015 年共完成了 6 家国企股份的出售，其中中国企业赢得了 3 个项目，分别是中国三峡集团获得了葡萄牙电力公司 EDP 的 21.35% 股份，中国国家电网获得了葡萄牙电网公司 REN 的 25% 股份，中国复星国际获得了葡萄牙储蓄总行保险业务的 80% 股份。中国企业看到了葡萄牙的发展潜力，并开始对葡萄牙大规模的投资进程。据中国商务部统计，截至 2015 年底，中国对葡萄牙直接投资存量达到 7 142 万美元。葡萄牙在 2015 年对中国的投资存量达到 18 897 万美元。[①]

四、总结

总的来说，葡萄牙对外贸易呈现平稳增长状态，但由于经济结构等原因，葡萄牙整体对外贸易常年逆差。为了促进经济复苏，葡萄牙政府采取利于出口的措施。自措施推出后，葡萄牙出口有明显的增长，贸易逆差明显缩小。除了货物贸易外，服务贸易中更值得关注的是葡萄牙的旅游业，据葡萄牙央行最新的统计数据显示，葡萄牙 2017 年上半年旅游收入已占该国的货物和服务贸易数据正值的64%，同比增长超过 21%。旅游业是葡萄牙外汇收入的重要来源之一。预估未来旅游业仍在葡萄牙对外贸易中占据主导地位。

另外与中国发展是葡萄牙的重要机遇。中葡关系正处于历史最好时期，近年来两国政治互信加深，高层往来频繁，双方在投资、贸易、科技、文化等各领域的交流合作进一步深化。中葡经贸关系成熟稳定，双边贸易平稳增长，中国对葡萄牙投资规模不断扩大，合作领域不断拓宽，合作效果明显。中国—葡语国家经贸合作论坛第五届部长级会议制定了 2017～2019 年三年行动纲领。该会议中指出中国与葡语国家将继续坚持政府间合作，以贸易和投资为主线和核心内容，同时通过语言和文化作为纽带，在其他领域开展有效的合作。特别要促进贸易便利化，改善贸易结构，尽早实现贸易恢复性增长。同时，充分肯定中国企业与葡语

---

① 徐沛：《葡萄牙与中国贸易新契机》，载于《商业文化》2016 年第 3 期，第 72～75 页。

国家企业相互投资的积极性，通过投资的增长促进贸易的增长，增强中国与葡语国家的经济发展能力。葡萄牙不仅是欧盟成员，在非洲和拉美葡语国家中也有较大的影响力，通过葡萄牙，可以帮助中国企业扩大在欧盟市场的投资，也可成为中国与非洲和拉美合作的桥梁。展望未来，中葡经贸合作潜力巨大前景广阔。

参考文献

[1] 商务部国际贸易经济合作研究院、商务部投资促进事务局、中国驻葡萄牙大使馆经济商务参赞处：《对外投资合作国别（地区）指南·葡萄牙》，2016 年版。

[2] aicep Portugal Global：《葡萄牙—国家介绍》，2017 年 3 月。

[3] 商务部国际贸易经济合作研究院、商务部投资促进事务局、中国驻巴西大使馆经济商务参赞处：《对外投资合作国别（地区）指南·巴西》，2016 年版。

[4] 周磊：《澳门在发展中国与葡语系国家经贸关系中的作用》，对外经济贸易大学，2007. DOI：10. 7666/d. y1069523.

[5] 李炳康：《澳门：中国内地与葡语国家的经贸合作平台》，国际经济合作，2003，（11）：4 – 6. DOI：10. 3969/j. issn. 1002 – 1515. 2003. 11. 001.

[6] 课题组：《联手开发——中国内地、澳门与葡语国家三方经贸合作发展构想》，国际贸易，2003，（10）：24 – 29. DOI：10. 3969/j. issn. 1002 – 4999. 2003. 10. 005.

[7] 易苗、周申、夏效禹等：《中国与欧盟主要国家贸易成本测度及影响因素分析——重点关注外交因素》，载于《辽宁大学学报》（哲学社会科学版）2015 年第 43 卷第 2 期，第 148～154 页。

[8] 徐沛：《葡萄牙与中国贸易新契机》，载于《商业文化》2016 年第 3 期。

葡萄牙直接投资现状、特征和趋势

宋雅楠　毕　然[*]

摘　要：中国经济高速发展，中国企业亟待寻找新的契机，尤其是 2008 年金融危机爆发，发达经济体复苏疲弱，欧盟作为发达经济体之一备受关注。加之欧盟一体化的加速以及中国的综合国力日益递增，近年来欧盟更加吸引中国的投资。2014 年，中国在全球 FDI 流量低迷的情况下，逆势而上，对外直接投资的流量连续三年排名全球第三。2015 年，中国提出"一带一路"双多边合作机制，葡萄牙作为欧盟的传统成员国以及葡共体的"领头羊"，与我国签订协议，作为中国企业进入欧盟和葡共体的跳板，帮助中国打开欧盟以及葡语国家的市场，葡萄牙有着不可忽视的地位。因此，研究葡萄牙的直接投资状况有着极强的现实意义。本文介绍了葡萄牙对外直接投资现状，并分析了葡萄牙与中国的直接投资现状及投资特征，对葡萄牙与中国间的直接投资趋势进行了预测和对中国企业海外投资给出了建议。

关键词：对外直接投资　葡萄牙　中国　欧盟

一、葡萄牙对外直接投资背景

（一）国际环境

1. 葡萄牙与欧盟

1986 年，葡萄牙与西班牙一起加入欧共体，成为当时其十二个成员国之一。

---

* 宋雅楠，澳门科技大学商学院副教授。研究方向为国际贸易与投资、中葡经贸关系等。
毕然，澳门科技大学商学院硕士研究生。

1991 年，葡萄牙签署协议，正式加入欧元区，将欧元作为本国唯一的流通货币使用。加入欧元区对于葡萄牙而言，有利于减少与欧共体各国的物价水平的差异，促进葡萄牙在欧共体内部的经济合作和投资发展。

在 1993 年，由于社会的推动和发展的需要，欧共体正式更名欧盟。由于葡萄牙经济水平与欧盟传统强国法国、德国等差距较大。欧盟对葡萄牙实施区域政策，并且对葡萄牙投入大量欧盟结构基金的支持。近年来，葡萄牙经济迅速发展，逐步缩小了与欧盟平均水平的差距。葡萄牙作为欧盟的早期成员国，相对于欧盟整体发展滞后，是当今各个国家及团体，打开欧盟市场，进入欧盟的一块有力跳板。

2. 葡萄牙与葡语国家

在葡萄牙的促进下，葡语国家和地区，包括巴西、佛得角、几内亚比绍、莫桑比克、安哥拉、圣多美和普林西比及东帝汶，共同成立了一个葡萄牙语国家共同体。葡语国家人口众多，地理位置分散，分布于欧、亚、非和南美洲，并且分属于不同的经济体。

除葡萄牙和巴西外，大多数葡语国家经济体量小，产业结构单一。葡语国家在葡萄牙整个对外投资的投资总额中，占有一定比例，葡萄牙对巴西、安哥拉以及莫桑比克呈双向投资态势，并且巴西和安哥拉名列葡萄牙对外投资的主要国家的前列。除此以外，其他的葡语小国，几乎都是葡萄牙对它们的单向投资。葡萄牙在某些葡语国家的经贸关系较集中。葡萄牙的出口基本流向巴西、莫桑比克、安哥拉和佛得角四个国家；而葡萄牙的进口则集中于巴西、莫桑比克、安哥拉三国。

（二）国内环境

葡萄牙有着丰富的矿产资源，完善的交通运输网络，包含铁路运输、公路运输、水运和空运，促进了葡萄牙的国内外投资，使之成为欧盟中的中等发达国家。葡萄牙的传统行业，如纺织业、葡萄酒酿造、制鞋业和旅游均是葡萄牙的支柱性产业。另外，世界几乎 50% 以上的软木均产自葡萄牙。然而其工业基础比较薄弱，近年来葡萄牙经济竞争力的提升，并且葡萄牙劳动力成本正在逐渐下降，与其他一些国家相比，工人的生产率也在不断提升，因此，吸引了大批外国企业在葡萄牙投资，主要集中在制造业、服务业、建筑业及能源等领域。其中，近 1/3 的外国资本流入汽车制造、纺织业和机械行业，这些都属于劳动力密集型的制造业。

二、葡萄牙对外直接投资现状

（一）葡萄牙对欧盟的直接投资

1. 现状

葡萄牙的外商直接投资，大部分来自欧盟内部的国家。截至 2016 年统计数据显示（见图 1），荷兰是葡萄牙的最大的直接投资国，卢森堡、巴西、英国等也都是葡萄牙的主要投资国。葡萄牙对欧盟内部的投资也主要集中于为荷兰、西班牙、巴西、卢森堡等国。葡萄牙对欧盟的投资领域遍布金融保险、科技咨询、建筑、批发和零售、能源、房地产、通信等行业。

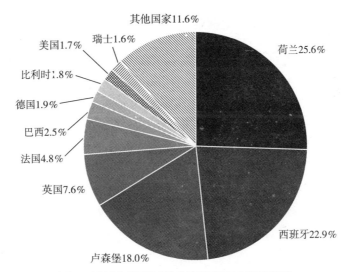

图 1　2016 年葡萄牙外商直接投资主要来源地

资料来源：葡萄牙中央银行。

葡萄牙的对外直接投资，大部分流向欧盟成员国内部。据统计，2016 年，葡萄牙对外投资排名前几位的国家分别为荷兰、西班牙、卢森堡、英、法、意、美等国家。其中荷兰占比为 34.1%，西班牙占比为 22.4%，对欧盟成员国的投资超过葡萄牙对外总投资的 2/3（见图 2）。

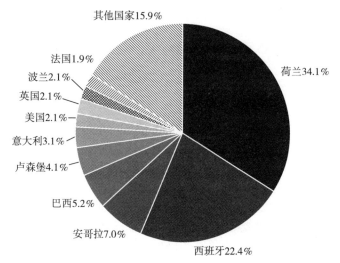

图2 2016年葡萄牙外商直接投资主要目的地

资料来源：葡萄牙中央银行。

2008 年，葡萄牙在欧盟的直接投资存量为 26 671.78 百万欧元。2009 年，葡萄牙对欧盟的直接投资流量为 1 075.84 百万欧元；然而 2010 年，葡萄牙对欧盟的直接投资流量为 -7 512.37 百万欧元。截至 2016 年葡萄牙对欧盟的直接投资存量为 40 890.77 百万欧元。虽然由 2008~2016 年，葡萄牙对欧盟的直接投资存量几乎翻了 1 倍，但是 9 年间，葡萄牙对欧盟每年的直接投资流量变化却极不稳定，走势呈"W"型波动。近年来，虽然葡萄牙的对外投资大部分流向了欧盟内部，但由于葡萄牙对外投资趋势及不稳定，葡萄牙在欧盟内部的投资也极不稳定。

2014 年的统计数据显示，葡萄牙对荷兰的投资约占葡萄牙对外投资的 36%，对于西班牙的投资占葡萄牙对外投资的 17%。根据近两年数据来看，葡萄牙在欧盟内部重点投资区域仍然位于荷兰和西班牙，对西班牙的投资相比于 2014 年有所提高。

2. 投资行业

葡萄牙是欧盟的第五大出口国，葡萄牙的橄榄油、制鞋业等，都是葡萄牙的传统优势产业，出口欧洲大部分国家。葡萄牙在欧盟的投资分布于纺织服装业、软木行业以及酒类行业等。葡萄牙对于欧盟其他国家的高新技术行业的投资较少，投资主要集中于传统行业。

纺织服装业，是葡萄牙的第一大出口产业，每年的出口金额约为 50 亿美元，占葡萄牙整体出口值的 26%。主要的出口市场为欧洲、非洲以及南北美洲。葡萄牙的工厂基本能够加工完成全欧洲的名牌服装。2010 年，葡萄牙在西班牙建立了纺织成衣品牌代工工厂。2012 年葡萄牙在欧盟创设工厂，总共创收了12.9 亿欧元，截至 2015 年，收入已经增加至 17.9 亿欧元，实现了四年时间增长 38.6%。

葡萄牙是世界著名的葡萄酒产地，酒文化具有传统久远和独有的鲜明特色。葡萄酒产值占据农业总产值的 20%，约 10 亿美元。2015 年葡萄牙贝拉酒业有限公司与法国翡马酒庄集团共同出资 2.6 亿美元成立葡萄酒酿造基地。此举更加推进了葡萄牙在欧盟内的投资。

3. 投资区域

葡萄牙在欧盟成员国内的投资分布广泛，但不均匀，主要集中于欧盟的中西部地区，涉及波兰、德国、西班牙、法国、匈牙利等国。自 2008 年起，荷兰作为葡萄牙对外投资的传统国，每年的直接投资流量相比其他国家来说，投资金额尤为突出，2015 年葡萄牙在荷兰的投资为近几年的峰值，高达 35 亿欧元。另外几个与葡萄牙投资关系较显著的国家分别为卢森堡、西班牙以及德国。2014 年，葡萄牙在卢森堡的投资约为 10 亿欧元，是近几年对于卢森堡的投资金额最大的一次。同年，对西班牙的直接投资超过了 12 亿欧元，2015 年葡萄牙对西班牙的投资势头依旧猛烈，达到 10 亿欧元。2013 年葡萄牙对德国的投资达到了 17 亿欧元，超过 2008 年投资额的 10 倍。与这几个国家相比，葡萄牙对罗马尼亚、匈牙利等欧盟成员国的投资较少，据统计 2016 年分别仅有 700 万欧元和 500万欧元。

由表 1 可见，葡萄牙对于荷兰、卢森堡、西班牙以及德国等国的投资，在不同的时间和国家分别出现不同的峰值，虽然这几个国家与葡萄牙而言是投资的传统国，但是根据投资的波动可以看出，葡萄牙的对外投资极不稳定，每年对外直接投资的国家也呈现不同的变化。

表1　　　　　　　　2008 ~ 2016 年葡萄牙对欧盟直接投资分布状况　　　　单位：百万欧元

年份	德国	西班牙	法国	匈牙利	爱尔兰	意大利	卢森堡	马耳他	荷兰	波兰	英国	罗马尼亚
2008	146	- 102	169	63	- 94	79	- 67	5	553	120	121	- 2
2009	323	49	- 97	18	173	10	- 75	- 19	677	32	- 563	58
2010	74	- 100	56	89	- 249	83	992	24	- 9 226	299	414	37

续表

年份	德国	西班牙	法国	匈牙利	爱尔兰	意大利	卢森堡	马耳他	荷兰	波兰	英国	罗马尼亚
2011	−15	33	39	40	175	66	341	15	9 381	60	123	3
2012	52	−774	52	55	36	111	−1 452	−3	−5 517	77	−12	4
2013	1 768	880	71	65	5	71	328	38	−1 598	90	7	−2
2014	669	1 211	9	−5	−19	7	1 006	−32	−3 797	53	52	−33
2015	−423	1 098	−25	−10	187	312	−313	71	3 543	−284	363	83
2016	−32	767	96	6	−23	43	89	−1	866	4	38	8

资料来源：葡萄牙中央银行。

（二）葡萄牙对葡语国家和地区的直接投资

1. 现状

对于葡语国家的投资，葡萄牙投资重点投放至金融业，第二重点则为建筑业。然而近年来，葡萄牙在葡语国家的投资，无论是金额还是项目个数，都在大幅的下滑。由于 2008 年金融危机蔓延全球，葡语国家受到一定的波及，葡萄牙在安哥拉的投资，遭遇到当地消费下滑以及美元匮乏、石油价格持续低迷的多重打击，葡萄牙银行业也受到波及。葡萄牙投资银行股价大幅下挫，正是因为该行是安哥拉最大的借贷方，葡萄牙在葡语区的投资风险也变得更高。

葡萄牙的另外一个重要葡语区投资国巴西，经济处于艰难境地，政治方面不太稳定，政坛好多问题悬而未决。另外经济问题亦未解决，根据巴西地理统计局报告，2016 年巴西经济衰退 3.6%，2017 年经济增长仅有 1%。无论是政策环境还是经济环境，都极不利于投资增长。由于葡语国家的经济状况持续低迷，葡萄牙对于葡语国家的投资未来可能呈现继续下滑的趋势，同时，葡语国家自身由于经济衰退，可能也会减少对于葡萄牙的直接投资。

葡萄牙对葡共体的直接投资主要流入莫桑比克、安哥拉、巴西等国家。葡萄牙宣布结束欧盟援助后，从 2014 年开始，对葡语国家的投资明显增多。2009～2011 年的投资流量总和约为 750 百万欧元，而 2014～2016 年的投资流量总和则增长至约 2 400 百万欧元（见图 3）。

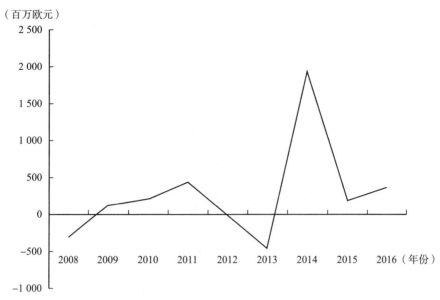

图3 2008～2016年葡萄牙对葡语国家投资状况

注：以上葡语国家统计数据不包括东帝汶。
资料来源：葡萄牙统计局。

2. 投资行业

葡萄牙在葡语国家的投资主要分布于能源、金融、建筑等行业（见表2）。其中葡萄牙电力公司在巴西投资建设了水电站；葡萄牙投资银行也是安哥拉银行最大的投资方，圣灵投资银行收购东帝汶的曼迪利银行21.4％的股权；葡萄牙建筑公司与安哥拉政府在建筑业建立了紧密的合作关系，并投资1.2亿美元用于对罗安达菲力房地产公司精品服务式公寓酒店开发项目。

表2　　　　　　　　　　　　葡萄牙对葡语国家的投资分布

行业	葡萄牙公司	葡语国家公司	投资形式
能源	葡萄牙电力公司	巴西 Amapa 州水电厂	绿地投资
	葡萄牙电力公司	巴西圣安东尼奥杰瑞	绿地投资
金融	葡萄牙投资银行	安哥拉银行	绿地投资
	葡萄牙圣灵投资银行	东帝汶曼迪利银行	跨国并购
建筑	葡萄牙建筑公司	安哥拉罗安达菲力房地产公司	绿地投资

三、中国与葡萄牙间的直接投资现状与特征

（一）中国对葡萄牙的直接投资现状与特征

2012 年，葡萄牙政府推出黄金签证计划，为非欧盟国家的投资者，提供在葡萄牙拥有的充分的有效居留许可的快速通道。2013 年该计划为葡萄牙带来 3.6 亿欧元的资金。该计划 80% 申请来自中国，投资方式主要为房产的投资，近年来，中国在葡萄牙的投资发展速度呈快速上升的趋势。

据葡萄牙央行统计数据显示，2014 年，葡萄牙外商直接投资主要来源国与 2016 年相比（见表 3），葡萄牙的其他传统直接投资来源国基本没有改变，国家的排名先后也只是略有调整，唯一的变化，是中国跻身排行榜第 11 位，这是近年来中国与葡萄牙直接投资关系的一次巨变。截至 2016 年，中国对葡萄牙实际投资累计金额达 62.88 亿美元，在葡萄牙具有较大规模的中资企业数量已由 2011 年的 2 家发展到 13 家。

表 3　　　　**2014 年与 2016 年葡萄牙外商直接投资存量主要来源国家对比**

排名	2014 年	2016 年
1	西班牙	荷兰
2	荷兰	西班牙
3	卢森堡	卢森堡
4	英国	英国
5	法国	法国
6	美国	巴西
7	巴西	德国
8	德国	比利时
9	比利时	美国
10	瑞士	瑞士
11	安哥拉	中国

资料来源：葡萄牙中央银行。

1. 投资行业

中国针对葡萄牙的投资主要集中于葡萄牙政府鼓励开发的能源行业、服务业、基础设施等领域（见表4），这些领域葡萄牙的发展相对较为滞后和乏力。在欧债危机葡萄牙经济不景气的背景下，近年来中国企业大举进军葡萄牙，成为中国在欧盟的又一投资热点。

表4　　　　　　　　　　　中国对葡萄牙的投资分布

行业	中国公司	葡萄牙公司	投资形式
能源	中国长江三峡集团公司	葡萄牙电力集团	跨国并购
	中国国家电网公司	葡萄牙国家电网公司	跨国并购
	中国长江三峡集团公司	葡电新能源公司	跨国并购
	中国国家电网公司	葡萄牙国家电网公司	合资
	中国北控水务集团	葡萄水务公司	跨国并购
金融	国家开发银行	圣灵银行、葡萄牙电力集团	合资
	工商银行	葡萄牙电力集团	合资
	工商银行	GALP 能源公司	合资
	中国银行	中国银行里斯本分行	绿地投资
	中国进出口银行	圣灵银行	合资
	复兴集团	千禧银行	跨国并购
医疗保险	复兴集团	葡萄牙保险公司	跨国并购
	复兴集团	葡萄牙医疗服务商 ESS	跨国并购
制造业	武汉重冶集团	武汉实业有限公司	绿地投资

中国针对葡萄牙的行业投资分布广泛，遍布电力、水力、金融、医疗、保险、通信以及制造业等。其中，中国长江三峡集团公司在能源方面收购巨大，收购了葡萄牙电力集团以及葡电新能源葡萄牙公司；其次，中国国家电网公司也购得葡萄牙国家电网公司的股份，成为最大的股东，并与葡萄牙国家电网公司合作在葡萄牙成立了研发中心。

在金融行业，中国的投资形式主要是由中国的银行对葡萄牙的公司和银行进行贷款，以促进其正常经营运作，此外，中国银行还在里斯本开设了分行，成为第一家在葡萄牙全面开展业务的商业银行。近年来，投资形式逐渐转化为对葡萄牙的银行股份进行收购，从而控制其大部分的股份。

在医疗保险行业，中国主要通过对葡萄牙保险公司和医疗服务公司实行跨国并购，为其医疗保险提供更大的资金支持。

在制造行业，主要形式依旧是跨国并购，收购其大部分的股份，成为最大的股东，其他投资形式还包括绿地投资，其中武汉重冶集团投资3 200万美元，在葡萄牙成立了全资子公司——武汉实业有限公司。

2. 投资方式

中国企业进入葡萄牙市场的投资方式主要有三种，分别为跨国并购、联合经营以及绿地投资。

由表4可知，2009年至今，中国的企业开始大举进军葡萄牙企业，不同的行业选择进入葡萄牙市场的方式各不相同。通过评估和考察，各个行业和不同的项目合作都会选择一种适合于葡萄牙市场的投资方式。

由于葡萄牙人工成本相对欧洲其他国家较低，绿地投资可以有效地降低运输成本和关税的成本，因此在葡萄牙直接投资建厂，招揽当地员工，是中国企业在葡萄牙发展制造业的一种常用手段。这种投资方式不但可以为葡萄牙国内的经济发展提供潜在的利益，同时也可以刺激葡萄牙本地的制造产业发展，也为葡萄牙的民众提供了更多的就业岗位，对于中葡两国都是一种双赢。

葡萄牙电力集团是葡萄牙的主要电力企业，曾是政府的垄断企业。中国企业进入葡萄牙能源产业大多采取跨国并购的方式，这种投资方式能够缩短中国企业在葡萄牙的建设和投资期，使得中国企业能够快速地渗入葡萄牙市场。

中国的银行业对葡萄牙的投资方式大多采用合资的方式，这种投资方式的优点在于，中国企业可以利用葡萄牙本地银行对本国业务较为熟悉并且有更多的政治关系。比起绿地投资和跨国并购，合资的方式更为适合中国的银行业在葡萄牙的发展。

（二）葡萄牙对中国的直接投资现状

2008年9月底，葡萄牙累计对中国投资共155项，实际投入1.36亿美元。2013年葡萄牙对中国直接投资额为234.7万欧元，中国位列葡萄牙对外直接投资目的国第33位，较上年提升18位。2014年，葡萄牙对中国直接投资存量为2 310万欧元，与2013年相比略有上升。截至2016年底，葡萄牙累计对中国投资共222项，实际投入1.99亿美元。葡萄牙在中国的投资项目主要分布见表5。

表5   **葡萄牙对中国的投资分布**

行业	葡萄牙公司	中国公司	投资形式
制造业	葡萄牙萨尔瓦多·卡伊坦诺集团	中国华晨集团	合资
	葡萄牙 Sodecia 集团	汽车零部件工厂	绿地投资
电信业	葡萄牙电信	中国交通通信中心	合资
酒类行业	葡萄牙	山东凯威斯葡萄酒业有限公司	绿地投资
	葡萄牙橡木塞供应集团	橡木塞供应中国子公司	绿地投资
金融行业	葡萄牙大西洋银行	葡萄牙大西洋银行珠海分行	绿地投资

1. 投资行业

2013 年在葡萄牙经济总体不景气的情况下，葡萄牙企业并没有放慢对中国投资的脚步，在中国的投资主要分布于汽车行业、酒类行业、电信以及金融行业等。

在制造行业，葡萄牙利用其优秀的汽车零部件制造技术，与中国企业进行联合经营，并进行绿地投资，直接在中国开设工厂。在通信业方面，葡萄牙把投资重点放在了以提供 GPS 服务为主的高科技企业，得到了中国政府和葡萄牙政府的重点关注和扶持。

在酒类行业，葡萄牙主要是在中国投资建立公司，以销售其自己生产的各类酒产品，近年来，由于中国市场对酒类行业的需求逐渐拓宽，葡萄牙将它的投资重点转向橡木产品，在中国投资建厂，为中国葡萄酒工业供应世界顶级的橡木塞等产品，同时为中国带来先进技术和服务。

在金融行业，葡萄牙将投资重点放在了在中国开设葡资银行，为中国与葡语国家的经济金融合作搭建了新的桥梁，标志着粤澳、珠澳金融合作向前迈进了新的一步。

2. 投资方式

葡萄牙企业在中国的投资主要采取的是绿地投资模式，这种投资方式对于葡萄牙的企业较为实际，可以极大地降低葡萄牙在中国的投资成本。并且这种投资方式也可以将葡萄牙的收益较大的提高，这种投资方式对于中国的国内经济也是一种刺激，达到了中国和葡萄牙双方都满意的效果。

另一种葡萄牙企业在中国的投资方式是合资，这种投资方式出现于葡萄牙企业对中国的电信业和制造业中，葡萄牙企业利用中国企业对于中国国情和中国政策的熟悉度，可以更好地把握中国的市场，使得葡萄牙在中国的投资更加方便和高效。

四、中国与葡萄牙的对外直接投资趋势

（一）葡萄牙对外直接投资趋势

根据近 10 年葡萄牙经济指标可以看出，在 2008 年发生的次贷危机以及接连发生的欧盟债务危机中，葡萄牙受欧盟大背景影响较大，无法独立调控本国经济。2011 年，葡萄牙申请欧盟经济援助，直至 2014 年结束欧盟的援助，期间葡萄牙对欧盟的投资波动较大，经济走势主要受欧盟的整体状况影响，没有一个固定的趋势可言。

最近一段时期，葡萄牙的经济复苏劲头强烈。根据葡萄牙国家统计局数据显示，葡萄牙 2017 年第二季度的 GDP 比 2016 年同期增长了 2.8%，超过了欧元区的平均水平 2.1%。并且葡萄牙劳动力成本正在逐年下降，与周边的部分国家相比较而言，工人的劳动生产率也有很大的提升。此外，葡萄牙在 2015 年经济自由指数也上升了 5 个名次，得分为 65.3 分，超过世界平均水平 60.4 分，葡萄牙的宏观经济环境已呈现出改善的趋势。

葡萄牙外交部贸易投资促进局的报告指出，2019 年，预计葡萄牙的投资年增长率将达到 4.3% ~ 4.5%，高于其他欧盟国家的平均水平。根据世界经济论坛发布的 2016 年最具竞争力国家排名，葡萄牙名列第 46 位。种种都说明葡萄牙的经济正在产生骤变，这也为葡萄牙对外投资奠定了一个好的基础。葡萄牙作为欧盟的成员国，在欧盟经济低迷的状况下，脱颖而出，带动欧盟以及葡共体的发展，相信未来，葡萄牙在欧盟和葡共体内部的直接投资将会有一个提升，并且在一段时间内保持稳定的增长。

（二）中国对葡萄牙直接投资趋势

中国在 2008 ~ 2011 年对葡萄牙的投资状况波动不稳定，且投资流入量较小。中国企业在这一阶段，对于葡萄牙的关注度较小，此时还没有打开葡萄牙的市

场。自 2011 年开始至 2016 年，在欧债务危机的背景下，欧洲经济萎靡，中国企业瞄准这一时机，趁机开始加大对葡萄牙的投资。自 2011 年起，中国对葡萄牙的直接投资流入量猛增。2013 年，中国企业对于葡萄牙的直接投资流入量为 133.45 百万欧元，2014 年达到峰值 724.53 百万欧元。2015 年，中国提出"一带一路"，葡萄牙也签署成为合作国家，因此自 2015 年起，中国将加强对葡萄牙的投资力度，2016 年中国对葡萄牙的直接投资流入量为 518.75 百万欧元，保持强劲的增长趋势，同比 2015 年，中国对葡萄牙的直接投资流入量增加了 4.4%（见图 4）。

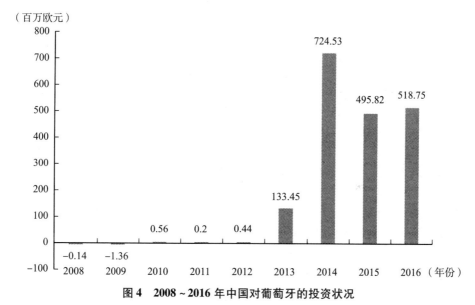

图 4 2008～2016 年中国对葡萄牙的投资状况

资料来源：葡萄牙中央银行。

2017 年，葡萄牙财政部部长说是葡萄牙经济增长打破历史纪录的一年，他认为主要拉动国家经济发展的是投资和出口，是多元化的发展。在旅游业上，来自法国、德国、中国、印度和美国的游客数量有了明显的增长。

根据世界银行发布的《2016 年营商报告》，在成立新公司的简易程度上，葡萄牙在欧盟 28 个成员国中，排名第 2 位，位居世界 189 国家的第 13 位。此外，葡萄牙人普遍具有较高的英语能力，在 2015 年的《英语能力指数报告》70 个国家中排名第 13 名，这些都为中国企业进入葡萄牙提供了便捷。

由于"一带一路"双多边合作机制的提出，更加刺激了中国企业"走出去"的决心。葡萄牙作为合作协议的签署国，在我国和葡萄牙政府的政治背景支撑下，中国企业在葡萄牙的投资一定会大放光彩。再者，葡萄牙背后还有非洲和南美等前葡萄牙殖民地的市场腹地，中国对葡萄牙的投资加大的同时，也反映出中国想要通过葡萄牙为跳板，进军非洲、南美等葡萄牙语市场，以此拓展中国在葡语地区的投资。

因此，中国未来对于葡萄牙的投资势头会更加猛烈，不论是自身企业的需求还是国家的政策支持，葡萄牙都是我国企业投资欧盟、打开葡共体市场的一个较好选择。

五、结论与启示

葡萄牙的地理位置优越，是进入大西洋和欧洲的窗口。它也是连接欧、非、美、亚洲的枢纽。

在中国市场上，葡萄牙凭借着它优良的工业生产技术和零部件加工技术在中国加大投资建厂，为中国提供汽车零部件以及橡木塞等产品，给中国带去了先进的技术和品质的服务。欧债危机后，外资银行大举退出使葡萄牙迅速成为中国大力发展的投资圣地，近年来，中国银行大力收购葡萄牙银行，其意不仅仅在欧洲市场，还包括巴西、墨西哥、印度、波兰、非洲等新兴市场，不仅可以为客户提供国际化的产品和服务，同样也可以通过为海外投资者提供特色的产品和服务，从而实现客户的全球化。由此可见，中葡之间的投资合作，尤其是金融之间的融资并购，具有其重要的战略意义以及长远的发展前景。

在欧盟市场上，葡萄牙是欧洲最稳定和最安全的国家之一，葡萄牙的政府对企业的支持力度很大，葡萄牙的劳动力素质高，并且葡萄牙的工程师队伍规模大，葡萄牙的英语普及率也很高，整体研发能力较强，葡萄牙的文化也具有包容性，对欧盟的投资主要分布在荷兰和西班牙等国家，超过其在欧盟总投资的2/3，投资行业主要集中在纺织服装业、软木业以及酒类行业等，而荷兰、西班牙、巴西、卢森堡等欧盟国家对葡萄牙的投资领域主要包括金融保险、加工、科技咨询、建筑、批发零售贸易、电力、天然气及自来水、房地产、信息通信等。

在葡语国家市场上，葡萄牙在巴西、安哥拉、莫桑比克等葡语国家有着深远的影响。近年来，这些国家政治局面逐渐趋于稳定水平，政府采取了一系列政策大力发展经济，制定了一系列优惠政策来吸引外商投资，实现了国民经济的基本起飞。其中，葡萄牙对葡语国家的投资主要集中在能源、金融和建筑业，对葡语国家的银行进行收购控股，以大力发展葡萄牙在葡语国家的金融业务，并与其政府进行合作，开发新的建筑项目。

在中国和葡萄牙的企业在投资合作的过程中，他们各自发挥优势特长，取长补短，充分利用双边合作的延伸辐射效应，互相为彼此开拓更广阔的市场。葡萄牙也是欧盟得重要成员之一。中国支持欧洲一体化进程，因为一个团结、繁荣、稳定的欧盟符合各方的利益，也有利于促进世界经济复苏和国际金融市场稳定，葡萄牙作为欧盟重要成员，可以为促进中欧关系发展发挥积极建设性作用。由于葡萄牙对外资完全开放，外资进入不受任何限制，那中国以葡萄牙作为跳板，可以更轻松地面向葡语国家以及欧盟国家开展三方合作。

参考文献

［1］Álvaro Ferreira da Silva. Multinationals and foreign direct investment：The Portuguese experience（1900 – 2010）［J］. Journal of Evolutionary Studies in Business，2016，2（1）：40 – 68.

［2］王莉莉：《安哥拉成为非洲地区中国对外投资和贷款的最大受益国》，载于《中国对外贸易》，2015 年 1 月。

［3］《安哥拉成为非洲地区中国对外投资和贷款的最大受益国》，载于《中国日报》。

［4］杨迅：《李克强同葡萄牙总理科斯塔举行会谈》，载于《人民日报》，2016 年 10 月 10 日。

［5］邵锋：《中国与葡萄牙语国家的经贸往来及澳门的平台作用》，载于《商业经济与管理》，2005 年 2 月。

［6］安然：《欧债危机对中欧贸易的影响及对策研究》，云南大学硕士学位论文，2016 年。

［7］高潮：《葡萄牙：开拓欧盟与葡语国家市场的桥梁》，载于《商机报告》2017 年，第 72 ~ 74 页。

［8］杨碧云、易行建：《中国与欧盟外经贸发展的现状、趋势与研究对策》，载于《广东外语外贸大学学报》2009 年第 4 期，第 36 ~ 39 页。

［9］中华人民共和国商务部：《中国对外直接投资统计公报（2010 ~ 2016）》。

［10］汪馨蕾：《中国对欧洲直接投资现状与趋势分析》，2016，23。

［11］艾利森·罗伯茨：《中资企业为何青睐葡萄牙》，载于《金融时报》，2015 年 12 月。

葡萄牙金融市场发展状况及趋势分析

汤晓雷[*]

摘　要：葡萄牙是葡语国家中唯一的一个发达国家，是欧盟成员国，也是欧元区的创始成员国之一，分析葡萄牙的金融市场发展状况和趋势，不仅对广大投资者了解国际金融市场和发现国际市场投资机会具有重要意义，而且对于我国金融市场的发展和管理具有一定的借鉴意义。本文从介绍葡萄牙的整体经济发展情况入手，重点分析葡萄牙的银行业、股票市场和外汇市场的发展状况和趋势。

关键词：葡萄牙　金融市场　银行　股票市场　外汇市场

葡萄牙是欧盟成员国之一，也是欧元区的创始成员国之一，在 1996 年由 8 个以葡萄牙语为官方语言的国家组成的葡语国家共同体中，它是唯一的一个发达国家。我国澳门特区曾经在葡萄牙的统治之下，在 1999 年回归之后是中国与葡萄牙之间在社会经济发展各方面开展交流合作的重要平台，作为经济发展战略的重要一环，我国很重视发展与葡语国家的经济贸易合作，因此分析葡萄牙金融市场的发展状况和发展趋势，不仅便于国内广大投资者了解国际金融市场的投资机会，而且能为我国制定对葡语国家的经济贸易政策提供参考，同时对我国发展和监管金融市场也具有一定借鉴意义。

金融市场的发展与实体经济的发展相辅相成，金融市场的发展以实体经济为基础，同时为实体经济更好更快地发展提供服务。因此在分析葡萄牙的金融市场发展状况之前，我们首先得了解葡萄牙整体经济发展状况。本文首先介绍葡萄牙的经济发展概况，在此基础上分析葡萄牙金融市场的发展状况和趋势。由于葡萄牙是一个银行业占主导地位同时也拥有历史比较悠久的股票市场的小

---

*　汤晓雷，澳门科技大学商学院副教授。研究方向为国际贸易与投资、中葡经贸关系等。

型经济体，本文着重介绍葡萄牙的银行业和股票市场。本文力求用数据说话，数据主要来源于葡萄牙中央银行、欧洲中央银行、泛欧交易所以及世界银行的统计数据库。

本文具体安排如下，一是简要介绍葡萄牙经济发展概况，二是分析葡萄牙的银行业，三是分析其股票市场，四是分析其外汇市场，文章最后一部分做出总结和提出投资建议。

一、葡萄牙经济发展概况

葡萄牙是一个中等发达国家，制鞋、纺织、旅游、酿酒等是支持葡萄牙经济的主要产业。葡萄牙是世界上主要生产葡萄酒的国家之一，著名的葡萄酒产地是坐落于北边的波尔图。葡萄牙较为发达的产业是海洋捕捞业，以捕捞鳕鱼、金枪鱼、沙丁鱼为主。葡萄牙的软木产量占世界总产量的 1/2 以上，为世界第一软木出口国，因此有"软木王国"之称。葡萄牙具有比较丰富的旅游资源，旅游业也成了外汇收入的重要来源。

葡萄牙是一个小型开放经济体，其 GDP 总量不大，2016 年 GDP 为 2 045.65 亿美元。在过去 10 年时间里，葡萄牙经济发展很不稳定。2008 年，葡萄牙受到全球金融危机的影响，跟其他欧盟成员国一样，经济遭受重创，经济增速迅速下降，从图 1 可以看出，其 GDP 增长率从 2007 年的 2.49% 下降到 2008 年的 0.20%，2009 年进一步大幅度下降至 -2.98%。虽然 2010 年经济增长率反弹至 1.90%，但是 2010 年初葡萄牙的主权债务形势恶化，2010~2012 年，国际信用评级机构也先后多次调降葡萄牙主权信用评级，葡萄牙的国债收益率不断上升，2011 年 4 月 7 日，葡萄牙正式向欧盟提出请求财政援助，成为继爱尔兰与希腊之后第三个陷入主权债务危机的欧元区国家。2011 年 5 月，葡萄牙与由欧盟、欧洲央行和国际货币基金组织（IMF）组成的"三驾马车"达成总金额 780 亿欧元的援助协议，并按照协议内容要求采取一系列经济改革和财政紧缩措施，以缩减财政支出，减少赤字。自主权债务危机爆发以来，葡萄牙经济陷入困境，GDP 重拾跌势，2011 年增长率为 -1.83%，而 2012 年增长率下降到 20 年来的最低点 -4.03%，而这两年的通胀率分别达到 3.65% 和 2.77%，偏离了欧洲中央银行维持的 2% 的通胀目标（见图 3）①。

---

① 本段落所有 GDP、GDP 增长率和通胀率的数据均来自世界银行数据库。

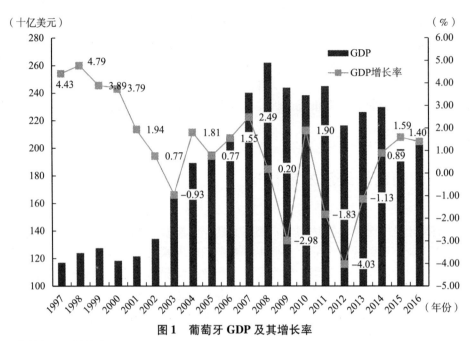

图 1 葡萄牙 GDP 及其增长率

资料来源：世界银行。

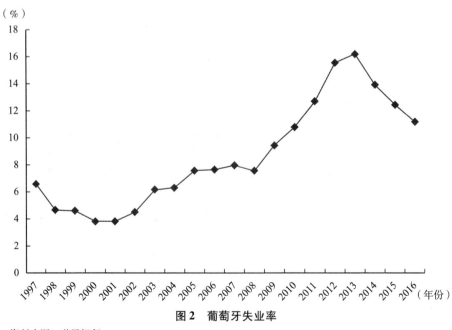

图 2 葡萄牙失业率

资料来源：世界银行。

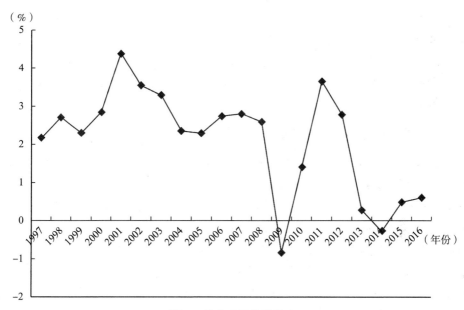

图3 葡萄牙通货膨胀率

资料来源：世界银行。

伴随葡萄牙经济迅速衰退的是其失业率的迅速攀升，从图2中可以看出，自2008年金融危机以来，葡萄牙的失业率一路攀升，2013年失业率达到最高点16.18%。不过得益于内部的经济改革和外部的援助，2013年葡萄牙经济环境开始改善，财政赤字大幅度减少，2014年葡萄牙经济实现0.89%的正增长（见图1），财政赤字占国内生产总值降至4%以下。2014年5月4日，葡萄牙宣布完全退出国际援助计划。2015年和2016年葡萄牙GDP分别增长1.56%和1.4%，而2017年第一季度增长率达到2.8%。失业率也从2014年起开始下降，2016年失业率下降至11.16%，通货膨胀率也回到了欧元区的目标区间，说明葡萄牙的经济发展环境渐趋稳定，开始出现良好的发展势头。

二、葡萄牙银行业发展状况和趋势

葡萄牙的金融体系中银行业占据主导地位，在2017年PSI20指数的19家成份股公司中，2家上市银行占16%以上的权重。因此要了解葡萄牙的金融市场，必须了解其银行业的发展状况。葡萄牙共有66家商业银行、158家信用机构、88

家互助农业储蓄银行和4家储蓄银行。其支付系统拥有大约2.7万台ATM机和24万多台POS机。这些金融机构在葡萄牙境内共有5 003家分支机构,共48 278位员工,在国外有189家分支机构,共1 886位员工。接下来本节主要从银行总资产规模、流动性、资产质量、盈利能力和偿付能力等方面对葡萄牙的银行板块展开分析。

1. 葡萄牙银行业总资产规模

2005~2012年,葡萄牙所有银行的总资产规模一直在快速扩张,2012年5月银行总资产达到5 830.9亿欧元,银行业总资产与GDP比值达到2.9。由于主权债务危机的影响,葡萄牙经济出现严重衰退,银行总资产规模从2012年起开始缩减,2016年6月,其银行总资产下降到4 429.4亿欧元,相比于2012年下降了24%,总资产与GDP比值下降到2.1(见表1),2017年该比值基本保持稳定。图4将2010年和2015年葡萄牙和欧元区国家的银行业资产规模进行了对比,从中可以看出,欧元区大多数国家银行系统的总资产规模在近些年均有程度不同的缩减,相对于GDP总量的下降,银行资产规模收缩得更多,从而使银行系统总资产规模与GDP的比值表现为下降趋势,这一方面是由于金融危机的影响,另一方面也体现了银行业自身发展调整的需要。

表1 　　　　　　　　2012~2016年葡萄牙银行业总资产与GDP比率

	2012年	2013年	2014年	2015年	2016年
总资产/GDP	2.9	2.7	2.5	2.5	2.1

资料来源:葡萄牙中央银行。

图5分三个时间段对2005~2016年葡萄牙和欧元区的银行业资产增长率进行对比,从中可以看出,在2005~2008年,葡萄牙和欧元区银行业的总资产都处于高速增长期,葡萄牙银行业资产平均年增长率达到9.5%,而欧元区增长率更高,达到11.1%;2009~2011年4月葡萄牙银行业资产继续保持高速增长,不过速度有所减缓,增长率为8.7%,而整个欧元区增长率迅速回落到1.8%;2011年5月至2016年6月,葡萄牙银行业总资产规模迅速下降,平均年增长率下降到-4.0%,而从整个欧元区来看,其银行总资产规模只是温和地下降,平均年增长率为-0.3%。

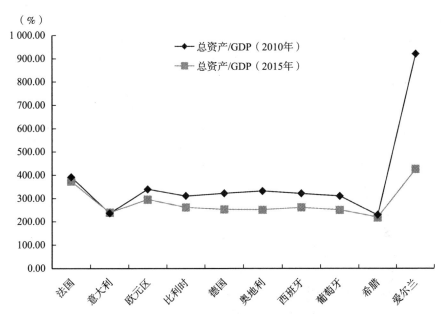

图4　2010年和2015年葡萄牙和欧元区国家的银行业资产规模对比
资料来源：葡萄牙中央银行。

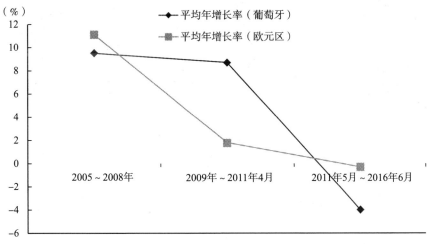

图5　2005～2016年葡萄牙和欧元区的银行业资产平均年增长率对比
资料来源：葡萄牙中央银行。

2. 葡萄牙银行系统流动性

银行的贷款业务是其利润的重要来源，是以银行吸收的存款为基础的，贷款与存款的比率即存贷比必须维持一个适度的比率，不能太高也不能太低，太高的话导致流动性过低而风险过高，而太低的话则流动性过剩导致资金利用效率下降，影响银行的利润，因此存贷比是反映银行业流动性的重要指标。图6显示了2012年以来葡萄牙银行业的存贷比，从中可以看出近年来葡萄牙银行业的存贷比呈现出下降趋势，受到过去总资产规模扩张的影响，2012年存贷比比较高，达到123%，此后逐年下降，2015年下降为96%，降速趋缓，2016年存贷比下降为95%，2017年第一季度达到94%，呈现出逐渐稳定下来的趋势。

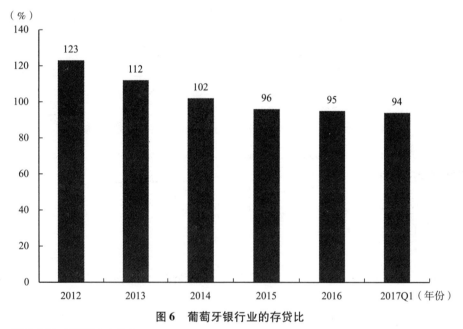

图6 葡萄牙银行业的存贷比

资料来源：葡萄牙中央银行。

3. 葡萄牙银行业不良贷款率

不良贷款率是衡量银行资产质量最重要的指标。图7显示了葡萄牙自2000年以来的不良贷款率的变动情况，从图7可以看出，2008年金融危机之前，葡萄牙银行业不良贷款率比较低，维持在2%左右，从2009年开始，不良贷款率开始上升，尤其是在2011年爆发主权债务危机后，其不良贷款率急剧上升，2012年该比率上升到9%，消费者信贷和非金融机构信贷中的不良贷款尤为严重。2014年葡萄牙最大的上市银行之一BES银行陷入财务危机，引发了葡萄牙的银行业危机，银行不良贷款率进一步上升，2015 年不良贷款率达到 12.8%，2016 年轻微下降至 12.2%，显示出其银行业信贷质量改善的积极迹象。总体上看来，葡萄牙银行业不良贷款率过高是该行业面临的最严重问题，有必要尽快采取有效措施改善贷款质量。

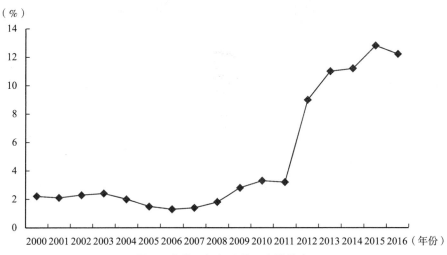

图 7　葡萄牙银行业的不良贷款率

资料来源：葡萄牙中央银行。

4. 葡萄牙银行业盈利能力

自 2008 年金融危机以来，葡萄牙银行业的盈利状况波动很大。图 8 和图 9 分别显示了近年来葡萄牙和欧元区银行业资产收益率（ROA）和净资产收益率（ROE）的变动情况。受 2008 年全球金融危机和欧洲债务危机影响，2008 年和 2012 年欧元区银行业资产收益率和净资产收益率都为负，2014 年葡萄牙由于爆发银行业危机，银行体系的盈利能力大幅度下挫，ROA 为 −1.2%，而 ROE 下降至 −17.2%。虽然 2015 年葡萄牙银行资产收益率和净资产收益率依然很低，但情况比 2014 年有显著改善，ROA 和 ROE 分别上升为 0.1% 和 0.9%，两类收益率与欧元区的平均水平差距显著缩小。不过 2016 年盈利能力又显著下降，2017 年情况有所改善，第一季度两类收益率都上升了。总之，葡萄牙银行业盈利状况不是很乐观，虽然近两年资产收益率和净资产收益率趋于稳定，但收益率水平依然比较低。

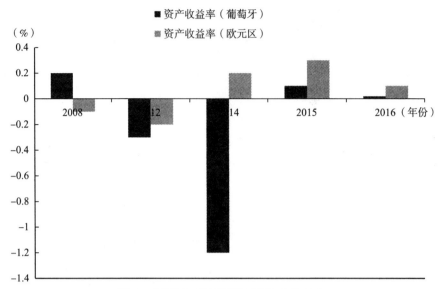

图 8　葡萄牙和欧元区银行业资产收益率

资料来源：葡萄牙中央银行。

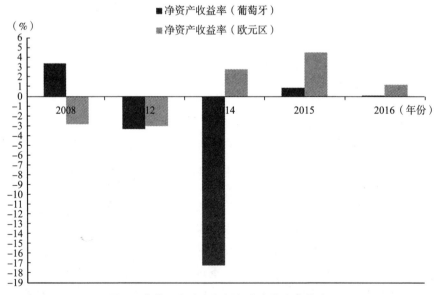

图 9　葡萄牙和欧元区银行业净资产收益率

资料来源：葡萄牙中央银行。

5. 葡萄牙银行业偿付能力

偿付比率和核心一级资本比率是衡量银行业安全性的两个重要指标。图 10 和图 11 分别显示了葡萄牙银行业的偿付比率和核心一级资本比率的情况。2011 年以后,葡萄牙的银行偿付能力有显著的改善,从图 10 可以看出 2012~2016 年

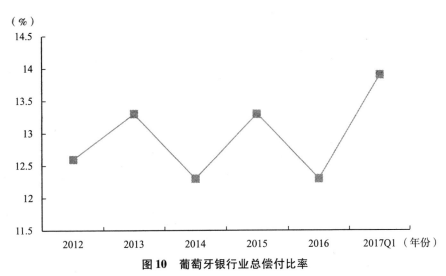

（%）

图 10　葡萄牙银行业总偿付比率

资料来源:葡萄牙中央银行。

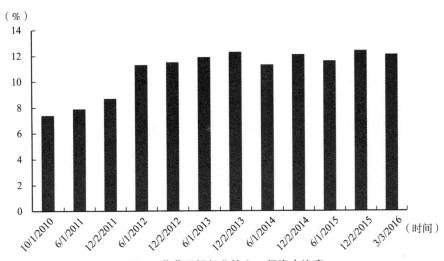

（%）

图 11　葡萄牙银行业核心一级资本比率

资料来源:葡萄牙中央银行。

葡萄牙银行业总偿付比率在13%左右波动，2017年第一季度达到13.9%，比2016年上升了1.6个百分点。从图11可以看出，2010年12月和2011年6月核心一级资本比率都低于8%，到2011年底才达到8.7%。葡萄牙中央银行要求葡萄牙所有银行最迟于2013年底核心一级资本比率不得低于10%，为满足这一要求，葡萄牙的银行改善资本机构，2012年葡萄牙银行核心资本比率达到11.3%，比2011年底提高了2.6%，此后核心一级资本比率一直保持在央行要求的比率即10%以上。

三、葡萄牙股票市场的发展状况

葡萄牙的股票市场规模很小，股票交易在葡萄牙证券交易所（以下简称葡交所）进行。2002年2月葡交所被泛欧交易所收购。2007年，纽约证券交易所与泛欧证券交易所宣布合并，成为 NYSE Euronext，即纽约泛欧证券交易所。合并后的交易所将全球总部设在巴黎和阿姆斯特丹，而纽约则是美国的总部所在。该交易所业务范围包括为公司股票上市、证券和期货买卖、债券及数据服务等。葡交所目前实现了全电子化交易。目前在葡交所上市的公司只有45家，从投资者构成看，本地投资者约占70%，国际投资者约占30%。

从股票市场的市值规模来看，葡萄牙的股市市值与 GDP 的比率小于欧盟发达国家的平均水平，欧盟发达国家股票市场总市值与 GDP 的比率平均约为60%，如图12所示，2008年后葡萄牙股票市场市值与 GDP 的比率在30%左右波动，2016年葡萄牙股市市值只占 GDP 的28%。

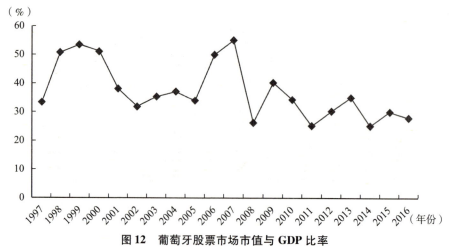

图12　葡萄牙股票市场市值与 GDP 比率

资料来源：葡萄牙证监会 CMVM。

从 1993 年开始葡交所选取 18～20 家市值最大且交易最活跃的企业股票来编制股票市场指数，即所谓的 PSI20 指数。PSI20 与比利时的 BEL20、法国的 CAC40 以及荷兰的 AEX 指数，组成了泛欧证券交易所集团的主要指数。PSI20 指数成份股涵盖的行业有公用事业、石油、天然气、零售、银行、媒体及通信行业等。为了保证该指数的成份股具有足够的代表性，有必要定期对成份股进行审核和调整。在 2007 年 7 月以前，葡交所每年对 PSI20 成份股审核两次，之后，为保持 PSI20 指数的稳定性及与 BEL20 和 AEX 股指保持一致，改为每年审核一次。

2014 年 PSI20 成分股公司共 18 家，其中市值权重排在前四位的行业分别是：公用事业占 25.87%，石油和天然气占 17.85%，零售占 17.23%，银行占 11.97%。表 2 列出了 2017 年 PSI20 指数的成分股公司及其所属行业和权重，图 13 则显示了这些成分股公司的行业分布情况。从表 2 可以看出，2017 年 PSI20 指数成分股共有 19 家，其中有 2 家上市银行，葡萄牙商业银行所占权重最大，达到 15.22%。权重最大的四个行业分别是：公用事业占 28.78%，零售占 16.26%，银行占 16.17%，石油和天然气占 11.14%。与 2014 年相比，零售和银行业的权重排序分别由原来的第 3 和第 4 位上升到第 2 和第 3 位，石油和天然气由原来的第 2 位下降到目前的第 4 位，可见 PSI20 指数成份股的行业分布的变动是比较大的。

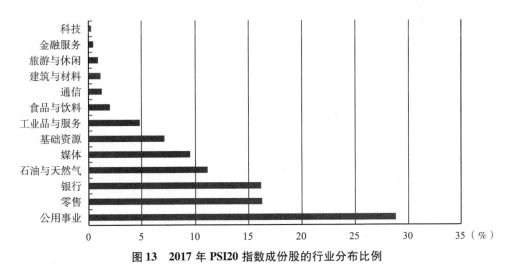

图 13　2017 年 PSI20 指数成份股的行业分布比例

资料来源：泛欧交易所 EURONEXT。

表2 2017 年 PSI20 指数成份股公司

成份股公司名称	所属行业	权重（%）
ALTRI SGPS	公用事业	1.59
B. COM. PORTUGUES	银行	15.22
CORTICEIRA AMORIM	消费品	2.05
CTT CORREIOS PORT	邮政	4.84
EDP	公用事业	12.37
EDP RENOVAVEIS	公用事业	10.22
GALP ENERGIA – NOM	石油和天然气	11.14
IBERSOL. SGPS	服务	0.93
J. MARTINS. SGPS	零售	11.66
MONTEPIO	银行	0.95
MOTA ENGIL	建筑和材料	1.17
NOS. SGPS	媒体	9.51
NOVABASE. SGPS	计算机	0.27
PHAROL	电信	1.28
REN	公用事业	4.60
SEMAPA	资源	2.63
SONAE	零售	4.60
SONAE CAPITAL	金融服务	0.47
THE NAVIGATOR COMP	造纸	4.50

资料来源：泛欧交易所 EURONEXT。

图 14 显示了 1999 年 1 月～2017 年 11 月 PSI20 指数的变动趋势，从中可以看出，2000 年 3 月 PSI20 达到 14 822.59，为该指数的历史最高点，此后该指数值开始迅速下降，2003 年初下降到接近 5 000 点，从 2003 年初到 2007 年 PSI20 处于上升趋势中，2008 年爆发全球金融危机，欧洲各国经济开始衰退，葡萄牙的股市也急剧下跌至 6 000 点左右，直至 2009 年，随着经济复苏股市才缓慢反弹。但好景不长，在 2010 年 4 月，葡萄牙主权债务出现问题，其信用评级被调降 2 级，2011 年正式爆发主权债务危机，其股市受此影响再度下跌，2012 年最低时曾跌至将近 4 400 点，2014 年爆发的银行危机也使得股市发生很大的动荡。过去 10 年里，葡萄牙股市可谓一波未平、一波又起，股市处于动荡之中，直到

最近两年才趋于平稳，PSI20 股指在 5 000 点附件波动。

图 14　1999～2017 年 PSI20 指数走势

资料来源：泛欧交易所 EURONEXT。

四、葡萄牙的外汇市场

　　葡萄牙作为欧元区的创始成员国之一，使用的法定货币是欧元。欧元区是目前全球最大的货币区，欧元于 2000 年正式作为欧元区国家的共同唯一法定货币进入流通。在将近 20 年时间里，欧元区由创建之初的 11 个创始成员发展到现在的 19 个成员，目前全球大约有 3.3 亿人口使用欧元，如果再加上与欧元保持固定汇率制的货币，欧元可以影响到全球将近 5 亿的人口。欧元是国际金融市场上的主要国际货币之一，其汇率波动对全球经济贸易产生重要影响。

　　图 15 显示了 1999～2016 年欧元兑美元汇率的走势，在开始进入流通时，欧元兑美元汇率接近 1∶1，在 2001 年贬值到每欧元 0.8813 美元，此后直到 2007 年欧元基本上处于升值趋势中，到 2007 年汇率达到历史最高点 1.4721 美元/欧元。而在 2008 年金融危机后，欧元基本上呈现贬值趋势。在 2009 年 10 月，希腊爆发了主权债务危机，葡萄牙的主权债务形势也跟着急转直下。2010～2012 年，欧元区多个国家都疲于应付主权债务危机，欧元贬值自是情理之中的事。不过欧元遭受的最大打击要数 2016 年英国脱欧，2016 年欧元兑美元汇率差不多回到了最初流通时的水平。从 1999 年诞生以来，欧元的命运经历了严峻的考验，但考验还远没有结束，其严峻的威胁主要来自欧元区国家发展水平的不均衡和统

一的货币政策和各自为政的财政政策之间的矛盾。

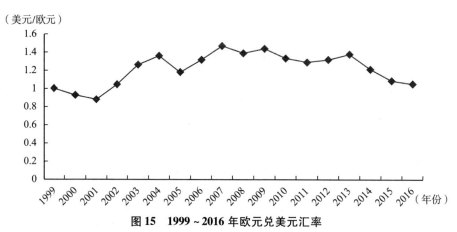

（美元/欧元）

图15　1999～2016年欧元兑美元汇率

资料来源：欧洲中央银行。

五、结论与投资建议

依据葡萄牙金融市场的特点，本文主要分析了葡萄牙银行业、股票市场和外汇市场的发展状况和趋势。从经济发展的整体情况来看，过去10年葡萄牙经济发展是非常不稳定的，经历了全球金融危机、主权债务危机和银行业危机等多次考验。但近两年经济发展环境开始出现好转，2016年葡萄牙 GDP 增长1.4%，而2017年第一季度增长率达到2.8%。失业率也从2014年起开始下降，2016年失业率下降至11.16%，银行业和股票市场也都出现积极的改善迹象，说明葡萄牙的经济发展环境渐趋稳定，开始出现良好的发展势头。

葡萄牙银行业整体盈利状况不是很乐观，虽然近两年资产收益率和净资产收益率趋于稳定，但收益率水平依然比较低。其银行业不良贷款率处于较高水平，不过2016年和2017年开始小幅度下降，显示出其银行业信贷质量改善的迹象。总体上看来，葡萄牙银行业不良贷款率过高是该行业面临的最大挑战，有必要尽快采取有效措施改善贷款质量，降低不良贷款率，提高整个银行业的盈利能力。2016年中国复星集团筹措巨资收购葡萄牙商业银行16.67%的股份，成为其最大股东，复星集团面临的挑战就是要采取措施加强风险管理和改善资产质量，努力提高盈利能力。

欧元的命运自流通以来经历了严峻的考验，尤其是2016年英国脱欧造成欧元大幅度贬值，欧元未来将要面临的考验还有很多，最严峻的威胁主要来自欧元区国家经济发展水平的不均衡和统一的货币政策和各自为政的财政政策之间的矛盾。如果欧元区的成员国无法实现协调发展，各国的财政政策继续像过去那样缺乏较硬的约束，那么欧元区在未来很有可能再次陷入困境，而欧元汇率的剧烈波动也会在所难免，因此在葡萄牙投资需要注意防患汇率风险。由于葡萄牙是一个小型开放经济体，其经济容易受到国内和国外的各种因素的冲击，因此在葡萄牙金融市场进行投资的时候，应该注重把握其国内和国际市场的发展动向，谨慎控制好风险。

参考文献

［1］ Hornero A. C. , Sánchez I. G. The Financial System In Spain and Portugal：Institutions and Structure of The Market ［M］// Financial Market Integration and Growth，2011：177 – 280.

［2］ Marani U. , Altavilla C. The Monetary Policy of the European Central Bank and the Euro-dollar Exchange Rate ［J］. Rivista Internazionale Di Scienze Sociali，1999，107（3）：279 – 326.

［3］ Pereira V. , Filipe J. A. An examination of the Portuguese banking sector crisis ［J］. Aestimatio the Ieb International Journal of Finance，2016：128 – 143.

［4］ Banco de Portugal，2017，Statistical Bulletin 10 | 2017.

［5］ Banco de Portugal，2017，Portuguese Banking System：latest developments，1st quarter，2017.

［6］ 申皓：《欧洲中央银行研究》，武汉大学出版社 2001 年版。

葡萄牙商业与政策环境

浅析葡萄牙房地产市场的过去、现在与将来

戴晴蕾　詹思贤[*]

摘　要： 葡萄牙房地产市场按时期大致可以分为经济危机前、经济危机爆发，以及经济危机后的复苏期。本文基于市场数据，把时间点划分为 2008 年之前、2008～2012 年、2013 年至今，根据时间线梳理葡萄牙房地产行业的起起伏伏。除了市场本身的供需平衡，政府的政策调控也是我们在观察葡萄牙房地产行业时不可忽视的一个重要因素。而政策又分为两大类：针对消费者的以及针对开发商的。

由此，本文前三部分将结合统计数据及分析报告，分别介绍葡萄牙房地产市场各个阶段的情况及特征。而在最后第四部分，着重于对现状的分析，对未来几年的趋势做出一个合理的预测。需要注意的是，由于房地产行业可以细分为办公、零售商店、住宅、旅店、工业等种种类别，在分析讨论时难以面面俱到，故本文除了总体发展情况分析外，重点将放在对住宅类房地产的趋势分析。

关键词： 葡萄牙　房地产　经济危机　经济复苏　政策支持

一、2008 年之前：经济危机前的平稳发展

虽然在 2008 年以前，与欧洲各国的大趋势相比，葡萄牙的房地产业并没有呈指数级增长。受到 1998 年里斯本世博会以及由葡萄牙主办的 2004 年欧洲杯的影响，政府投入了大量资金用于改善交通网络，重建规划区域，因此资金并没有大量涌入商业地产，葡萄牙的房地产业一直处于不温不火的状态。在 1998～2007

---

* 戴晴蕾，新里斯本大学商学院副教授。

詹思贤，上海外国语大学葡萄牙语语言文化专业毕业生。

年10年期间家庭住宅楼房数量仅增加了10.6%。同时，葡萄牙整体经济发展停滞，在1991~2006年15年的时间里，平均经济增长率仅0.2%。也正因如此，在21世纪初，葡萄牙房地产并没有出现很大的泡沫。

但值得注意的是，葡萄牙唯一的例外出现在阿尔加维地区。

- 2003~2004年：房屋平均价格与上一年同期相比涨幅在6.2%（实际涨幅3.3%）；
- 2005~2007年：房屋平均价格与上一年同期相比涨幅在1.25%（实际跌幅1.3%）；
- 2008年：价格平均跌幅4.7%（实际跌幅7.1%）；
- 2009年：价格平均跌幅2.6%（实际跌幅1.8%）；
- 2010~2012年：价格平均跌幅3.1%（实际跌幅5.5%）；
- 2013~2014年：价格平均跌幅1.5%（实际跌幅1.5%）；
- 2015年：房屋平均价格与2014年同期相比涨幅在4.5%（实际涨幅4%）。

由于阿尔加维地区主要以度假休闲地产为主，相比其他地区的住宅刚需，更多的是以投资为主，故经济危机前后浮动较大。

二、2008~2012年：经济危机导致的衰退期

2008年被认为是葡萄牙全国性经济危机的开端。在受到了来自美国次贷危机影响波及之后，国家总体经济水准经历了一个明显的衰退期。

根据世界经济合作组织的数据显示，2010年第四季度至2012年第三季度，葡萄牙国民生产总值实际增长率为 -5.3%。2008~2012年，失业率从8%猛增至16%。

由图1可见，1999年葡萄牙加入欧元区后，根据《马斯特里赫特条约》，债务占GDP比重在1999~2004的5年间一直维持在60%以下。然而在经济危机爆发前夕比重便已经连年增长，2008年更是大幅度增加，在2011年甚至超过了100%。

虽然相较于美国乃至欧洲其他国家，葡萄牙房地产市场的泡沫较小。例如伊比利亚半岛上的邻国西班牙，在经济危机前由于人为炒房导致价格虚高，最终在2008年泡沫破裂，经济大规模倒退。但出于其他原因，2008年葡萄牙房地产市场还是出现了大规模的衰退。除了全球经济危机的大背景，其原因还可以追溯到葡萄牙的银行信贷政策。就传统而言，葡萄牙的房地产市场主要是由住宅买卖支撑。贷款便捷，同时租房政策对于房东而言非常不利，导致在很长一段时间中购房是住宅市场的主流。然而经济危机使这一大前提发生了改变。葡萄牙房地产市

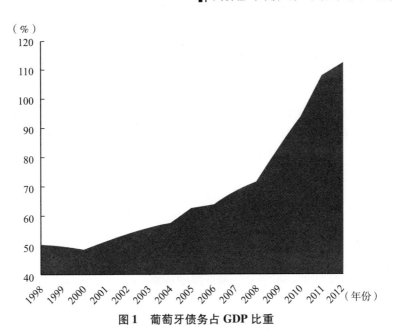

图1 葡萄牙债务占GDP比重

资料来源：国际货币基金组织。

场很大程度上依靠银行信贷支撑，而在2008年经济危机的冲击下，银行收紧对住房贷款的发放，导致普通家庭完全无法负担起买房的压力，内需减少，由此交易数量骤减，并引发连锁反应，导致房地产价格骤跌。图2非常明显地展现了两者之间的关系。

图2 2000~2012年葡萄牙房地产贷款量及交易量

资料来源：《房地产内参》（*confidecial imobiliário*）。

三、2013 年至今：复苏期

2012 年，葡萄牙为了振兴国内经济，在着重发展旅游业、进出口贸易的同时，颁布了数条法律法规以吸引海外资本注入葡萄牙房地产市场。

（一）政策支持

葡萄牙政府原本对海外资产没有过多限制，交易税也相对较低。为了重整葡萄牙房地产市场，刺激国内经济，政府在 2012 年陆续颁布了数条法律，鼓励欧盟及非欧盟的外资进入葡萄牙。影响最大也是惠及面最广的便是针对欧盟居民的税收公民政策及针对非欧盟公民的黄金居留政策。

1. 非常住居民（non-habitual resident）政策

非常住居民税收制度（non-habitual resident regime，NHR）是基于葡萄牙针对具有在葡萄牙居留许可的外籍人士（如欧盟成员国公民、瑞士公民或葡萄牙居留卡持有者）所出台的税收优惠政策。该政策可以为特定职业人群的个人所得税提供为期 10 年的减免优惠，在 10 年期间，葡萄牙对劳动收入征收的 IRS（个人所得税）为 20% 的固定税率。该制度旨在鼓励企业家、投资者以及一些特定行业的从业者移居葡萄牙。该项政策是基于葡萄牙与全球 77 个国家之间所签署的税收双边协议。

要获得葡萄牙"非常住居民"身份需满足以下条件：在葡萄牙成为纳税居民；在此之前的 5 年并非葡萄牙纳税居民。而要成为葡萄牙的纳税居民需满足以下任一条件：在 12 个月的时间段中，在葡萄牙的居住天数总计不低于 183 天；或在 12 个月的时间段中任意一天，在葡萄牙拥有可居住的住宅。

这一政策自颁布以来，吸引了众多外籍高薪阶层。该政策的主要获益群体为北欧国家和英国的移民。这些国家税收较高，而且气候条件远远不如葡萄牙。因此许多工作地点自由，或是有能力在葡萄牙购置房产的人选择移居葡萄牙。调查显示，现在葡萄牙是继马耳他之后英国人的第二大海外移民国家。同时，非常住居民税收制度中所包含的养老金免税措施也吸引了大批退休老人移居葡萄牙。享受这项豁免优惠需满足以下两个要求：申请人需为葡萄牙非常住居民；申请人的养老金来自外国管道。一旦满足了这些条件，那么养老金就不用在葡萄牙缴税，而且对于那些已经获得葡萄牙居留权的移民来说，他们的养老金也不用在原籍国缴税。对申请人来说是一项一举两得的措施。

另外值得注意的是，在葡萄牙不会征收财富税或与资本遣返相关的税收。对遗产继承和捐赠征收的印花税，葡萄牙政府遵守属地原则，即不会对在国外的资产继承或捐赠征收印花税。同时，依照葡萄牙法律，在本土办理的配偶、子女或父母之间的遗产继承或捐赠可免征税收。这对于富人阶层而言具有很大的吸引力。

2. 黄金居留（Golden Visa）政策

2012 年底，葡萄牙政府启动正对非欧盟公民的黄金居留政策。投资者满足以下任意一个条件便可申请：在葡萄牙购买不低于 50 万欧元的房产；在葡投资额超过 100 万欧元；或是创造至少 30 个工作岗位。申请获批后即可获得居留身份、申根国身份（可通行申根 26 个国家），满 5 年可获永久居民身份，满 6 年可申请入籍。

黄金居留政策对葡萄牙经济的复苏以及房地产行业的加速发展有着深远的影响。自 2012 年 10 月 8 日执行起，至 2017 年 7 月 31 日，共批准了 5 243 份申请，其中中国占 3 472 份，位列第一，其次是巴西和南非。投资总额达 32 亿欧元（3 223 403 061.34 欧元），其中 29 亿欧元（2 911 446 718.73 欧元）来源于购置房产。

以 2016 年为例，全年住宅交易量的 65% 来源于海外购房者，其中 14% 为巴西购房者；其次是法国，占 7%；中国占比 3%，位列第三。而根据咨询公司 CBRE 的报告显示，2017 年这一比例持续上升，达到近 90%。这些数据明确地反映出政策对海外投资的推动作用。

除了针对购房群体的政策，在扩大需求的同时鼓励房地产专案的开发。下面以针对中心城区改建鼓励政策为例。

3. 中心城区改建鼓励政策

葡萄牙全国有许多区域政府都有出台对城区改建的鼓励政策。这些政策的涵盖范围或是针对指定街区的楼房乃至公寓，或是那些建造时间在 30 年以上，需要重修维护的楼房。2012 年，葡萄牙政府出台了相关法律以鼓励此类的旧楼改造，其主要优惠内容有：更加简化的申请审批流程；控制租客租约时间，防止租客无限期续租；多样化的税收优惠；特殊的融资计划。各市政府对鼓励政策的受惠对象规定不同，如里斯本市政府几乎将所有的里斯本市街区划入政策对象。对于改建品质主要有以下要求：被认定为具有文物保护价值的建筑物外立面、结构及建筑元素都应被完整保护；楼层数目及楼层格局应保持不变；建筑的结构性支撑不能受到破坏。

在 2016 年 1~11 月期间通过审批的楼房中，在里斯本有 91% 是重建专案，在波尔图这个比例也达到了 73%。重建专案能够占据如此高的比例，可以反映出政府的中心城区改建鼓励政策收到了成效（见图 3）。

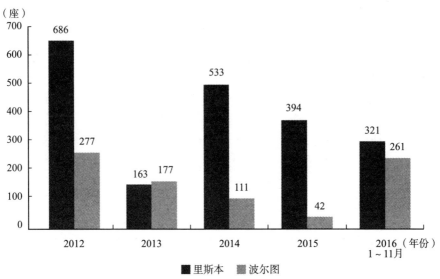

图 3　里斯本及波尔图 2012～2016 年通过审批的楼房数量（新建及重建）
资料来源：葡萄牙国家数据统计局。

就工程建筑而言，2016 年，葡萄牙通过审批的楼房数量相比 2015 年增长了 10.9%，共计 16 738 套楼房，扭转了近年来下跌的趋势。其中新建楼房占总数的 64.3%，旧房改造占比 27.6%，重建工程占 8.1%。2016 年通过批准的各类型居室共计 17 944 间，与 2015 年相比增长了 37.4%，其中 T3 依旧占据了主导地位①。

就交易量而言，2016 年家庭住宅交易量达 127 106 套，相比 2015 年增长 18.5%，交易额达 14.8 亿欧元，相比 2015 年增长 18.7%。其中 105 502 套为现房交易，交易额达 11.4 亿欧元，相比 2015 年增长 27.6%；21 604 套为新房交易，交易额达 3.4 亿欧元，相比 2015 年下跌 3.9%。

2016 年的住宅价格指数表明，2016 年房价上涨了 7.1%，相较 2015 年的增幅上涨了 4 个百分点。葡萄牙的房地产价格已经连续三年呈上升态势，而现房价格相比新房价格增幅更大，达到 8.7%；新房增幅在 3.3%。

商业地产的价格在 2016 年上涨了 2.0%，涨幅低于 2015 年（3.5%），但也已经连续三年呈上涨趋势（见图 4）。

---

① 葡萄牙公寓居室类型分为 T0、T1、T2、T3、T4。

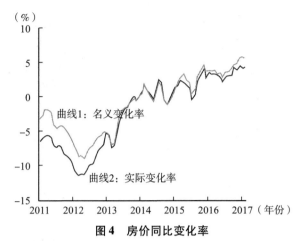

图4　房价同比变化率

资料来源：葡萄牙国家数据机构。

中国在葡萄牙的房地产投资主要受到葡政府的"黄金签证"政策所推动。2014 年中国投资者共购买 4 100 处不动产，相当于全部外国投资的 17.8%。

（二）国家经济形势好转

除了国家政策的直接或间接刺激，葡萄牙总体经济形势的好转是房地产业复苏的一个必要条件。2012～2013 年，国内生产总值（GDP）放缓了下跌速度，并在接下来的 2014～2016 年连续三年持续增长。相比在 1991～2006 年这漫长的 15 年中平均 0.2% 的经济增长率，2016 年，葡萄牙经济增长率达到了 1%。虽然看上去微不足道，但也是经济复苏的一个征兆。

葡萄牙失业率在 2013 年曾一度达到过 16.2%，但随着经济复苏，失业率连年下降，2014 年为 13.9%，2015 年为 12.4%，2016 年为 11.1%，并在 2017 年第二季度终于降至 10% 以下，仅为 8.8%。失业率的降低不仅意味着国民经济的好转，同时也意味着市场需求的增加。

（三）旅游市场的兴盛

旅游业对房地产市场起到推动作用主要有两个方面：一方面是由于旅游业发展带来的传统商业地产增值。除了直接相关联的酒店房产，游客的增多也势必带动零售商店及购物中心的发展。而另一方面，旅游业发展也将推动住宅地产的需求。其最大因素在于短租公寓的兴起。这些公寓主要集中在里斯本市中心，成为游客们替代传统酒店的一个选择。这些短租公寓不仅能让游客更贴近当地生活，同时套房也更适合全家一同出游。

短租公寓的兴起为独立或小型房产公司的发展创造了机会，但对于大企业而言，对短租公寓进行规模化的管理也是一个可行的方案。与中心城区旧楼改建鼓励政策相结合，能从建筑工程到物业管理形成一条产业链，同时满足旅游市场和房地产市场的需求。

四、下一个黄金发展期？

（一）总体呈现上涨趋势

经过各项政策的扶持，以及国家经济实力的恢复，房地产行业目前正处于一个上升期。根据葡萄牙国家数据统计局（INE）公布的数据，2016 年度全国第三季度住宅房产的价格与2015 年同期相比增长了7.6%，达到了前所未有的上涨速度。2016 年6 ~ 9 月期间，房地产交易数量高达31 535 起，与2015 年同期相比增长了15.8%，总售价超过36 亿欧元，其中28 亿欧元是现有房产交易。

从图5 可以看出2012 年后房地产价格的恢复趋势，从2014 年起进入正增长阶段，住宅地产价格相比商业地产价格恢复速度更快。

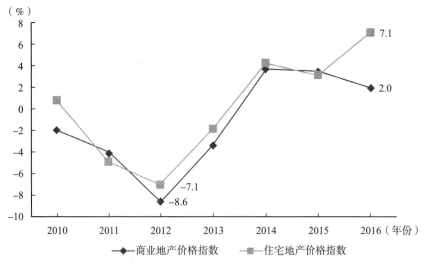

图5　2010 ~ 2016 年商业地产及住宅地产价格同比浮动

资料来源：葡萄牙国家数据统计局。

2017 年，葡萄牙房地产行业持续火爆。第一季度的交易量及交易额均创下近九年来季度涨幅的新高。而截至 2017 年 6 月，交易量到达 72 000 户，交易额达 89 亿欧元，相比 2016 年同期上涨了 18%，交易额涨幅达 25%。住宅价格指数上涨 6%，根据葡萄牙建设及公共工程协会表示，由于改建翻新专案数量的明显上升，现房/旧房交易占据了多数。相比之下，截至 2017 年 6 月新房交易量的涨幅仅 4%，交易额涨幅为 6%。从地区来看，2017 年上半年，交易主要集中在里斯本大区，交易量达总量的 35%，交易额占总额的 48%。此外波尔图、法鲁、雷利亚、科英布拉和布拉加等地区的成交量也逐渐上升。里斯本大区的每户平均房价为全国最高，达 168 600 欧元，比全国平均水准高出 36.6%，相比 2016 年同期增长了 10.2%。据 APEMI 主席路易斯·利马表示，2017 年的房地产价格回升，外国投资者成为主要推动力。

就住宅价格而言，2017 年第二季度欧元区平均增幅在 1.5%，欧盟平均增幅在 1.8%，而葡萄牙达到了 3.2%，在欧盟各成员国中排名第 8 位。虽然仍成呈上涨趋势，但相较 2016 年同期欧元区 3.8%、欧盟 4.4%、葡萄牙 8% 的增幅，速度已经放缓。

（二）附加因素

（1）2017 年政府颁布的增税新政可能会对房地产市场造成一定的影响。政策规定，对于价值在 60 万至 100 万欧元之间的非经济活动（商业、工业或服务业）房产资产，将新增 0.7% 的市政房产税；100 万欧元以上的房产将新增 1% 的市政房产税。该新增市政房产税将代替原有的印花税。据悉该政策旨在支付上涨的养老金及国家公务员薪资。相较于原来统一 0.8% 的印花税税率，新政的出台，将给高档住宅市场的前景增加一定的不确定性。

（2）针对旅游业发展，葡萄牙政府出台了"葡萄牙 2020 计划"，旨在推广可持续旅游业，加强旅游业作为经济支柱之一的地位。这对于房地产行业而言属于利好消息。正如上文提到过的那样，首先，游客数量的增长将带动零售业店铺、大型商场以及酒店等商业地产的繁荣；其次，住宅地产可以利用共用经济的思维，从短租中获利。

（3）如果将葡萄牙置于全球大环境中，其国家特性将为它吸引更多的目光。葡萄牙一直以来便是以阳光、海滩闻名的度假胜地，同时也是低生活成本的宜居城市。而在如今相对动荡的世界局势下，2017 年葡萄牙在全球安全指数排行榜上位居第三便是一项极大的优势。

参考文献

［1］*Market* 360°（半年刊）JLL（仲量联行），2017 年 1 月。

［2］*Market Pulse* 研究报告（季刊）JLL（仲量联行），2017 年第三季度。

［3］*Estatísticas da Construção e Habitação* 2016. Instituto Nacional de Estatística，I. P.（葡萄牙数据统计局），2016 年。

葡萄牙旅游市场现状分析及未来展望

戴晴蕾　詹思贤*

摘　要：旅游业一直以来是带动葡萄牙出口和就业的支柱产业。无论是葡萄牙旅游协会最新公布的数据，还是葡萄牙央行最新的统计数据，都显示出葡萄牙旅游业蓬勃的发展态势。

本文旨在说明葡萄牙旅游市场现状，分析主要特征，展望其未来发展趋势。

围绕这一主题，共分四个部分展开：第一部分对目前的葡萄牙旅游市场进行一个综述及盘点；第二部分将对葡萄牙旅游业的特征进行分析，全面归纳其自身条件的优势与不足，以及面临的机会与风险，最后分区域对葡萄牙各主要旅游区进行简介；第三部分将结合全球以及欧盟旅游业发展大环境，详细说明葡萄牙政府对其旅游业的长期规划；第四部分则将结合前文所述，以展望未来发展趋势。

关键词：葡萄牙　旅游业　现状　发展

一、现状盘点

葡萄牙作为欧洲大陆最南端的国度，享受着全年300多天的晴朗天气和大西洋漫长的海岸线，一直以来都将旅游业作为国家经济的一大支柱。

将时间倒推回2010年，即便是在经济危机时期，葡萄牙的旅游业依旧处在上升态势。根据葡萄牙国家统计局的数据显示，2010年，葡萄牙酒店共给1 350万游客提供住宿服务，同比增长4.7%，其中本国游客占63%。酒店公司的总收益达18亿欧元，同比增长2.5%。2010年共接待1 353万名游客，比2009年增

---

* 戴晴蕾，新里斯本大学商学院副教授。
詹思贤，上海外国语大学葡萄牙语语言文化专业毕业生。

长 4.9%，其中国内游客 670 万人次，国际游客 683 万人次，80% 以上的国际游客来自欧洲，主要有西班牙、英国、德国、法国等国家。欧洲以外来自巴西和美国度假游客明显增多，分别增长 40% 和 9.5%。与此同时，葡萄牙旅游收支也呈现积极变化，旅游收入 76 亿欧元，旅游支出 29 亿欧元，分别同比增长 10.2% 和 8.9%，净收益 47 亿欧元，同比增长 11%，在欧盟国家排名第 6 位。据世界旅游业理事会（WTTC）2011 年 3 月的报告显示，当时葡萄牙旅游产业位居全球第 18 位。

而当经济危机的影响逐渐淡去，葡萄牙旅游业更是进入了加速发展期。根据葡萄牙旅游协会公布的数据显示，2016 年，前往葡萄牙旅游的人数相较 2015 年增长了 9.2%，刷新纪录成为旅游史上最好的一年。无论是过夜消费、游客人数，还是酒店收入都创下新的纪录。而根据欧盟旅游委员会公布的最新报告，2017 年葡萄牙旅游业的增长又将刷新纪录。

根据欧洲旅游资讯管理系统（TourMIS）的数据显示，2017 年 1~5 月外国游客数与过夜数与 2016 年同期相比，增幅最大的为冰岛，达 55.7%，黑山排名第 2 位，达 25.1%；葡萄牙排名第 7 位，增幅约为 16%。

据葡萄牙央行最新的统计数据显示，2017 年上半年，葡萄牙外国游客的支出超过 60 亿欧元，与 2016 年同期相比增长了 21%。据悉，葡萄牙 2017 年上半年旅游收入已占全国商品和服务贸易数据的 64.9%，同比增长超过 10 亿欧元（21%）至 60.87 亿欧元。这意味着旅游业每天给葡萄牙带来 3 300 万欧元的收入，每小时带来 140 万欧元的收入。[①]

据葡萄牙《经济报纸》报道，在欧洲众多旅游度假胜地之中，葡萄牙是游客住房率第二高的欧洲国家，仅次于荷兰。而在海边旅游目的地中，葡萄牙的游客住房率位居欧洲第 1 位，领先克罗地亚和西班牙。

在全球度假屋搜索引擎 Holidu 发布的 "2017 夏季欧洲住房率最高的旅游目的地榜单 TOP20" 报告中显示，葡萄牙是游客住房率第二高的欧洲国家，仅次于荷兰。

葡萄牙旅游市场的火热不仅体现在数据中。近年来，葡萄牙已成为各类杂志榜单、旅游奖项的常客，受到全球媒体、游客的青睐。

葡萄牙被世界各大媒体评为 2016 年全球最佳目的地，荣获 2016 年世界旅游大奖（WTA）中的 24 个奖项。其中马德拉岛评为欧洲最佳岛屿，而里斯本、波尔图和亚速尔群岛列入知名旅游指南《孤独星球》2017 年全球最佳三十个旅游景点名单。

---

① *Dinheiro Vivo* 杂志 2017 年 8 月 28 日报道。

二、特征分析及其利弊

葡萄牙旅游业是国民经济的支柱产业之一。整体来看，其主要特征有如下三点：依赖自然条件、游客来源集中、旅游产品单一。这三大特征不能单方面地判定为优势或劣势，而需要从多角度分析其利弊。再加上各地区情况还不尽相同，更值得去分类看待。

（一）整体特征分析

（1）依赖自然条件。根据葡萄牙的自然和地理环境，国家的主打旅游产品是阳光和海滩，而这就意味着需求主要集中在夏季期间。旅游淡旺季明显。旅游旺季一般都集中在第三季度，即 7～9 月，而 1～3 月则为淡季。地理位置对于葡萄牙来说可以说是把"双刃剑"。在葡萄牙著名的南部海滩区域阿尔加维，接近 50% 的游客过夜是在 7～9 月三个月期间，游客需求不平衡，旅游设施未能得到充分利用，同时也无法给当地旅游从业者带来稳定收入（见图1）。

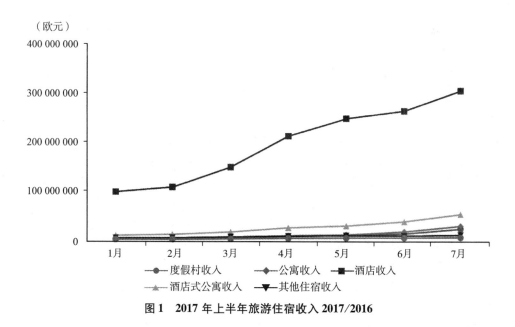

图1 2017 年上半年旅游住宿收入 2017/2016

（2）游客来源集中。以 2010 年为例，葡萄牙共接待 683 万国际游客，其中欧盟游客570万，占比83%。

表1显示了2016年及2017年上半年（1~7月）的游客支出（百万欧元）。我们可以明显看到西班牙占据了很大的份额。其次分别是法国和英国。在欧洲以外地区，除了美国这一目前全球出境游客人数最多的旅游大国，另外两个都是葡萄牙的前殖民地。这一情况表明了葡萄牙作为旅游目的地，在国际上知名度还有待提升。作为南欧三国中面积最小同时也是最南端的国家，葡萄牙如何突出自己的特色至关重要。

表1　　　　　　　　　2017/2016 旅游收入来源　　　　　单位：百万欧元

国家	2016 年	2017 年
德国	257 600	166 840
安哥拉	44 320	25 670
比利时	128 320	101 720
巴西	118 730	71 730
西班牙	1 119 950	718 490
美国	232 050	136 600
法国	533 300	346 330
荷兰	82 500	58 300
其他	865 630	563 390
英国	407 450	272 350

资料来源：葡萄牙银行。

（3）旅游产品单一。葡萄牙因其地理条件优势，旅游产品以阳光、海滩闻名。这固然是葡萄牙旅游的特色也是其主要优势，但相较而言无法给游客尤其是国际游客更多的吸引点。其实葡萄牙的自然资源远远不止海洋：北部的山脉与葡萄园、亚速尔群岛上的火山与温泉等；而作为大航海时代的强者，葡萄牙也有着丰厚的人文资源，名胜古迹遍布全国，其中不乏世界文化遗产。而在这些方面，葡萄牙目前仍开发不足，宣传推广力度稍弱。

（二）SWOT 分析

葡萄牙旅游局为了更好地了解游客需求，强化现有优势，改进缺陷，通过焦点小组（focus group）讨论、区域研讨会、线上调查、公开咨询等方法，总结归纳了葡萄牙旅游业的优势（strength）、不足（weakness）、机会（opportunity）和风险（threat）。除了在特征中已经提到过的内容，还有以下几点值得引起注意（见表2）。

表2   葡萄牙旅游业 SWOT 分析

优势（strength）	不足（weakness）
好客的人民： 葡萄牙人以品质淳朴，待客热情友善闻名，这对提高游客体验而言至关重要。 语言： 葡萄牙语是世界第六大通用语言，且 60% 的葡萄牙人会说一门二外。这大大降低了游客在沟通上的障碍。 安全： 根据 2017 年 6 月最新的全球和平指数排行榜，葡萄牙的排名从 2016 年的第五名上升至第三名，对游客来说无疑是个安心的选择。 美食： 葡萄牙的美食在欧洲乃至世界范围内都有着不可替代性，丰富的海产、高质量的橄榄油、独特的波特酒、特色的当地烹饪方式，让葡萄牙得以推广美食旅游的概念。	经济金融行业较弱： 资本经济可以说是旅游业发展背后的支柱。当地企业资本化不足成为阻碍规模化发展的桎梏。 专业化不强： 对于旅游产业的专业化认识不强，规范化不够。导游、讲解员等专业人员不足。旅游业从业人员收入偏低。 国际化品牌/连锁企业少： 国际化品牌/连锁企业不仅能为游客提供更多选择，同时也能帮助葡萄牙树立国际化的形象，吸引更多游客。
机会（opportunity）	风险（threat）
旅游模式的转变： 游客消费模式及动机的改变使得人们越来越倾向于选择休闲型的目的地，2016 年，休闲旅游占旅游总数的 53%。老年旅游对于葡萄牙而言是个重要的新兴市场。医疗旅游将成为葡萄牙旅游的一个突破点。 多样化的资金来源： 以众筹为代表的资金募集方式是对市场的一个补充。海外投资的涌入也促进了旅游设施的建设。 更广阔的市场： 增加了多条与目标市场的直飞航线。其中以连接中国的航线最为瞩目。	对自然资源的压力： 随着游客的增多，如何平衡旅游需求和环境保护之间的关系将会成为严峻的挑战。可持续的生态系统是可持续旅游业的保障。全球气候变暖也将影响某些旅游资源的供需。 欧盟政治经济的影响： 欧盟作为一个整体可以增强各成员国国际影响力，获得更好的发展。但同时，欧盟的政策相较各国政府自己制定的政策有更大的不确定性，因此挑战与机遇并存。英国脱欧也带来了更多的不确定因素。 全球性安全问题： 恐怖主义是旅游业的一个巨大威胁。不仅会伤害人身及财产安全，同时对当地旅游业将产生持续及深远的影响。预防恶性事件的发生是安保的首要目标。

（三）葡萄牙主要旅游区域特色简析

葡萄牙旅游除了季节性明显，地域性也呈现出十分集中的态势。2015 年，葡萄牙旅游过夜主要集中在阿尔加维（34%）、里斯本地区（25.1%）和马德拉三个地区，占总数的75%；2004年，沿海地区的旅游过夜数占总量的87.2%，到了2014年更是增长到了90.3%。

三大热门区域集中体现了葡萄牙的旅游竞争优势，而各自的侧重点又略有不同。

1. 里斯本地区

里斯本作为葡萄牙首都，是一个丰富多彩的中心枢纽。里斯本拥有着众多历史悠久的街区以及风景名胜，交通便利，是游客到达葡萄牙的首选之地。人文景点的代表有贝伦区的热若尼姆修道院、贝伦塔、世界遗产辛特拉宫殿，自然风光则不可不提特茹河以及连绵不绝的冲浪沙滩。

2. 阿尔加维

葡萄牙最南部的阿尔加维地区充分开发了沿海这一优势，可以满足从运动探险到休闲度假各种不同需求。高质量的沙滩是阿尔加维地区的名片。海上运动丰富，尤其是冲浪，每年吸引着世界各地的专业人士。海水疗养胜地则是休闲度假的上选。值得一提的是，该地区还是葡萄牙高尔夫球场的聚集地，拥有许多国际知名的高尔夫球场。

3. 马德拉群岛

马德拉全年气候宜人，四季如春。马德拉自然公园被列为生物基因保护区，始建于1982年，目的是保护这里丰富的自然遗产，最值得一看的地方是这里繁茂而且多样的植被，热带和地中海植被错落有致。此外还可以选择出海游船，或是在高尔夫球场挥杆。

但除此之外，葡萄牙还有许多精品旅游资源还没有得到充分开发。但也正因为如此，这些地区代表着葡萄牙旅游业未来发展的潜力。以下是两个较有特色的地区。

4. 波尔图和北部地区

波尔图是葡萄牙诞生的地方，而葡萄牙的国酒——波特酒也是产自这片地区并销往世界各地。杜罗河流经葡萄牙最重要也是最著名的葡萄牙酒产区，孕育出葡萄牙独特的波特酒文化。虽然北部地区整体旅游资源开发不足，但各式各样的酒庄还是帮助波尔图成为葡萄牙第二大旅游城市。

5. 亚速尔群岛

亚速尔群岛相比葡萄牙其他地区，有一种遗世独立的气质。这九个坐落在大西洋中央的小岛各有特色，但共同点在于迷人的自然风光。火山蚀刻出天然的瀑布与湖泊，同时也带来了温泉浴场和肥沃的黑土地。出海潜水、观鲸，上山徒步、越野，这里的一切都充满了自然的升级。由于其独特的地理位置，亚速尔机场有飞往美国及加拿大的直航航线，成为北美市场的一个入口。

三、内外环境情况说明

旅游业是一个与全球化紧密联系的产业，在研究单一市场时，脱离大环境的结论是无法成立的。葡萄牙旅游业的发展不仅受全球旅游市场的供需关系影响，同时也受到其所属的欧盟集团的影响。因此，为了更加全面地了解葡萄牙对其旅游业的规划，在具体到本国政策之前，有必要先总览全球旅游业的发展现状及欧盟旅游业的发展现状。

（一）全球旅游业发展现状

根据世界旅游组织（UNWTO）在 2017 年发表的 2016 年度报表中显示，全球旅游业保持了连续七年将近 4% 的增长率，游客接待达到 12 亿人次。旅游业占据了全球 GDP 的 10%，全球贸易的 7% 并创造了全球 1/10 的工作岗位。

2016 年，从区域层面看，亚太地区增长率排名第一（9%），非洲紧随其后（8%）。欧洲的增长率为 2%，欧洲依旧是全球旅游第一大目的地，占据了全球旅游市场 50% 的份额。中国、美国和德国持续占据了出境游人数的前三位。中国的海外旅游消费已经连续 10 年保持了两位数的增长率。[①]

1. 欧盟旅游业发展现状

从图 2 我们可以看到，就总体趋势而言，欧盟 28 国的旅游业属于稳中有升，且整个欧盟区域的旅游业都呈现出一种明显的季节性，在 7 月和 8 月达到峰值，冬季处于低谷。

---

① UNWTO Tourism Highlights：2017 Edition P3. 2017，7.

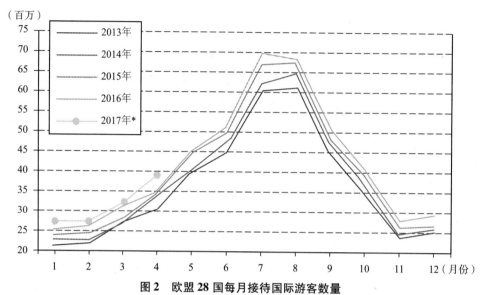

图 2　欧盟 28 国每月接待国际游客数量

资料来源：世界旅游组织（UNWTO）。

如果细分区域，欧盟中表现最为出色的为北欧及南欧/地中海区域（见表 3），截至 2017 年 6 月，均较 2016 年同比增长 9.2%。

表 3　　　　　　　　　　**2016～2017 年全球国际游客到达情况**

	2017 年		2016 年			
	1～5 月	第一季度	第一季度	第二季度	第三季度	第四季度
全球	6.2	4.7	7.3	1.2	3.1	5.3
发达经济体	5.9	4.4	8.2	2.7	4.1	6.5
新兴经济体	6.6	4.9	6.3	-0.9	1.6	4.0
区域						
欧洲	6.4	4.2	6.9	-0.7	0.7	4.4
欧盟（28 国）	6.6	4.4	8.8	2.2	3.5	7.0
北欧	9.2	6.2	11.0	3.6	6.3	8.1
西欧	3.6	2.1	5.6	-3.7	-2.2	4.6
中欧/东欧	4.4	4.9	6.7	2.6	3.1	2.3
南欧/地中海地区	9.2	5.1	6.7	-1.4	0.1	4.3

资料来源：UNWTO。

表4   2017 年 1~5 月南欧国际游客到达情况

	2017 年					
	年初至今 （2017.5）	第一季度	1 月	2 月	3 月	4 月
南欧/地中海地区	10.0	6.6	8.2	7.1	5.0	16.5
克罗地亚	15.8	4.0	23.4	9.4	-5.0	49.9
塞浦路斯	17.6	13.5	28.8	24.6	2.8	26.9
希腊	3.2	-1.8	-6.9	2.6	-0.2	12.0
意大利	5.4	3.1	4.5	-1.3	5.2	10.5
马耳他	22.9	24.0	22.7	28.3	22.0	21.0
葡萄牙	15.4	11.6	24.6	11.6	4.6	22.2
斯洛文尼亚	15.0	7.0	12.7	9.8	0.4	43.7
西班牙	11.6	9.3	10.7	11.9	6.1	16.0

资料来源：UNWTO。

其中，葡萄牙的增幅在南欧/地中海区域的 8 个国家中排名第 4 位，高达
15.4%，相比欧盟总体水准高出 9 个百分点。

2. 欧盟对旅游业的规划

欧盟将旅游业视为重要产业，致力于通过发展旅游业带动 GDP，扩大出口贸
易，创造就业岗位。欧洲委员会制定的欧盟旅游业政策包含如下六条优先目标：

- 提高欧盟内及欧盟外部的旅游需求。
- 旅游产品多样化。
- 增强旅游业品质、可持续性、开放性、专业性以及资讯通信技术的运用。
- 增强对旅游产业社会经济基础的认识。
- 将欧洲作为一个整体推广。
- 将旅游业政策置于欧盟主流政策中。

欧盟在 2016 年发布的《欧盟 28 国国际旅游趋势》中提到，到 2030 年，预
计中国将超过美国成为到欧盟旅游人次最多的国家。欧盟也用实际行动表达了对
中国市场的重视。

2016 年 7 月，在中欧峰会开幕式上，中国和欧洲旅游委员会宣布 2018 年为
"中国—欧盟旅游年"。峰会上明确指出了"旅游年"计划的目标：

- 推广知名度较低的旅游目的地。

- 提高旅行及观光体验。
- 提供增强经济合作的机会。
- 促进欧盟—中国间签证手续的简化与中欧航线的拓展。

中国虽然仅是一个单一市场，但从"中国—欧盟旅游年"的确立可以看到欧盟对于其"旅游资源一体化"做出的努力。

3. 葡萄牙国家旅游 2027 年战略计划

2017 年 9 月，葡萄牙部长理事会批准了国家旅游 2027 年战略计划，将葡萄牙定位为世界上最具有竞争力和可持续性的旅游目的地之一。

《葡萄牙 2027 年度国家旅游战略计划》明确了发展目标：到 2027 年，葡萄牙旅游收入增长 140 亿欧元。该计划中大致包含了两大部分，葡萄牙内部的旅游业发展规划，以及全球各主要市场的针对性分析。

在具体规划中，葡萄牙 10 年旅游战略计划将把整个国家打造成一个全年都适合旅游的目的地，将季节性旅游从 37.5% 降至 33.5%，到 2027 年实现 8 000 万住宿量，平均每年增长 4.2%。

在规划国内旅游业发展时，政府分出了以下几个重点区域：里斯本、阿连特茹、中部、北部、马德拉群岛以及阿尔加维。在针对各区域的不同特色制订了个性化的发展方案的同时，也在尝试把各区域成功的模式复制到其他地区，扩大受益范围。例如将把阿尔加维地区的自行车和步行试点专案扩大到全国旅游城市范围内，在法蒂玛、圣地亚哥之路也加强徒步路线规划。由于沿海城市历来是葡萄牙旅游业的重心，故在未来的十年计划中，政府将促进内陆湖泊、水域、河流、水库、泉水和水疗中心的发展，振兴内陆村庄旅游业，推广历史村庄和葡萄酒村庄等专题资源。

此外，政府还致力于提高旅游人员的资历，将从事旅游业的学业背景是中学及中学以上水准的人数从 30% 增长至 60%。

而在对全球市场进行逐一分析后，政府将中国、美国和印度纳入重点市场；维持西班牙、德国、英国、法国、巴西、荷兰、爱尔兰、斯堪的纳维亚半岛现有市场稳定增长；意大利、比利时、瑞士、奥地利、波兰、俄罗斯和加拿大被列为具有增长潜力的市场；而日本、澳大利亚、新加坡、韩国、印度、以色列和阿拉伯半岛国家则是选择性开发市场。

这一战略的发布为葡萄牙旅游业提供了 10 年内的战略框架，以确保国家旅游业稳定的可持续性发展，促进各相关部门政策的整合，保障全国的自然和人文资源得到充分合理的利用，创造就业岗位，提高国内生产总值。

在上文中曾提到葡萄牙旅游业的几个重要特征，包括淡旺季明显、游客来源集中、旅游产品单一等。针对其中阻碍旅游可持续发展的挑战，葡萄牙旅游界也采取多种方式来应对。葡萄牙旅游局通过加强对旅游产品的设计和引导，通过资金支持等方式鼓励旅游企业设计出多样化的旅游产品，来满足游客不同季节的需求。为吸引更多的游客，葡萄牙旅游局每年支持和赞助 50 项能提升国家形象和亮点的重大活动，如葡萄牙高尔夫大师赛、网球公开赛等，并加大对新兴市场的推介力度。同时，加强对从业人员和培训，以及对旅游产品品质的监管，力争为游客提供更加优质的服务。

四、展望发展趋势

在葡萄牙整体经济不振的状况下，出口是支撑国家 GDP 增长的主要力量，而旅游业更是其中的中坚力量。同时，旅游的增长还会带动交通、资讯、建筑等其他第三产业的发展和增长，可以成为带动葡萄牙经济走出债务危机的一条重要出路。而在目前政治稳定，经济复苏的大背景下，旅游业的发展也将迎来新的高峰。

从大环境来看，全球旅游市场都呈现上升态势，全球旅游收入连年增长。虽然从游客人数来看，欧洲 2% 的增长率远不如亚太地区的 9% 或非洲地区的 8%，但考虑到欧洲已经是非常成熟的旅游目的地，游客人数占市场份额的 50%，这个数据并不值得引起担忧。

欧盟将其成员国作为一个整体进行旅游推广，这对葡萄牙来说是个扩大国际市场的绝佳机会。葡萄牙由于其自身体量小，位置偏，期望成为国际游客前往欧洲旅游的唯一目的地有一定的难度。但如果与邻国一同整合旅游资源，同时突出自身特色，将自然资源与人文资源全面系统的开发，将增强葡萄牙在世界旅游市场上的竞争力。

在欧洲总体增长水准偏缓的情况下，葡萄牙的游客人数增长率高达 13%，反映了葡萄牙仍然有很大的开发潜力。《葡萄牙 2027 年度国家旅游战略计划》的发布，体现出葡萄牙政府对旅游产业的重视以及对其清晰的目标及规划。对于目前旅游发展中的薄弱环节，提出了有针对性的措施，致力于打造多样化的旅游产品，开发内陆地区旅游资源，增强对各个目标市场的推广力度。

然而，这些措施的实施效果是否能够达到预期现在还有很大的不确定性，主要原因有：

葡萄牙国家形象固化。阳光和沙滩是葡萄牙的名片，也是葡萄牙旅游业目前最大的竞争优势。但也正是这优势阻碍了葡萄牙的进一步多样化发展。十年时间是否能够改变这一固有印象，增加更多的记忆点是一项艰巨的挑战。

市场竞争大。全球旅游业的持续增长既反映出上升的市场需求，但同时也意味着更加激烈的市场竞争。尤其对比其他区域具有相似卖点的国家（如亚洲地区，泰国就可以满足"阳光、沙滩"的需求），在价格、距离都不占优势的情况下，如何吸引远距离游客是一个关键性问题。

时间跨度长。十年计划虽然有着更全面的大局观，但相对而言也包含了更多的不确定因素。国内的财政情况、政治变动，乃至全球趋势的变化都会影响到措施的实际落实。

综上所述，根据目前实际数据分析，葡萄牙旅游业确实处在一个上升期，且未来前景良好，有较大的发展空间。但同时也应看到隐含的风险。毕竟旅游业作为一个综合性产业，其最终呈现出来的结果并非靠单一的力量便能掌控的。

参考文献

［1］http：//www. mofcom. gov. cn/aarticle/i/dxfw/jlyd/201202/20120207949026. html.
《葡萄牙旅游产业现状及发展前景》中国驻葡萄牙大使馆经商参处，2012 年 2 月 3 日。

［2］［4］http：//estrategia. turismodeportugal. pt/.
《葡萄牙 2027 年度国家旅游战略计划》官方网站。

［3］http：//estrategia. turismodeportugal. pt/sites/default/files/Estrategia_Turismo_2027_TdP. pdf? nsukey = m% 2FB% 2BopC1XIHwblzv4OL3ksyMYC4kpSHoDq% 2FB% 2BuwtlCFI4Uei1b0UQ1TJDn73uo 59% 2B2qf68% 2BHYpaRVDbLcie0M3UP2gOO35nPJ85KCnaRLiBfCRs1rwsDWmIBlM1y8vZvwEQjZH% 2Byl-XExc62u5lsnijhmCss00% 2F0tl8A4ujKtov% 2F22DC88KLaR6EHrB5PU2Fi.

［5］http：//www. etc – corporate. org/reports/european – tourism – 2017 – trends – and – prospects – (q2 – 2017)《2017 欧洲旅游趋势与预测（2017 年第二季度）》。
EUROPEAN TOURISM 2017 – TRENDS & PROSPECTS（Q2/2017）.

经济变迁下的葡萄牙劳动就业
政策与人力资源发展

宋雅楠　　左　洋*

摘　要： 劳动就业问题是制约经济发展的重要因素，为了适应社会和经济的不断变化，走出欧债危机的影响，葡萄牙劳动就业政策进行了不断的改革。本文通过对葡萄牙就业政策的历史变迁和现状进行分析，重点介绍了其不断变化的政策对于葡萄牙人力资源发展和赴葡投资企业的可能影响，以及如何应对从而保持葡萄牙的国际竞争性和经济增长。

关键词： 葡萄牙　劳动就业政策　劳动法

一、背景

葡萄牙共和国（The Portuguese Republic）是欧洲古国之一，于 1986 年加入欧共体。1999 年成为首批加入欧元国家之一。欧盟自 1993 年正式成立以来，其主要的目标就是建立欧洲统一货币制度和实行严格的金融政策，来建设欧洲真正的经济共同体。葡萄牙在拥有欧盟背景后，经济得到了更快发展。

随着经济变迁和劳动就业政策的不断变化，葡萄牙吸引越来越多的投资者前来投资。从投资环境的吸引力角度，葡萄牙的竞争优势包括基础设施完善、社会治安良好、政治稳定等方面。同时，近几年经济逐渐开始复苏，市场潜力巨大和市场化程度高、地理位置优越、可辐射欧洲和非洲国家市场，以及工资成本低于其他欧盟成员国、贸易和投资风险较低等也吸引了大批投资。

---

* 宋雅楠，澳门科技大学商学院副教授。研究方向为国际贸易与投资、中葡经贸关系等。
左洋，澳门科技大学商学院硕士研究生。

　　葡萄牙政府鼓励外国直接投资，根据欧盟规定，无论是购买产品或服务，其成员国不得限制外国资本自由流动。葡萄牙投资贸易促进局是主管外国投资的政府部门，负责投资规模在 2 500 万欧元以上项目，限额以下项目则由葡萄牙中小企业局负责，该部门制定了诸多鼓励政策并积极协助外国企业到葡萄牙投资，只要投资能带来技术创新、技术进步、提高劳动力水平和带动区域经济发展，都能够得到支持。

　　葡萄牙政府对于外来投资还给予了保证，保证外来投资企业和葡萄牙本国企业享受同等权利，并规定对外来投资不得予以歧视。政府还保证外来投资的安全并对其财产和权力予以保护，并保证其享受国民待遇。对于外国投资者享受葡萄牙法律规定的一切财政及税收优惠，以及对股息、利润、分红、资金收益、出售投资资本所获得的收入汇出给予保证。

　　因此，在欧盟背景下和在葡萄牙政府的支持和政策的保证下，更是吸引了越来越多的投资者。然而，近年来随着葡萄牙劳动就业政策的不断变化、最低工资水平的提高等，让外来的投资者进行了更加谨慎和顾虑的选择。

二、葡萄牙劳动就业政策

　　所谓劳动就业政策，就是指一国或地区政府为有效调节劳动存量，合理配置劳动力资源，使之适应产业结构的变化，促进经济发展而制定的具有相关性的系列政策，主要包括：就业政策、医疗保险政策、个人所得税政策、劳动报酬政策、教育培训政策以及其他政策。劳动就业政策是建立在经济和社会文化的基础之上，因此葡萄牙的劳动就业和人力资源发展同社会经济变迁分不开。

　　葡萄牙有关劳工政策和规定非常繁复，在《劳动法典》《劳动诉讼法典》《民事法典》《刑事法典》《共和国宪法》和其他一些法律法规均有严格、细致、系统的相关规定，奠定了葡萄牙劳工政策的基础。葡萄牙劳动团结和社会保障部下属的就业和劳动关系总司是葡萄牙政府劳工事务的主管机构。《劳动法典》是葡萄牙劳动就业方面总的法律。为了增强葡萄牙企业在国际市场的竞争力，葡萄牙政府在近年来对于《劳动法典》及其规定进行了持续修订。经历了 20 多年的立法改革，目前的葡萄牙劳动就业体系更加灵活。

　　（一）劳动就业政策的历史变迁和现状

　　2003 年，葡萄牙对《劳动法典》及其规定进行了修改，该法是葡萄牙规范就业合同和雇佣者权益的唯一法律，系统诠释了劳资关系，有效平衡了劳资双方利益。该部法律根据当时的国际经济形势，为适应新型企业模式，对以往法规作了必要的修改和更新。

2008 年，葡萄牙对劳工政策再次进行了大幅修订，并于 2009 年开始实施。2009 年，葡萄牙财政赤字占 GDP 的比重也上升到了 9.4%，主权债务总额达到了 GDP 的 76.6%。葡萄牙追求社会保障与经济发展之间的平衡，社会保障支出与经济增长率挂钩，2008 版劳工政策实施之前社会保障收入高、支出低，实现了大量盈余。国际金融危机爆发后很多人失业，社保支出增加，收入减少，但这一体系仍能维持下去。

但是作为欧元区的重债国，2011 年 5 月，葡萄牙政府与国际货币基金组织、欧盟和欧洲央行（即"三驾马车"）签署了经济和金融政策谅解备忘录。在此框架下，葡萄牙颁布了一系列修改法规，以拯救其国内千疮百孔的经济。根据援助协议规定的条件，葡萄牙需实施更大幅度的财政紧缩和结构性改革，包括削减预算、放宽对劳动法的限制、进行劳工改革等，以完成减赤目标、换取 780 亿欧元的贷款援助，其中就包括劳工政策。

2012 年 5 月 11 日，新版劳工政策在执政党的力挺之下获得国会通过，并在总统签署后于 8 月 1 日正式生效（部分条款从 2013 年开始实施）。该法案重点对劳动法中的工时制及解雇方面做出了修改，同时还取消了一些节假日。

为了保障本地劳工的就业权利，以及为了降低企业的劳工成本，使葡萄牙经济更具有活力。在保障就业权利方面，葡萄牙 2012 年颁布的新劳工政策规定，每天最多加班 2 小时，每年的加班时间最长不得超过 150 个小时。为降低企业劳工成本，新劳动法还规定加班补偿费用减半，超时加班的工人不再拥有补休的权利。新法还自 2013 年起取消 4 个节假日和 3 天带薪年休假。

同时根据 2012 版劳工政策，企业辞退员工变得更加容易，当不再需要某一岗位或雇员无法适应新的工作条件时，雇主都可以解雇员工。此规定也引起了工会组织及左翼政党的极大不满。原有劳动劳工政策规定，当雇主以工作岗位减少为由辞退员工时，必须考虑到员工的工龄，工龄越短的越先被辞退，新劳动法则不再将工龄作为考虑标准。如果工作岗位已经被取消，雇主也不再需要先尝试安排其他工作岗位后再辞退员工。此外，如果员工无法适应或不具备岗位要求的改变，也将允许雇主合法解雇员工。除此之外，自 2012 年 11 月起，法律还允许减少解雇补偿费用，被遣散员工每工作一年只需赔偿其 20 天的薪水。这一举措赋予了企业更多的自主性，使企业可以更加灵活的安排调动人员。

对于 2012 版劳工政策的改革，葡萄牙法院作出了违宪裁决。葡萄牙的劳动法改革是欧元区外围国家最引人注目的改革之一。这项法案也被葡萄牙政府视为实现减赤目标的重要措施之一，因为该法案对削减支出可能有中长期的结构性影响。不仅如此，2012版劳工政策还引起了葡萄牙工会组织的巨大不满。工会组织认为，新的劳动法削减了许多福利措施，例如削减了加班工资、减少了公共假日、取消了满勤员工的额外带薪假期等。此外还使得雇主更容易裁退工人并且减少了给予工人的赔偿。工会组织称这是葡萄牙自1974年民主化以来对工人"最苛刻的一次打击"。然而，葡萄牙政府认为，该法案将给劳动力市场带来更多灵活性，有利于减赤目标的实现。

除了工会组织外，葡萄牙左翼政党也对2012版劳工政策持负面看法，社会党在议会审议时就曾多次提出反对意见，表示将通过法律途径阻止紧缩措施的实行。在2012年7月，宪法法院正式受理了左翼政党递交的诉状。2013年9月26日，宪法法院正式裁决，认定2012版劳工政策中规定的数条旨在简化解雇程序的措施存在违宪情况。宪法法院发言人对此解释说，法院的裁决主要涉及新劳动法中关于解雇的条款，即允许企业以不适合工作岗位为由解雇员工。法院认为，雇主应该先核实将被解雇的员工有何技术专长，是否适合其他工作，再做出是否解雇的决定。

葡萄牙宪法法院还多次对政府的财政紧缩措施给予反对，如曾于2013年4月否决了2013年预算案中的多项紧缩措施，给政府财政留下了13亿欧元的资金缺口，8月底又裁定一项解雇公务员的法律草案有违宪法。

因此，葡萄牙宪法法院针对2012版劳工政策做出的违宪裁定引发了各方担忧，加剧了葡萄牙政局的动荡。投资者更担心这预示着宪法法庭可能驳回更多的紧缩措施。的确，对于葡萄牙政府来说，必须找到替代性措施，弥补遭否决的措施，否则将损害葡萄牙政府在国际债权人及投资者中的公信力、给该国减赤目标的实现增加更多不确定性。而这种不确定性也会影响外来投资者对于葡萄牙的进一步投资。

但葡萄牙对于旨在提升本国竞争力的劳动法规的修订始终在不断争议中进行。2017年12月7日正式通过了相关草案，于2018年将最低工资标准提升至580欧元。提高最低工资水平是加快经济增长动力之一，并且有助于消除葡萄牙国内不平等现象，提升葡萄牙吸引人才在本国就业。

（二）葡萄牙劳动就业政策比较

如若拿葡萄牙与其他欧盟国家劳动就业政策进行比较，葡萄牙每月最低工资530欧元，是法国最低月工资的一半，但是相比较于欧洲其他国家如希腊和波兰，葡萄牙月最低工资介于两者平均水平。在欧盟区内具备一定的竞争优势（见表1）。

表 1　　　　　　　　　　　　葡萄牙与部分国家劳动就业政策比较

	每月最低工资标准	工作时长	劳动合同
葡萄牙	530 欧元（2016 年开始实施）	每周的工作时长为 40 小时	期限、兼职、间歇、远程、临时、偶然性劳务合同
法国	月最低毛工资为 1 370.99 欧元	每周 39 小时	长期合同、不定期合同、非全日制劳动合同
瑞士	法律的最低工资以上，通过协商完成	每周 40～44 小时	雇佣协议
希腊	月最低工资 683.76 欧元	每周不超过 40 小时	固定期限劳动合同、无固定期限劳动合同
波兰	计时制、计件制、时间＋奖金制和混合制，月最低工资 473.27 欧元	每周不超过 42 小时	试用期、定期和无限期合同
巴西	545 雷亚尔	每周 44 小时	个人劳工合同和集体劳工合同
中国	工资不得低于当地最低工资标准	每周不超过 44 小时	劳动合同的期限分为有固定期限、无固定期限和以完成一定的工作为期限

资料来源：中国领事服务网。

另外，葡萄牙每周工作时长是 40 小时，达到欧盟国家的平均周工作时长，并且是低于巴西和中国要求的每周工作时长的。葡萄牙劳动合同类型多样化，包含固定合同、非固定合同以及极短期限合同。通过以上比较，可以看到葡萄牙目前的劳动就业政策不算是苛刻的，对于外来投资者来说，发放月最低工资标准低、雇佣合同类型多样且灵活，也利于投资者前来投资。

三、葡萄牙劳动就业法规的特征

（一）葡萄牙劳动就业法核心内容

在面对 2010 年欧债危机，葡萄牙把促进就业作为了优先政策目标，从而采取了一系列稳定措施来促进就业，很大程度上缓解了危机的冲击并且对于促进就业起了积极作用。

而就业问题是一个综合性的社会问题，葡萄牙在解决就业问题的过程中，注重依托地方执行机构，发动三方的力量，来调动社会伙伴的积极性。对于社会经济发展模式的确定，政府要和雇主以及工会商谈，由三方共同商议决定。

（二）工会对劳动就业政策的影响

1. 工会组织

葡萄牙的《工会法》把工会界定为"劳动者为维护和促进其社会职业利益的常设性协会"，并对其权利、职责作了明确规定："为了维护和促进其社会职业利益，必须保障劳动模范者参加工会的权利""工会协会有责任维护和促进其所代表的劳动者的权利和社会职业利益"。

葡萄牙工会组织比较活跃，目前，葡萄牙有较大影响力的全国性工会组织有两个，包括葡萄牙总工会（CGTP）和葡萄牙劳动联盟（UGT），总部都设在里斯本。CGTP受葡萄牙共产党影响较大，拥有会员约100万人，UGT受葡社会党、社民党影响较大，拥有会员近50万人。

葡萄牙主要的行业工会有葡萄牙教师工会、葡萄牙公务员工会、葡萄牙农业工会协会、葡萄牙企业家协会、葡萄牙冶金工人工会等。

2. 工会的影响力

在不断修订的劳动法中，加班时间的增长、加班补偿费用的减半以及取消超时加班工人的补休权利等举措，引起了工会的不满，使得工会号召工人举行大罢工。例如，2012年10月初，葡萄牙铁路工人就曾举行集体罢工，抗议当局修改劳动法，削减了加班工资。葡萄牙法律明确规定，葡萄牙相关政策的落实需要政府、雇主和工会共同商谈来决定。由此可以看到葡萄牙工会组织代表劳工，参与促进就业，维护劳工利益。其组织力量强大，工会组织遍及全国，同时工会对国家政治、经济和社会运行产生重要影响。

四、劳动就业政策对于人力资源发展的影响

（一）葡萄牙人力资源发展和现状

本文采用从业人员平均受教育年限①这个指标来分析葡萄牙人力资本的变化

---

① 平均受教育年限法，即人力资本总存量和从业人口总数的比值。

过程。在 1960～2001 年，葡萄牙的教育制度经历了几次修改。一个重要的变化是在 1978 年大学预科年引入了 12 年的学校教育，即进入大学前必须要接受 12 年教育。葡萄牙实行的是 12 年免费义务教育，即小学 6 年，初中 9 年，高中 12 年。考虑到在高等教育中还有技术职业教育即定为 15 年，其他高等教育大学及以上定为 17 年。那么人力资本总存量等于各级受教育年限和各级从业人口的乘积之和。

表 2   葡萄牙就业人口受教育程度   单位：千人

年份	总数	文盲	小学	初中	高中	大专	大学及以上	平均受教育年限
1998	8 453.0	1 613.5	2 898.6	1 366.1	1 185.0	871.9	518.0	7.97
1999	8 520.6	1 621.7	2 854.0	1 394.4	1 196.5	912.5	541.6	8.04
2000	8 608.6	1 549.6	2 865.1	1 430.0	1 241.2	966.1	556.7	8.18
2001	8 687.4	1 511.6	2 864.3	1 424.9	1 285.0	1 013.2	588.4	8.30
2002	8 741.0	1 451.8	2 892.5	1 419.4	1 349.1	1 019.0	609.3	8.40
2003	8 779.6	1 387.6	2 829.5	1 408.5	1 365.3	1 081.5	707.3	8.62
2004	8 805.8	1 256.2	2 766.6	1 400.8	1 433.0	1 132.9	816.4	8.92
2005	8 828.0	1 202.7	2 742.4	1 386.7	1 473.3	1 188.6	834.2	9.04
2006	8 859.8	1 151.5	2 700.2	1 399.4	1 499.8	1 222.6	886.2	9.18
2007	8 893.0	1 115.7	2 678.2	1 433.1	1 532.9	1 222.4	910.8	9.25
2008	8 921.5	1 066.7	2 664.1	1 355.9	1 656.1	1 224.8	953.9	9.38
2009	8 941.2	986.6	2 635.3	1 297.4	1 732.4	1 295.6	994.0	9.57
2010	8 965.4	949.8	2 583.0	1 258.3	1 738.5	1 380.6	1 055.2	9.74
2011	8 970.5	981.3	2 332.5	1 153.7	1 841.8	1 475.1	1 186.1	10.01
2012	8 947.5	906.0	2 270.0	1 104.7	1 821.7	1 564.7	1 280.3	10.23
2013	8 911.9	843.7	2 191.5	1 059.2	1 830.8	1 650.5	1 336.2	10.43
2014	8 883.4	788.5	2 117.5	996.0	1 817.0	1 702.3	1 462.1	10.65
2015	8 866.2	738.9	2 080.2	963.8	1 800.5	1 763.6	1 519.2	10.80
2016	8 858.7	695.7	2 020.2	950.3	1 810.7	1 805.3	1 576.5	10.95
2017	8 853.2	646.7	1 986.7	944.9	1 805.2	1 865.6	1 604.2	11.07

资料来源：欧盟统计局。

从统计数据中可以看到，1998 年时葡萄牙文盲人口和小学程度人口超过总从业人口数的一半，就业人口普遍受教育程度偏低。到 2008 年时，葡萄牙文盲人数占总从业人数的 11.96%，小学文化程度人口占 29.86%，初中人口占 15.2%，高中和大专人口占 32.29%，大学及以上学历人口占总就业人数的 10.7%，相较于 1998 年得到了很大改善。其中文盲人数大幅度减少，高中和大专人口，以及大学及以上受教育程度人口都大幅度的增加。2008 年的平均受教育年限也增加到 9.38 年，受教育水平的众数已经从小学转至初中。

从最新数据表明 2017 年的就业人口中，文盲人数 64.67 万人比 2008 年大幅度减少，减幅达 39.37%。其就业人口受教育程度大大的提高，高中和大专人数占就业人口总数 41.46%，相比 2008 年增加了 9.17%。大学及以上的高学历人口更是达到了占就业人口总数的 18.12%。平均受教育年限已经从 2008 年的 9.38 年增加到了 11.07 年。

由图 1 可以看出，葡萄牙教育支出高于 OECD 组织中其他国家教育占国内生产总值的平均水平，英国的教育投资占本国 GDP 的最高，接着是新西兰、丹麦、

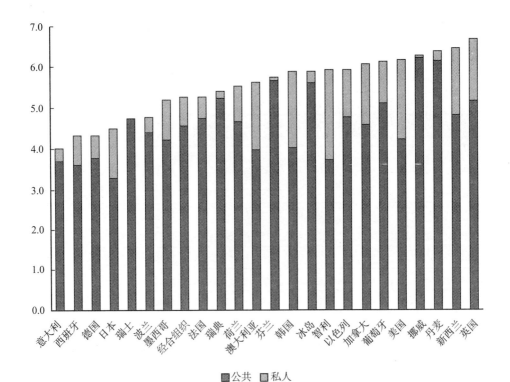

图 1　2013 年葡萄牙和欧洲其他国家教育支出占 GDP 的百分比

资料来源：OECD Education at a Glance 2016；OECD Indicators.

挪威和美国。越是发达国家对于教育的投资力度越大，葡萄牙在教育上的投资仅次于以上国家，这说明教育在经济的发展中越来越受到了重视，这与葡萄牙近年经济得到复苏恢复增长有着密不可分的关系。

　　劳动成本指数是反映劳动力成本变动情况的指标。葡萄牙在欧盟统计局2003～2016 年的劳动成本指数总体上是呈波动趋势。由图 2 可以看到，其劳动成本在2003 年从平均94.05 到 2009 年的 110.25 大幅度的上升，从 2010 年开始逐渐地下降至 2012 年为 100，到 2016 年为 104.8。劳动成本的变化与劳动相关的工资、薪金以及福利待遇息息相关。当劳动成本降低，更能够吸引外来投资者来葡萄牙进行投资计划。但是葡萄牙的情况也有所不同，欧债危机后因为丧失就业机会以及工资过低，大批劳动力离开葡萄牙。近年来，葡萄牙政府为了吸引劳动力到葡萄牙就业解决人力资本不足的问题，每年也在逐步增加最低工资标准，从而使得劳动成本增加。

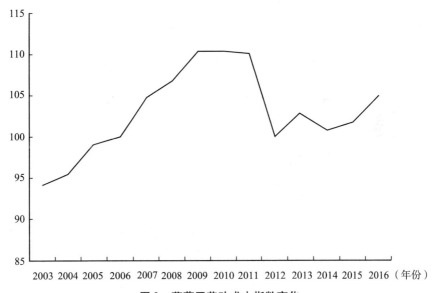

图 2　葡萄牙劳动成本指数变化

资料来源：欧盟统计局。

（二）葡萄牙人力资源特征

1. 薪酬管理模式传统，年薪固定

葡萄牙在传统的组织结构和社会形态下产生的一大问题是过于传统的薪酬管

理模式，每月固定发放工资，员工按时领取工资，缺乏绩效的激励，与中国等经济快速发展国家的情况形成鲜明对比。

尤其在欧债危机时期，葡萄牙政府还利用增加供职时数、削减失业救助、抗疾病保险以及教育领域的开支等方法削减开支。并且把个人所得税体系从原来的8级精简为5级，仅个人所得税一项，就为葡萄牙政府增收28亿欧元。其中从最低级别的税率11.5%升至14.5%，最高级别的税率从46%升至48%。葡萄牙政府同时还提高了房产税、机动车税和燃油税的税率。

葡萄牙政府在民生问题上的以上举措使民众生活水平降低，在民众的心中的积怨也愈陷愈深，于是产生了之后的大规模罢工期望提高待遇的活动。而目前的葡萄牙，也在不断通过改革，使本国的薪酬制度更具灵活性，以符合经济发展的需求。

2. 本国人才的基础上雇佣外部人才

在葡萄牙生活，条条框框随处可见。在葡萄牙办同一件事儿，不同的工作人员要求的不一样。不管有多少人排队，不管你是多么急切地想要当天解决这件事，他们的工作人员该聊天仍旧聊天，该喝咖啡依旧悠闲地喝着咖啡，今天办不了没有关系，明天再来排队继续办理。这种思想观念环境下，没有了时间观念和竞争带来的压力，使葡萄牙变成了走在经济发展高速路上的一位步履蹒跚的老人。

由于国内人力资源短缺，葡萄牙对于现有国家发展大多雇佣的是发展中国家的人才。加之葡萄牙非欧盟内的核心国家，因此南欧小国葡萄牙的生活比较平静，竞争也不太激烈。留下来的本国居民看好眼前的工作。

虽然葡萄牙在人力资本发展问题上存在诸多的问题，但根据《2017年全球人才竞争力》报告，葡萄牙位列第31名，这说明葡萄牙对现有国家的内部发展问题已经有了灵敏的反应举措。在未来的就业中，专业技能、适应性和合作精神是成功的关键，拥有较高的人才竞争力是当今发达国家的共性，这样才可以更好地适应经济发展的较高要求，拥有更灵活的就业政策和更紧密的政企合作。

3. 注重发展培训，促进就业

在2008年后的欧债危机时，葡萄牙同样受到了冲击，20万人失去了工作岗位。葡萄牙政府通过调查发现，失业的20万人大多都是缺少技能和培训，失去的岗位也都大多是低端的缺少技术含量的岗位。针对这种情况，葡萄牙政府开展了大规模的培训计划，希望通过培训提高劳动者的素质，使更多人进入劳动力市场。在实施培训计划的过程中，尤其注重对于青年人的培训。

葡萄牙政府加大了对于培训的投入力度，通过增加财政支出给予了资金保障，对于人力资本进行投资，对于劳动力进行重新教育和培训。开发就业技能培训项目，把不熟练的工人培训成有一定技术熟练程度的工人，把失业者培训成能够满足企业需求的劳动者。通过提高人们技术能力来缓解失业问题。葡萄牙2008年一年用于职业培训计划实施的资金达 2.35 亿欧元，2009 年增加到 2.79 亿欧元，增幅为 19%。

五、总结与启示

随着不断革新的劳动就业政策，葡萄牙传统的薪酬管理模式不断的改革，以及在保持本国国内人力资源竞争力的基础上，雇用外部人才来提高国际人才竞争力等，葡萄牙国内经济水平得到了提高，葡萄牙劳动力也开始进入了平缓的上升期。此外，葡萄牙政府对于劳动力培训进行投资，给予大量的资金支持，制定培训政策，使职业培训更加贴近企业和社会实际需要。这些举措都使葡萄牙失业率得到了缓解。

劳动就业政策的改革是葡萄牙为保持国际竞争性和经济增长的关键因素。在这种经济、人才形势的大发展下，葡萄牙必须有对现有"本国竞争"的大环境进行改变，需要新鲜的血液来冲击现有葡萄牙人民的价值观和规范，对现有国家组织文化开拓崭新而大胆的视野。通过对全球高新人才的引进，对优秀技术和管理专家的引进，给现有国民带来了一种无形的压力，使他们产生危机意识，激发其斗志和潜能，从而产生"鲶鱼效应"。

在就业政策得到了有效实行的同时，要保持就业政策的连续性，根据不断变化的国际环境和金融环境做出相应的完善来建立长效机制，保持政策的实施效果。目前的葡萄牙通过确保足够的最低工资以保障就业机会和就业动机，并且不断地提醒外来投资者注意葡萄牙的具体情况。而根据葡萄牙国家统计局公布的最新数据显示，葡萄牙的就业复苏继续保持着良好的势头，2017 年第三季度的就业率与 2016 年同期相比上涨了 3%，就业岗位的增长率也达到了 5.3%。最低工资以及政府鼓励外来投资的良好政策，对于中国企业以及其他外国企业来说在葡萄牙的投资可以进一步进行关注。

参考文献

[1] 余建年：《社会经济变迁中的欧盟劳动就业政策》，载于《武汉大学学报》（社会科

学版）2001年第54卷。

　　［2］钟瑞：《瑞士、德国、法国人力资源管理的做法及启示》，载于《党建研究内参》2005年第6期。

　　［3］李建民、王金营：《人才资源在经济增长中的作用研究》，载于《人口与经济》1999年第5期。

　　［4］田永坡：《德国人力资源和社会保障管理体制现状及改革趋势》，载于《行政管理改革》2010年4月。

　　［5］吴冠峰：《浅析德国人力资源开发管理的特色》，载于《经济师》2000年第11期。

　　［6］乌云其其格：《美国、日本、欧盟、澳大利亚科技人力资源建设动态与趋势》，载于《中国科技论坛》2010年第6期。

　　［7］运东来：《葡萄牙就业与培训考察报告》，载于《中国就业》2010年9月。

　　［8］王海峰、陈寒鸣：《工会法与中西文化异同浅析》，载于《工会理论与实践》2002年第16卷第3期。

葡萄牙消费市场现状分析及展望

秦　垚[*]

摘　要： 葡萄牙过去三十年经历了巨大的经济变化，2008年全球经济危机和随之而来的欧债危机给葡萄牙经济造成了严重打击，全国上下的紧缩措施迫使葡萄牙全国公民和企业都为了更美好的未来而作出许多牺牲。庆幸的是，最近3年的指标预测指出葡萄牙可能开始恢复到可持续的经济增长。本文主要分析了葡萄牙消费市场的整体情况，包括葡萄牙消费市场的人口特征、消费者信心指数、消费者购买力平价指数、消费者购买行为特征、消费市场的传播手段等，并在此基础上综合分析了葡萄牙消费市场的未来发展前景和机遇。

关键词： 葡萄牙　消费市场　消费行为　市场机遇

一、葡萄牙背景概述

葡萄牙是现代工业化和农业化的发达国家，农业中栽种橙和葡萄最享负盛名。工业方面则有金属提炼、化工、石油等。葡萄牙使用葡萄牙语，是全世界葡萄牙语国家的母国。葡萄牙乃天主教国家，81％的人信奉天主教。葡萄牙的人口大部分来自地中海种族后裔，同时还包括小部分亚裔及非洲裔的近现代移民。葡萄牙货币目前使用欧元，是欧元创始成员之一。作为欧盟和欧元区的一员，它与欧盟完全融合，并遵循欧盟委员会在布鲁塞尔的指示。与所有欧盟国家一样，葡萄牙的边境和港口完全开放与其他欧盟成员的自由贸易。葡萄牙拥有一个政治稳定的环境，拥有民主选举产生的议会政府，并欢迎外国企业和投资。

从2008年起，葡萄牙陷入债务危机。2011年是葡萄牙债务高峰期，并最终

---

[*] 秦垚，澳门科技大学商学院助理教授。研究方向为品牌管理、消费者行为。

引发政治危机。但从 2014 年起，葡萄牙从欧元区债务危机中逐渐恢复，各项指针显示葡萄牙在欧元区政府和国际货币基金组织纾困后出现了好转，失业率已达到 8 年来的最低水平。伴随着债务危机的逐渐解除，近年来葡萄牙的市场经济状况逐渐复苏，并在 2014～2016 年的欧洲失业率仍然高的情况下降低了葡萄牙失业率。

葡萄牙现时社会稳定，国家实施的结构性改革提供了独特的条件支持葡萄牙消费市场多样化建设，同时创造了一种利于外国投资的经济监管环境。本文主要分析了葡萄牙消费市场的整体情况，具体包括葡萄牙消费市场的人口统计特征、消费者信心指数、消费者购买力平价指数、消费者购买行为特征、消费市场的传播手段等，并在此基础上综合分析了葡萄牙消费市场的未来发展前景和机遇。

二、葡萄牙消费人口统计信息

（一）葡萄牙人口概况

葡萄牙 2016 年人口数量为 1 030 万左右，人口密度为 113 人/平方公里，都市人口比例 64%，大多数居住于大里斯本和大波尔图地区。葡萄牙居民年龄的中位数约为 39 岁，总人口的平均寿命约为 78 岁，其中男性约为 77 岁，女性约为 83 岁。根据欧盟统计局公布的资料，葡萄牙出生人口近年来持续下降，2013 年的出生人口仅为 1.21 人，15 岁以下的人口占 10.3%，基本为欧洲最低。预计到 2030 年，葡萄牙的人口将下降到 990 万人，比 2016 年下降 4.4%。与此同时，近些年来葡萄牙净移民的持续负增长加剧了人口数量下滑这一负面趋势。人口问题是葡萄牙当前急需解决的严重问题。如果人口问题没有改善，葡萄牙的低生育率及人口老化不利于经济长远发展，同时对国家的年金、健保和长者照护制度将带来沉重负担（见表 1～表 3）。

表 1   葡萄牙人口平均寿命

总人口数量	10 309 573
都市人口比例	64.0%
乡镇人口比例	36.0%

人口密度	113 Inhab. /km^2
男性比例	48.3%
女性比例	52.7%
人口增长率	−0.32%
年龄中位数	39 岁
男性平均寿命	76.1 岁
女性平均寿命	82.6 岁

资料来源：葡萄牙国家统计局 2016 年数据，https：//www. ine. pt/xportal/xmain? xpgid = ine_main&xpid = INE&xlang = en。

表 2	葡萄牙人口年龄分布比例	单位：%
<5 岁	4.9	
6 ~ 14 周岁	10.3	
15 ~ 24 周岁	10.9	
25 ~ 69 周岁	61.0	
>70 周岁	12.9	
>80 周岁	4.5	

资料来源：世界银行 2015 年数据，http：//databank. worldbank. org/data/home. aspx。

表 3	葡萄牙家庭人口构成比例
总家庭单位数量	4 百万
平均每户家庭人口数量	3 人
1 户人口家庭占比	21.4%
2 户人口家庭占比	31.6%
3 ~ 4 户人口家庭占比	40.5%
5 户及以上人口数家庭占比	6.5%

资料来源：联合国 2013 年数据，http：//data. un. org/Data. aspx? d = POP&f = tableCode：50#_blank。

（二）葡萄牙家庭消费支出状况

世界银行 2015 年调查结果显示，葡萄牙家庭年平均消费近 3 年来持续增长

（见表4）。2016 年全国家庭消费达到 151 330 百万美元。总体而言，家庭支出中，住房、食品和交通三个主要组成部分占了 2016 年家庭平均消费支出约 60%。2015～2016 年，葡萄牙经济整体表现的改善支撑了该国人均可支配收入和消费支出的增长。尽管如此，葡萄牙家庭对消费仍持谨慎态度，而日益加剧的不平等继续推动低收入阶层的扩大（见表5）。

表4 葡萄牙家庭消费支出

家庭消费财务支出	2014 年	2015 年	2016 年
家庭最终消费支出（百万美元，固定价格 2 000）	144 303	147 983	151 330
家庭最终消费支出增长率（年增长百分比）	2.3	2.6	2.3
家庭人均最终消费支出（百万美元，固定价格 2 000）	13 874	14 287	14 657
家庭最终消费支出 GDP 占比（% of GDP）	65.9	65.6	65.8

资料来源：世界银行 2015，http：//databank. worldbank. org/data/home. aspx。

除此之外，葡萄牙人口的减少和老龄化，以及生活方式的改变将会影响该国长期的收入和消费趋势。目前，里斯本地区（包括该国的首都里斯本）占整个消费总支出的最大份额，里斯本地区也将是在葡萄牙增长最快的市场。除此之外，里斯本地区连同阿尔加维（重要旅游部门）和马德拉群岛（经济自由贸易区）的收入和消费支出均高于全国平均水平。

表5 葡萄牙家庭消费支出类别 单位：%

消费支出按类别划分占比（占总消费支出百分比）	2015 年
住房、水、电力、天然气及其他能源	24.2
食物及非酒精类饮料	18.9
交通运输	10.0
文化娱乐	7.7
精类饮品、烟草、麻醉制品	6.5
家具、家电、房屋日常维修	4.5
健康	4.4
服饰箱包鞋袜	4.2
传播工具	2.9
餐厅酒店	2.8
教育	1.2

资料来源：世界银行 2015，http：//databank. worldbank. org/data/home. aspx。

三、葡萄牙居民消费情况

（一）消费者购买特征

在购买决策方面，葡萄牙消费者会根据产品属性来进行平衡消费①。对于具有高社交属性的产品类别（例如，服装、箱包、配饰等），葡萄牙消费者一般倾向于购买品牌型产品。对于反复使用的功能性生活用品（例如，家居用品、家电、汽车等），葡萄牙消费者会特别在意产品本身的质量及相关的售后服务。对于一般日常消费用品（例如，食物、清洁及保健产品等），价格则成为影响葡萄牙消费者的最主要因素。目前葡萄牙消费者并不太注重产品的环保属性，但有迹象表明葡萄牙年轻一代消费者对产品的环保属性的关注度在逐渐加强。

葡萄牙消费者属于冲动型购买者，平均家庭债务比例高达120%（收入的1.2倍），但逐渐加重的税收开始限制消费者的购买冲动②。节假日是消费者购买的高峰期，圣诞节前后尤甚。对于箱包服饰类产品，大多数葡萄牙消费者具有较高的品牌忠诚度，他们会倾向于只购买品牌产品。但对于食物等日常消费用品，葡萄牙消费者的品牌忠诚度较低。在红酒和芝士选购方面，传统的消费者倾向于购买葡萄牙本土产品，但越来越多的年轻一代主要选购国外品牌。对于这一现象，葡萄牙政府正在逐渐有意识地唤醒消费者的爱国意识，倡导他们优先支持本国产品。但该活动效果还有待观察。

葡萄牙缺乏真正有效的房地产交易租赁市场，葡萄牙本国居民在投资方面更加关注实业投资。购买汽车基本是葡萄牙居民比较大的开销，消费者往往会倾向于使用借贷的方式进行购买，再用每月的收入进行偿还。因此，葡萄牙境内的消费者借贷信用广告非常普遍。目前，葡萄牙居民借贷消费持续上升，尤其是旅游借贷花销上升显著。大多数的葡萄牙居民都已经拥有房产，但房产的购买方式也是通过借贷为主③。

---

①②③　葡萄牙消费者协会，https：//www. deco. proteste. pt/#_blank。

（二）葡萄牙消费者信心指数简介

1. 2015 年度葡萄牙境内消费者指数情况简介①

尽管自 2015 年初以来，私人消费增长已有所放缓，但前景仍大体乐观。具体而言，经济前景对比 2015 年上半年有所放缓，但私人消费在 2015 年初表现出了温和的改善迹象。2015 年第四季度，私人消费增长从第三季度的 0.4% 放缓至 0.2%。政府党派在 2011～2014 年实施削减公共部门工资的决定，会影响消费者及整个家庭的消费支出信息，该作用可能会持续到 2017 年。零售销售指数（季节性周期调整）2015 年 1 月同比增长 1.2%，而 12 月则下降了 0.5%。零售活动正从 2013 年的低点缓慢回升，但仍远低于 2010 年的高点。2015 年 1 月，食品、酒类和烟草的销售额同比增长 1.4%，而非食品类分项指数则增长了 1%。这与 1 月和 2 月消费者信心的改善相一致，这基本源自家庭消费者对他们的财务状况和整体经济状况产生了更有利的看法，以及对他们的储蓄能力和就业前景持乐观预期。然而，消费者信心的改善掩盖了其经济气候指标相对较弱的读数。

此外，高失业率将持续限制消费者支出。2015 年第四季度葡萄牙的失业率（国家标准）从前两个季度的 11.9% 上升到 12.2%。在过去的六年里，劳动力数量也下降了近 7%，这主要是由于移民造成。从 2015 年第三季度到 2015 年第四季度，私人消费增长从 2.3% 增长至 2.4%，但这两个资料都较前两个季度相比都大幅放缓（第一季度和第二季度的私人消费增长分别为 2.6% 和 3.3%）。因此，私人消费对实际 GDP 增长几乎没有支持。根据咨询公司的修正资料，2015 年第四季度的实际 GDP 增长为 1.3%。这低于第三季度 1.4% 的增长率。

2. 2016 年度葡萄牙境内消费者指数情况简介②

根据葡萄牙国家统计局数据显示，消费者和企业信心在 2016 年第四季度向相反的方向发展，消费者信心增强，但企业失去信心。消费者信心指数 2016 年 9 月为 -12.4，12 月上升为 -8.2。该数据由 3 个月平均百分比来衡量，得到了每个指标指数的支持。消费者对家庭的财务状况、整体经济形势和未来一年的储蓄信心都在 9～12 月区间内有所改善。消费者对失业前景的担忧也大幅下降，从 7.5 降至 0.2，这是自 1997 年该系列开始以来的最低水平。从更广泛的方面来说，尽管消费者信心仍处于负值区间，但自 2013 年初葡萄牙陷入衰退和主权债

---

①② The Economist Intelligence Unit, http://country.eiu.com/Portugal.

务危机以来，该指数已大幅改善。这种指数的逐渐上升改善反映了企业信心的温和上升趋势。

然而，在去年最后一个季度，消费者的乐观情绪与企业预期的不断下降形成了鲜明对比。建筑业、贸易和服务行业的恶化，进而带动了整个企业界更加消极的前景。唯一例外是制造业，消费信心指数从 9 月的 −1.1 提高到 12 月的 1.1。制造业的乐观情绪主要来自订单，以及对下个季度的生产信心。这些似乎弥补了成品库存减少的问题。但在建筑和公共工程方面，人们的信心因不断恶化的预期而受损，这使订单的增加蒙上了阴影。

2016 年 9 ~ 12 月，批发业信心指数从 6.6 下降到 6，零售业信心指数从 4.2 降至 3.7，很大程度上是因为对下一季度销售预期持悲观态度。此外，整体贸易信心指数有所下降，但该指数在 2016 年 9 月以来一直处于历史高位，12 月尽管下降，但依然是 2001 年以来的第二高水平。尽管第四季度商业信心指数有所恶化，但长期前景仍然看好，符合我们对经济缓慢复苏的预期。我们预计，2018 年实际 GDP 增速将略有上升，有可能达到 1.5% 左右①。

3. 2017 年度葡萄牙境内消费者指数情况简介②

2017 年 3 月，零售交易额同比增长 4.5%，为 4 个月以来的最高水平。3 月零售业的强劲增长是在 1 月和 2 月出现了较为低迷的情况后出现的，主要因为 3 月的工作日调整量分别增长了 2.3% 和 1.5%。3 月的贸易增长主要来自非专门性的商店购买（非食品类商品上涨 14.2%，食品类上涨 3.5%）。邮件、互联网和其他方式购买管道上升了 26.1%。消费者购买计算机和电信设备增长 8.9%，纺织品、服装、鞋类和皮革商品增长 7.4%。尽管 1 月和 2 月的出口相对低迷，但近几个季度的整体零售贸易额呈现强劲增长势头。在 3 个月的移动平均基础上，2017 年 3 月零售贸易额同比增长 2.7%，略低于 2016 年 12 月 4.3%。家庭用品增长 8.5%，纺织品、服装、鞋类和皮革类增长 5.5%，以上贸易推动了经济的全面增长。互联网和邮购销售尤其强劲，增长了 12.1%。非专业性商店的非食品类商品的销售额也增长了 5.6%。

有两个因素支撑着这一季度相当显著的增长水平。首先，基数效应非常有利。2017 年 3 月，经季节性因素调整后，零售贸易额仍比 2010 年的水平低 8% 左右，其中包括家庭设备的负增长 8% 和计算机和电信设备的负增长 10% 等大件商品的零部件。其次，葡萄牙国家经济整体目前正在复苏，这导致了强劲的消费者信心。

私人消费增长前景仍相当乐观。在许多竞争对手市场的安全风险推动下，旅游

---

①② The Economist Intelligence Unit，http：//country. eiu. com/Portugal.

业的增长将保持强劲,这将进一步促进就业和收入的增长。在这方面,非季节性旅游似乎正在加强。消费者信心指数大幅增强,葡萄牙国家统计局 4 月公布的消费者信心指数达到至少 1998 年以来的最高水平,尽管大宗商品的信心恢复指数有所减弱。截至目前,预期增长率为 2.1%,2017 年实际私人消费增长将再次强劲。

(三) 葡萄牙消费市场的主要传播媒介

葡萄牙境内主要的广告品牌机构包括:JC Decaux Portugal,Cemusa,Spectacolor,Portuguese For Dummies,Publicis Group,MPG / Havas,Rádio DJ7Club。这几家机构承载了大部分知名葡萄牙品牌的运营推广。目前,葡萄牙的传播媒介手段包括:

1. 电视媒体

电视媒介是葡萄牙境内最有影响力的传播手段。在过去的二十年内,电视广告(例如,体育赛事、娱乐节目、电视剧间歇的插播广告)能在最小时间范围内覆盖到最大范围内的消费人群,一直以来是最能影响葡萄牙消费者购买决策的有效广告手段。目前,以下三家是葡萄牙国内最主要的电视平台:SIC TV,RTP Group(RTP1,RTP2),Groupe Prisa(TVI)。

2. 纸质媒体

纸质媒体的广告影响力逐渐式微,但它依然还有特殊的宣传作用。例如,商家提供折扣券,打折信息等宣传时,传统的纸质媒体依然有它的优势。一般来说,商家会选择将商品的打折促销信息广告张贴在传统的纸质媒体上,例如,报纸、杂志、宣传海报、信件等,以达到精准投放吸引主要目标客户群体。

3. 新媒体(邮件、互联网、手机客户终端等)

电子邮件广告的影响力越来越大,尤其是在中青年群体的传播效果良好。商家可以提供电子邮件订阅服务,定期向新老客户投放产品的广告信息。但是,电子邮件广告经常会被当作垃圾邮件过滤,很多时候客户并不会真的打开阅读邮件内容。

4. 公共交通场所张贴海报

飞机场、火车站、巴士站、地铁站、银行、街道等各种公共场所、交通工具等内部外部都逐渐被各式广告覆盖。不同尺寸的海报张贴及电子海报都逐渐成为葡萄牙境内的重要宣传手段。

5. 广播广告

广播广告在葡萄牙依然发挥重要的影响力度。大量的葡萄牙国民都会自驾车通勤郊游，广播宣传媒介对于在路上行驶的消费者来说影响力度显著。

（四）葡萄牙广告业法律法规

1. 饮料（含酒精类饮料）广告

根据葡萄牙国家电视新闻内容（Advanced Access Content System，AACS）法规，日间 7 点到晚间 9 点 30 分，电视及广播平台上严令禁止播放酒精类饮料相关广告。

2. 烟草广告

根据葡萄牙国家电视新闻内容法规，香烟类广告在所有传播媒介上均被严令禁止。欧盟烟草广告委员会严令禁止欧盟成员在印刷媒体、广播电视媒体、互联网媒体，及其他赞助活动现场出现任何有关烟草广告信息。早在 1990 年，欧盟成员国家就已经规定禁播烟草的电视广告。

3. 其他广告法规

广告法规明令禁止误导性广告内容。竞争性广告内容必须在特定的条件下才被允许使用。如果在广告中含有非葡萄牙语言，具体使用条例请参考相关法规细则。

四、葡萄牙消费市场发展机遇

（一）葡萄牙商务环境分析

葡萄牙整体商务环境正在缓慢逐渐上升态势中，2012 年价值指数为 6.83，2017 年上升到 6.94。该指数在全球范围内下降一位至第 32 名，但在区域排名中上升一位至第 15 名（见表 6）。当前的少数派执政政府的政治影响力依然有限，大小经济举措都需要跟外部支持者进行谈判协商。葡萄牙的经济复苏逐渐开始对整个商业环境带来正面影响，消费市场机遇也逐渐在增加。

表6   葡萄牙国际商务环境排名①

价值指数ᵃ		全球排名ᵇ		区域排名ᶜ	
2012 – 16	2017 – 21	2012 – 16	2017 – 21	2012 – 16	2017 – 21
6.83	6.94	33 名	32 名	14 名	15 名

计算方法：
ᵃ 10 个全球主要国家对比。
ᵇ 82 个全球主要国家对比。
ᶜ 18 个世界主要西语国家对比。国家如下：澳大利亚、比利时、塞浦路斯、丹麦、芬兰、法国、德国、希腊、爱尔兰、意大利、荷兰、挪威、葡萄牙、西班牙、瑞典、瑞士、土耳其、英国。

（二）市场未来持续增长领域

第三产业目前是葡萄牙经济中最重要的组成部分（主要包括银行、保险、旅馆、餐饮、交通、仓储、通信、房地产、社会救助及其他集体、社会和个人服务业），占经济总量75.8%，为65.9%的劳动人口提供就业机会。紧随其后的是工业产业，占经济总量的21.9%，为24.5%的劳动人口提供工作岗位。最后是渔业和农业，占经济总量的2.4%，为7.5%的劳动人口提供就业岗位。

第三产业长期以来是葡萄牙国民经济及消费市场的主要产业，未来将会作为主力产业市场持续增长。未来持续增长领域具体包括如下：信息互联网产业、功能性软件产业（医药、交通等软件）、通信行业、机械制造业、高端产品加工制造、高端纺织品业、高端鞋业、高端服务业、旅游业、水疗产业、护肤化妆品产业，以及教育、出版产业。

其中，电子商务已经日益成为葡萄牙经济的重要组成部分，且保持稳定增长势头。但面向个人消费者的电子商务交易规模占比较低，网络交易金额与英、德等国家（人均2 500 欧元左右）相比仍有较大差距。根据葡萄牙电子商务与互动广告协会（ACEPI）和国际资料公司（IDC）联合发布的研究报告，未来几年葡萄牙电子商务市场仍将保持良好发展势头。

根据预测，到2018 年，葡萄牙互联网接入设备年销售量可达600 万个，互联网用户将达844 万人，占全国总人口的80%；通过网络购物的网民数量将达353 万人，占总人口的35%；网络交易年人均支出将达到1 089 欧元。传统电子商务总规模将达到732 亿欧元，占 GDP 的比重将升至45%；其中 B2C 交易额将

---

① 资料来源：Santander 咨询公司报告，https：//en. portal. santandertrade. com/analyse – markets/portugal/reaching – the – consumers#marketing。

达40亿欧元，B2B和B2C交易额将达692亿欧元（见表7）。

表7　　　　　葡萄牙居民移动互联设备使用现状互联网使用情况

	2009 年	2013 年	2017 年
互联网用户（万人）	510	712	844
网络交易用户（万人）	171	273	353
网络交易年人均支出（欧元）	909	967	1 089
B2C 交易额（亿欧元）	15.6	26.4	40.3
B2B + B2C 交易额（亿欧元）	214	414	692
电子商务占 GDP 比重	14%	28%	45%

资料来源：国际通信组织最新数据，http：//www.itu.int/ITU－D/icteye/Indicators/Indicators.aspx#_blank。

（三）葡萄牙消费市场创新创业

葡萄牙作为一个现代化的国家，它的目标是在世界范围内不断进行创新，葡萄牙已经把创新放在了所有行业的优先位置。在欧洲的区域背景下，葡萄牙想在经济数字化浪潮中寻求领导地位。里斯本目前是欧洲最大的创业中心之一，通过一系列成功的项目，被欧洲创业区称为"商业中心和大西洋创业公司"，并举办了两年的创业网络峰会（2016年和2017年）。除此之外，葡萄牙政府已经实施了一系列的计划以支持技术发展和创新创业，如"地平线2020"和"工业4.0"计划，目的是将葡萄牙工业与数字产业结合在一起打造数字经济，使葡萄牙能够在人力资本、技术合作、启动现代化、融资和投资激励、国际化标准规章等方面获得优势，同时增加新技术开发的资源及能力。欧盟委员会将葡萄牙作为2016年欧洲创新记分板上的适度创新者，显示了葡萄牙创业生态系统发展的积极进展。

麦肯锡咨询报告显示[1]，葡萄牙还有可能将从浮动的海上风能中大幅获益，有望重返海上风电市场。葡萄牙有充足的机会从现有的工业和有利的地理位置获益于海上风电成本的持续降低，它将拥有世界上最大的浮式离岸风机。目前，葡萄牙的5GW风电已经覆盖了该国电力需求的1/4，到2030年，这一份额可能增长到39%。业内人士认为，到2030年，葡萄牙能源价格水平可能下降到40~60欧元/兆瓦时，使得这种现代技术与化石燃料形成强有力竞争。

---

[1]　麦肯锡咨询公司。

除此之外，为了改善葡萄牙整体社会经济状况，葡萄牙人民表示愿意：①承受更大的压力为了提高生产力；②工作时间更长；③部分放弃社会保护，进一步提高其他社会经济福利。麦肯锡咨询报告显示①，葡萄牙的受访者表示平均每周愿意多加一小时班来改善生活工作其他方面。其中，76%的受访者（包括88%的44岁以下的人）同意长时间工作，41%表示愿意每周超时工作两个小时。以上都反映了葡萄牙未来有潜力进一步提高生产率，并在劳动力成本方面更具吸引力。

伴随着葡萄牙市场的吸引力预期，大约62%的投资者认为葡萄牙的吸引力将在未来持续增加。葡萄牙政府认定高科技产业和创新是第一位的，这凸显了葡萄牙准备向数字化时代过渡的重要性。在葡萄牙已经成立的公司中，麦肯锡调查报告②显示50%的公司打算扩大它们的业务，尤其在高价值的行业（制造业通信业互联网等）。在葡萄牙没有建立公司的海外企业中，有77%的企业打算在葡萄牙投资建立当地的营销和销售团队，另外23%的公司打算将总部设在葡萄牙。与其他国家相比，已有1/3的投资者认为葡萄牙具有竞争力，但仍有13%的老牌投资者和32%的未确定投资者仍对葡萄牙在这一问题上的竞争力持怀疑态度。麦肯锡报告③认为葡萄牙未来的消费市场发展的重点应放在支持高新技术产业和中小企业。其他更多的传统行业，如大众消费品、房地产、建筑和交通，以及汽车行业，都会是葡萄牙消费市场持续发展的推动力。政府也应被鼓励进一步降低税收以支持中小企业创新创业。

五、结论

葡萄牙过去30年经历了巨大的经济变化，从1986年进入欧盟后的强劲增长，到2008年全球经济危机之后的斗争。在过去的几年里，葡萄牙经历了一个艰难的时期。2008年全球经济危机和随之而来的欧债危机给葡萄牙经济造成了严重打击，紧缩措施迫使公民和公司都承诺了为了更美好的未来而做出牺牲。但最近的指标显示，葡萄牙开始恢复到持续的经济增长。目前，葡萄牙社会稳定，劳动力市场增加，竞争力与就业率都逐步稳定正向发展，整个国家非常具有竞争优势，这反映了葡萄牙过去这些年来整体改革的良性成果。但是经济复苏的过程仍然艰难脆弱，葡萄牙仍然面临挑战，特别是围绕其生产力和债务水平。最后，本文为葡萄牙消费市场的繁荣发展提出如下发展建议。

---

①②③　麦肯锡咨询公司。

首先，葡萄牙政策制定者应加强葡萄牙本土品牌的快速建设和发展。葡萄牙政策制定者应该努力在国际舞台上曝光本土品牌，例如举办网络峰会和国际性活动。政府和企业还可以利用公共和私人利益来创办国际性事件来传播本土品牌焦点。

其次，葡萄牙政策制定者应激发企业开发新的商业模式，倡导企业转型并融入国际贸易舞台，建立国际合作联盟，提升外商直接投资等。例如，利用葡萄牙国家语言优势，以及历史和文化特色，葡萄牙政府可以强化与中国、非洲和南美洲等地区的经济联系。与此同时，政策制定者应进一步提高葡萄牙国民劳动生产力，并逐步让葡萄牙劳动力成为整个欧元区最具吸引力的国家。

最后，葡萄牙政策制定者需要进一步加强创业环境，将重点放在需要支持高新技术产业和中小型企业中，并减少公司税收来提升葡萄牙中小企业活力，同时吸引外国资本进驻葡萄牙开设企业。

葡萄牙高校汉葡双语人才培养模式及政策

宋灏岩[*]

摘　要： 随着国家"一带一路"倡议的实施，培养汉外双语人才成为其首要任务。在中国，除了传统的外语类学校外，各综合类高校也陆续加大开设小语种专业力度。尤其是，中国与葡语国家的经贸合作往来愈发密切，对汉葡双语人才的需求也逐步增多。事实上，除了中国内地与澳门高校外，葡萄牙等葡语国家的高校也在近些年通过不同的方式来培养汉葡双语人才。因此，本文将重点探讨葡萄牙高等院校培养汉葡双语人才的政策及形式，并分析其与中国院校培养模式的异同、自身的优势以及需要面对的困难。

关键词： 汉葡双语人才　一带一路　外语教学　外国高校

一、有关汉葡双语人才的培养概述

以使用人口来讲，汉语和葡萄牙语分别为世界第一及第六大语言，葡萄牙语为葡萄牙、巴西、东帝汶、安哥拉、莫桑比克、佛得角、几内亚比绍、圣多美和普林西比八个国家以及中国澳门特区的官方语言，近年来，中国与葡语国家的经贸往来愈发频繁，因此对于汉葡双语人才的需求也不断递增。

众所周知，由于历史原因，中国和葡萄牙的首次接触可以追溯至 16 世纪初，而中国澳门在近五个世纪来，一直承担着中葡文明交流的桥梁作用。早在 16 世纪末期，中国澳门就建立了被誉为"远东第一西式高等学府"的圣保禄学院，其运作参照了当时葡萄牙科英布拉耶稣学院的模式，主要为以葡萄牙人为主的传教

---

* 宋灏岩，澳门科技大学国际学院葡萄牙语专业助理教授。研究方向为中葡跨文化研究、西方宗教研究等。

士提供学习。而传教士来华的主要目的是进行天主教的布道，但由于《圣经》的解读与中国传统的儒家思想有着巨大差异，再加上当地华人根本无法理解葡萄牙语，因此初期在华传教活动并不成功。

鉴于此，利玛窦等传教士决定在圣保禄学院增加汉语及葡汉翻译课程，待传教士完成修业后，方可赴中国内地使用汉语并穿传统儒士的服装进行传教，此政策被后人称为"儒服传教"。而圣保禄学院的汉语及葡汉翻译课程也可被视为培养汉葡双语人才高等教育的开端。从 18 世纪初期起，受"礼仪之争"的影响，传教士不被允许至中国内地合法传教，圣保禄学院及其汉葡翻译课程也一同走向没落，而此后的一场大火将圣保禄学院夷为平地，更令汉葡双语人才的培养戛然而止。然而，旧时圣保禄学院的课程仅提供给传教士，并不向普通民众开放，宗教色彩过于强烈，限制了其自身向其他领域延伸的可能性。但仍有部分传教士依靠自身的才能得以留在明清宫廷效力，并担任科学家、音乐家、翻译或外交使臣等职位，为中葡间的政治经贸及文化往来做出来巨大贡献。[①]

1960 年，北京广播学院（即中国传媒大学前身）开设了中国第一个葡萄牙语本科课程，这也被认为是第一个符合现代高等教育模式的葡语课程。但截至 2004 年时，大中华地区也只有中国传媒大学、北京外国语大学、上海外国语大学、澳门大学及澳门理工学院这五所高等学府拥有葡语本科课程，每个学校每年招生人数基本不超过 20 人，其中部分高校更是实行隔年招生，而且只有澳门大学拥有葡语硕士及博士阶段的课程。而此时对中葡双语人才的需求远远大于每年的毕业生人数，因此，自 2005 年起，开设葡语课程的高校数量如雨后春笋般迅速增长。截至 2017 年 9 月，中国内地及澳门共有 27 所大学开设葡萄牙语本科课程，9 所大学开设硕士课程以及 2 所大学开设博士课程，并还有许多学校开设了葡萄牙语专科课程、选修课或辅修专业，而且仍有许多学校在积极筹备开设各级别的葡语课程，以应对当前的市场需求。

然而，培养汉葡双语人才绝不仅仅是中国内地及澳门特区政府的任务，汉葡双语人才的缺失同样也是各葡语国家所面临的难题，毕竟许多工种，尤其是政府职位都必须由本国人来担任。因此，各葡语国家也在近年来陆续展开了汉语教学，其中，葡萄牙的汉语教学是几个国家中最早开设的，也是最完善和最具有规模的。以资金来源划分的话，大致可以分为三类：葡萄牙政府资助、中国政府资助及民间办学三个种类；以办学性质划分的话，可以分为高等教育、初级教育及业余培训。下文将着重分析葡萄牙高等教育中的汉葡双语人才培养形式及政策。

---

① 陈玮：《圣保禄学院的创办于入华耶稣会的活动》，载于《韶关学院学报》（社会科学版）2004 年第 4 期。

二、葡萄牙高校的汉语课程发展状况及模式

葡萄牙的高等院校大致分为三个类别：公立大学、公立理工学院及私立大学，其中公立大学和理工学院主要由政府拨款，而私立大学由私人或私人基金会赞助。公立大学专业的课程设置偏向于研究型，注重培养学生的综合研究能力，而理工学院的课程设置更偏向于应用型，更注重实用性。葡萄牙大学课程设置大多遵循了"博洛尼亚进程"，即除个别专业外，就读时间为本科三年、硕士两年及博士三年，而在 2006 年之前，本科专业大多为四年。[①]

葡萄牙的大部分知名院校都开设了中文选修课供全校学生选读，例如米尼奥大学、里斯本大学、阿威罗大学及布拉干萨理工学院等。但涉及学历教育，目前仅有米尼奥大学（Universidade do Minho）、莱里亚理工学院（Instituto Politécnico de Leiria）以及里斯本大学（Universidade de Lisboa）这三所学校开设了与中文相关的专业。根据现有资料统计，葡萄牙高校开设中文课情况大致如表 1 所示。

表 1　　　　　　　　葡萄牙主要高校开设汉语相关课程情况

学校	选修课	本科课程	硕士课程	博士课程
米尼奥大学	有	有	有	有
莱利亚理工学院	有	有	暂未招生	无
里斯本大学	有	专业限选	有	无
天主教大学	有	无	协办	无
阿威罗大学	有	无	无	无
科英布拉大学	有	无	无	无
布拉干萨理工学院	有	无	无	无
阿尔加维大学	有	无	无	无
里斯本新大学	有	无	无	无
波尔图大学	有	无	无	无

[①] De Almeida, Luciano. "Sistema Público de Ensino Superior Português: Contributos para a Sua Reforma". Fórum Gestão Ensino Superior, 2011.

学校	选修课	本科课程	硕士课程	博士课程
埃武拉大学	有	无	无	无
内部贝拉大学	有	无	无	无
里斯本大学学院（ISCTE）	有	无	无	无

资料来源：各大学官方网站的课程介绍。www. uminho. pt，www. ipleiria. pt，www. ul. pt，www. ua. pt，www. portal3. ipb. pt，www. ucp. pt，www. uc. pt，www. ualg. pt，www. unl. pt，www. up. pt，www. uevora. pt，www. ubi. pt，www. iscte. pt.

其中，米尼奥大学应当算作葡萄牙中文教学的先驱者，从20世纪90年代初就开设了中文选修课，并于21世纪初期陆续开设了中文语言学、远东文化研究及远东文学研究等博士研究领域。大学文学院于2005年建立了亚洲学系，并正式开设了"东方学研究"本科专业，其后更名为"东方学研究：中国及日本研究"专业（Licenciatura em Estudos Orientais – Estudos Chineses e Japoneses）；此后，于2009年开设了"中葡跨文化研究"硕士专业（Mestrado em Estudos Inter-culturais Português/Chinês）。因此，可以说目前米尼奥大学的中文研究规模最大、体系最完整，拥有所有级别的中文课程，而且无论是在本科、硕士还是博士阶段，都开创了葡萄牙中文教育的先河。亚洲学系的师资除了自身配备的汉葡双语教师及日葡双语教师外，还有来自国家汉办派遣的汉语志愿者辅助教学。

该大学的中文教育一直强调与中国大学的合作，在2006年与南开大学合办了葡萄牙第一间孔子学院，亚洲学系还另外与北京语言大学、天津外国语大学、西安外国语大学、上海外国语大学及中山大学有联合培养合作协议。"东方学研究"专业其实并不是传统意义的外语专业，而是以中文作为主修，日语作为辅修，并设有历史、文化、经济及地理等科目。因此该专业并不像传统外语专业一样，以培养翻译或是语言学家为目标，而是以语言（中文及日文）作为载体，培养学生对文化研究的探索能力，更加强调语言的功能性，而不是对语言本体的研究。

该专业于2005年9月招收了第一批学生，现每年招生人数上限在30名左右。在2007年9月，米尼奥大学也迎来了第一批来自中国的交换生：天津外国语学院（现天津外国语大学）葡萄牙语专业大三的学生前来进行一学年的交流学习，由葡萄牙卡蒙斯学会提供奖学金，其中"葡汉翻译""中国政治、经济与企业文化"等课程与"东方学研究"的葡萄牙学生并班修读，以便提升各自的外语能力。尤其是在翻译课中，都是以小组讨论的方式进行，而每个小组必须同时拥有中国及葡萄牙学生，这样不但可以提高双方的语言能力，更可以大幅度提升译文的准确性。

而此时正值"博洛尼亚协定"生效的过渡期，所以 2005 级是第一届也是唯一一届经历了四年制本科的学生。根据课程设置，学生在完成前三年的学业后前往中国合作院校修读第四年的强化课程，并由国家汉办提供奖学金，如此期间课程全部修读合格，便可毕业。而从第二届起，由于本科课程缩减为三年，便取消了大四去中国学习的计划，而前往中国交流学习的安排则由硕士阶段课程代替。

同时，从 2009 年起开设了两年制的"中葡跨文化研究"硕士课程，招生对象为精通中葡双语的学生，"东方学研究"的本科毕业生大多会选择继续修读该硕士课程。该课程分为两个方向：即葡语研究及汉语研究。其中，葡语研究主要针对母语为汉语的学习者（即以中国学生为主），而汉语研究主要针对母语为葡语的学习者（即以葡语国家学生为主）。首年，两个方向的学生分开上课，课程内容以强化语言本体知识为主，中国学生在大学修读葡语强化课程，而葡语国家学生则前往中国合作院校修读汉语强化课程。次年，两个方向的学生合并上课，课程内容则以应用型为主，包括翻译实践、教学法、传播及企业文化，而授课语言为中葡双语，在教授新知识的同时，也可检测第一年的学习效果。

待科目全部修读完毕后，学生可选择学术论文或实习。选择学术论文的学生，既可以选择语言学、文学、翻译理论等语言本体研究，也可以选择历史文化、教学法、社会语言学等应用型研究，论文答辩通过方可毕业；选择实习的学生，可选择学校、政府部门、媒体及企业等不同领域进行专业实习，并于实习结束后完成实习报告，实习表现得到实习单位的认可并且实习报告答辩通过方可毕业[①]。可以说，该专业既提升了学生的语言能力，又培养了研究及实践能力，并且还满足了不同学生的需求：希望继续深造或是进入到高校的学生可选择论文，而希望就业的学生可选择实习，事实上，有不少学生由于实习阶段表现良好，毕业后直接留在了实习单位就职。截至 2017 年 11 月，已有超过 20 名该专业毕业生在葡萄牙、中国内地及澳门特区高校内担任汉葡双语教师，该专业不但为汉葡双语师资的培养做出了巨大贡献，而且在其他领域的工作中也经常可以见到毕业生的身影。

此外，文学院开设的中文语言学、远东文化研究及远东文学研究等课程均为研究型课程，即以学术研究为主，没有固定的面授教学。目前的就读人数不多，主要是葡萄牙和中国高校的在职汉葡双语教师，学制为三年，第一年以收集材料及调研为主，而后两年需要撰写博士论文，答辩通过后方可毕业。该课程灵活性较大，无固定的开学日期也无统一报名时间，而是申请者需要提前与相关领域的

---

① 参见米尼奥大学亚洲学系官方网站，http://dea.ilch.uminho.pt/.

导师提前联络，如导师同意接收其为博士生，则需共同商讨并确定研究方向及论文题目，之后由申请者提交开题报告，再由导师呈递至学校学术委员会，待学术委员会批准后方可正式注册为博士生。

莱利亚理工学院的"葡汉翻译及口译"本科课程（Licenciatura em Tradução e Interpretação Português/Chinês – Chinês/Português）创立于 2006 年，每年招生 20 人左右，顾名思义，是以葡汉互译为主的实用型课程，因此依然保留了四年的学制，学生在毕业时须达到作为职业翻译的基本水平。莱利亚理工学院与澳门理工学院及北京语言大学间的三校合作极为紧密：莱利亚的学生大一在本校修读中文基础课程，而大二前往北京语言大学进行一年的中文强化，大三则前往澳门理工学院进行基础葡汉翻译学习，在大四回到莱利亚完成高级翻译技巧的学习。同时，澳门理工学院也将自己的"中葡翻译"本科专业的学生在大二时送至莱利亚进行葡语强化学习；而北京语言大学则将葡语本科专业的学生在大二送到澳门理工学院进行一年的葡语学习，大三再送至莱利亚理工学院进行学习。而且，除了学生可以交流学习外，三校间还另有师资交流的协议。此外，澳门基金会、葡萄牙东方基金会、中国国家汉语国际推广领导小组办公室（简称国家汉办）、中国国家留学基金委等机构也都对三校学生的外出学习提供资助。①

这种合作的模式，不但给学生提供了提升双语水平的机会，达到了多赢的效果，还有效地利用了各校的优势：北京语言大学的对外汉语教学历史悠久，澳门理工学院的中葡双语师资力量雄厚，而莱利亚理工学院可以派遣母语为葡语的教师。此外，该学校也筹备开设两年制"中葡翻译"硕士课程（Mestrado em Português e Chinês – Especialidade em Tradução e Interpretação），该课程同样将与澳门理工学院及北京语言大学合作，并且同米尼奥大学的硕士课程相似，也是分为中文方向和葡文方向，葡语为母语者一般需要修读中文方向，而汉语为母语者需要修读中文方向。②

里斯本大学文学院设有三年制的"亚洲研究"本科课程（Licenciatura em Estudos Asiáticos），成立于 2008 年，该专业的设置对亚洲国家的语言、文化、政治、经济及社会均有涉足，同样是将语言作为学习研究的工具，但与米尼奥大学的"东方学研究"不同的是，该专业涉猎范围更广，学生需要从包括汉语、日语、韩语、印地语、阿拉伯语、波斯语、印度尼西亚—马来西亚语、土耳其语及梵文这九门亚洲语言中选择两门学习，而其他大部分科目依然以葡文授课为主。

---

① 参见莱里亚理工学院官方网站关于"葡汉翻译及口译"本科课程的课程介绍，https：//www. ipleiria. pt/cursos/course/licenciatura – em – traducao – e – interpretacao – portugueschines – chinesportugues/.

② 参见莱里亚理工学院官方网站关于"葡汉翻译及口译"硕士课程的课程介绍，https：//www. ipleiria. pt/cursos/course/mestrado – em – portugues – e – chines – especialidade – em – traducao – e – interpreta-cao/.

因此该专业更偏向于政治文化学，而淡化语言学习，况且中文只是作为专业选修课，所以并不是一个严格意义上的中文专业。但是，如果对中国语言文化感兴趣的话，可以自愿申请前往中国合作学院，如天津外国语大学，进行汉语的深入学习。[①]

除了这个本科专业外，文学院还设有两年制的"亚洲研究"硕士课程（Mestrado em Estudos Asiáticos），成立于 2012 年，并与天主教大学合作开设。此专业与其本科相似，依然是以对亚洲国家政治、社会及文化的研究为主，淡化语言功能，申请者并不需要具有亚洲国家语言的基础，但同时也为想学外语的学生开设汉语、日语及阿拉伯语的选修课，但并不强制所有人修读。由于该专业强调的是学术研究能力的培养，因此不提供实习，学生须在所有科目修读完毕后进行论文写作，答辩通过后方可毕业。[②]

里斯本大学文学院很早之前就开设了两年制的"翻译学"硕士专业（Mestrado em Tradução），但主要以葡英翻译为主，而在 2016/2017 学年，在原有专业基础上增设了葡汉翻译方向，葡汉双语能力达标者方可报读，而该专业所设科目更偏向于翻译的学术理论研究。与米尼奥大学相似，学生可根据自己的需求，在修读完所有必修及选修科目后，可在第二年可选择学术论文写作或专业实习，选择学术论文的学生，待答辩通过后方可毕业，而选择专业实习的学生，实习评鉴得到实习公司的认可并且实习报告答辩通过后可以毕业。[③]

上述课程的师资组成也较为丰富，汉语的语言科目主要由里斯本大学孔子学院的中国教师授课，而中国政治、经济类科目则由资深的葡籍中国问题专家教授，葡汉翻译科目的授课教师基本也为葡萄牙人，这些葡萄牙教师大多都在中国内地及澳门地区工作生活过。另外，大学地处葡萄牙的政治、经济文化中心的首都里斯本，无论是相关领域的讲座、调研，还是专业实践机会都非常丰富，因此这些课程的发展前景都不容小觑。

葡萄牙的其他高校虽然暂未开设与汉语相关的本科或以上等级的课程，但是几乎每一间知名学府都可以见到中国学生的身影。许多中国高校修读葡萄牙专业的学生都会在本科阶段前往葡萄牙进行一学期乃至一年的语言学习，也有部分为数众多的学生在本科毕业后前来葡萄牙攻读与葡语相关的硕士课程，这些葡语科班出身的学生基本功较为扎实，在国内期间大多都接受过专业的口译及笔译课程

---

① 参见里斯本大学"亚洲研究"本科课程的课程介绍，http：//www. letras. ulisboa. pt/pt/cursos/licenciaturas – 1 – ciclo/estudos – asiaticos.

② 参见里斯本大学"亚洲研究"硕士课程的课程介绍，http：//www. letras. ulisboa. pt/pt/cursos/mestrados – 2 – ciclo/estudos – asiaticos.

③ 参见里斯本大学"翻译学"硕士课程的课程介绍，http：//www. letras. ulisboa. pt/pt/cursos/mestrados – 2 – ciclo/traducao.

训练，所以被认为是专业程度最高的汉葡翻译人才。

尤其是从 2014 年起，葡萄牙高校开始承认中国的高考成绩，可通过本人的高考成绩直接申请葡萄牙高校的本科课程，具体录取成绩由各学校自行决定。但被录取后，大部分学生并不能直接入读，因为葡萄牙高校的绝大部分专业仍以葡语授课，学生需要先行修读一年的葡语密集课程，若成绩合格，方可正式注册成为本科生，但学校通常建议学生在修读本科课程的同时，继续修读语言课程。此外，也有许多非葡语专业的本科或硕士毕业生前来葡萄牙深造，若是修读葡语授课的硕士或博士课程，同样需要先行修读一年的语言课程。

事实上，这类学生大多都不是就读非语言类专业的，而是修读商科、理工科甚至医学等专业，葡语只是作为他们的授课工具，而这种"语言＋专业技能"的模式，才是社会最需要培养的双语复合型人才，待毕业后可以在各个行业领域做出贡献。对于语言专业出身的人来讲，是无法驾驭专业性或技术性过强的葡汉翻译的。毕竟，许多领域的专有名词都是在自己学生阶段从未出现过的，而且，由于相关专业知识的缺失，若是涉及专业度极高的翻译时，即使能将每个词语或每句话都从表面上翻译出来，也很难将其中的深层内涵意义完整地表述。因此，可以说葡萄牙的高校正在培养着不同类型的汉葡双语人才，相信随着两国交往的不断深入，会有越来越多的中国学生选择前往葡萄牙深造①。

三、孔子学院与葡萄牙汉语教育的发展

在葡萄牙，除了各大学提供中文课程外，也有其他机构提供汉语课程。例如在华人相对聚集的里斯本地区，有许多民间机构开设非学历教育的中文学校，目标对象主要为华侨子女，澳门驻里斯本经济文化中心也为葡萄牙民众提供汉语兴趣课程；此外，也有不少中小学开设中文选修课，令学生从小接受中文的熏陶，其授课教师也分为两类，一类是学校自己招聘的双语教师，而另一类则是由合作孔子学院派遣的教师。

孔子学院隶属于中国国家汉办，并由中方合作院校与外方院校共同开办，资金主要由汉办承担。中方院校提供汉语师资，并派遣一位教师作为孔子学院中方院长；而外方院校提供办学、办公场地以及行政工作人员，并派出一位教师作为外方院长，双方院长共同处理孔子学院运作教学等事宜。其师资组成大致有四种类型：第一类为合作院校直接派遣的公派教师，这部分教师通常在中方院校已有

---

① 支娟：《葡萄牙文化政策的主要特征》，载于《山东图书馆学刊》2013 年第 2 期。

固定职位并拥有对外汉语教学经验；第二类为汉办派遣教师，这类教师是通过汉办的选拔及分配来到境外孔子学院，通常人事关系不属于中方合作院校，但也都在国内其他高校有固定教职；第三类为汉语志愿者，通常是本科、硕士的应届毕业生，也有可能是相关专业的硕士在读生，既有来自中方合作院校的，也有来自其他院校的；第四类为孔子学院自主招聘教师，这类教师直接与境外孔子学院签署合同，通常是当地人，或是在当地生活的华人。

目前，葡萄牙共设有四间孔子学院，如表 2 所示。

表 2   葡萄牙大学的孔子学院概况

孔子学院名称	中方合作院校	所在地	成立年份
米尼奥大学孔子学院	南开大学	布拉加	2005 年
里斯本大学孔子学院	天津外国语大学	里斯本	2007 年
阿威罗大学孔子学院	大连外国语大学	阿威罗	2014 年
科英布拉大学孔子学院	北京第二外国语学院	科英布拉	2016 年

资料来源：国际汉办官网。参见国家汉办官网，http：//www.hanban.edu.cn/confuciousinstitutes/node_10961.htm。

这四间孔子学院负责各自大学的汉语选修课教学。此外，如前文所述，由于里斯本大学及米尼奥大学开设了与中文相关的专业，因此这两所孔子学院的教师除选修课外，也会参与到汉语专业课的教学中，令学生有机会接触到更多元化的汉语师资。同时，还承担着上文所提到的中小学汉语教育，尤其是由于里斯本地区的需求较大，因此，里斯本大学孔子学院还下设了一间圣托马斯学院孔子课堂，成立于 2014 年，其主要任务是承担里斯本地区的中小学的汉语教育，分担里斯本大学孔子学院的压力。由于葡萄牙目前仅有四个城市拥有孔子学院，所以孔子学院的汉语教师不仅承担着本地的汉语教育，还需负责周边地区的中小学汉语教育，各中小学均可申请由就近孔子学院派遣教师教授汉语课，在师资充足并且距离可接受的情况下，孔子学院也会尽量满足周边学校的需求①。

葡萄牙的初等教育与中国相若，共为 12 年，公立学校以葡语授课，而私立学校大多以英语授课，并和英国学制接轨。对于公立学校，汉语课程更类似于兴趣课，因为并不会和未来的升学有太大关联；但对于英国体制的私立学校来说，汉语课程就显得比较重要，因为英国大学的入学考试外语科目可以选择汉语考

---

① 刘伟：《孔子学院的文化软实力作用》，载于《云南师范大学学报》（对外汉语教学与研究版）2010 年第 8 卷第 4 期。

试，相比起法语、西班牙语、德语等传统外语科目，汉语科目的竞争相对较小，所以令许多学生及家长都趋之若鹜，因此，私立学校对开设汉语课的渴望也就更大，而课程设置也会与公立学校的有所不同，换言之，私立学校的汉语课更加偏向于应试，并以英国大学入学考试的汉语科目大纲作为授课依据。

孔子学院除了为中小学及大学开设汉语课外，也会开设汉语兴趣班，所有对汉语有兴趣的校内外人士均可报名参加，所开设的汉语课程，除了语言本体知识外，还注重中国文化的传播，所以也会开设茶艺、中国传统舞蹈音乐、太极、剪纸及书法等课程。每年除了提供"汉语水平等级考试"（HSK）外，还会举办"汉语桥世界大学生比赛"及"汉语桥世界中学生比赛"的葡萄牙赛区预选赛，由各孔子学院或是其他汉办指定机构轮流承办，胜出者可前往中国参加正赛。比赛除了考查学生对中文的应用及对中国文化掌握外，还有才艺表演环节，旨在考查学生的综合素养能力。

因此，可以说孔子学院是葡萄牙汉语教育发展的最有力的推动者，协助葡萄牙填补了汉语教育的空白，从小学到大学建立起了一套完整的汉语教育体系，同时也为汉语爱好者提供了学习汉语的机会。随着中葡两国高等教育合作的不断发展，以及葡萄牙民众对汉语教育的需求不断增多，可以预测未来会有更多孔子学院及孔子课堂在葡萄牙建立。

四、葡萄牙培养汉葡双语人才的瓶颈与愿景

尽管目前葡萄牙政府及社会都对汉葡双语人才的培养给予了极大的支持，但不可否认其中还存在着许多不足，不利于它的可持续发展。

首先，是师资稳定性问题。葡萄牙公立大学的教职与公务员相似，教职名额是固定的，并由政府统筹，属于类终身制；拥有博士学历并且级别在助理教授及以上的教师，只要不违反校规、触犯法律或主动申请辞职，学校是不可以随意解雇的。换言之，哪怕开设一个新的课程，学校也很难向政府申请到新的教职名额，因此，即便这些学校开设了汉语课程，也很难给应聘教师提供一个全职职位，只能等待学校其他专业的教师退休或离职，才能空出全职职位的名额。

鉴于此，这些公立大学也采取了许多应对措施：第一，如果学校本身设有孔子学院，则借用孔子学院的汉语教师，他们与校本部并无直接隶属关系，所以不会占用大学编制；第二，学校以兼职的方式聘用汉语教师；第三，学校将有限的全职职位名额拆分，例如，聘请两位汉语教师，但只有一个全职名额，则两位教师各拿50%的薪资。

显然，这三种方式都不是长久之计，都给人带来一种不稳定感。针对第一点，并不是每个大学都有孔子学院，所以并不适用于每所大学，而且孔子学院的教师任期大多在一年至三年，所以这种走马灯式的师资轮换，并不适合学科的可持续发展。针对第二点，其师资稳定性甚至不如第一点，许多学校都是聘用在校的中国留学生教授中文，首先，这些学生缺乏教学经验，其次，大部分人毕业后大会选择回国或者去其他地方工作，因为不太可能在毕业后还接受一份没有长期合同的临时工作，同样不利于学科的可持续发展。针对第三点，基于葡萄牙现有的欠佳的经济形势，哪怕是拥有博士学位的全职助理教授，其税后起薪不过才2 000欧元左右，那么对于只有50%甚至更低比例的教师来说，薪资的竞争力远不如在当地的公司或者企业工作。

因此，可以说师资的稳定性及待遇是掣肘葡萄牙汉语教学发展的一个重要因素，但解决这个问题并不是一朝一夕的事情，也不是高校可以自主处理的，涉及国家经济、社会及教育制度等多方面原因，政府也不可能为了一个汉语教学就大刀阔斧地对高教制度进行改革。所以，各高校目前可以做到的只是最大程度上争取汉语师资名额、合理利用各方资源并严把师资质量。

其次，则是汉葡双语教师的短缺。目前，葡萄牙的汉语师资背景主要分为三类：第一类是汉语或对外汉语专业出身的华人；第二类是葡萄牙语专业出身的华人；第三类是汉语专业出身的葡萄牙人。这三类教师各有各的优势，但也有明显的不足。

这三类教师优势都很明显，但并不能说孰优孰劣，如果可以将三类教师进行合理的安排，那么汉语教学才会达到最好的效果：第一类教师汉语专业知识深厚，适合教高年级或高级别课程，而且这个阶段的课堂主要以汉语为主，并不需要介入过多的葡语或英语；第二类教师葡语能力优秀，但汉语本体知识欠缺，因此适合教授阅读、听力及会话等课程，这些课程都弱化语法功能，更强调语言的使用与沟通，同时，教师可以清晰地讲解授课内容，最大程度避免了沟通障碍；而第三类教师更适合教授初级课程，师生间可以做到无障碍交流，并且教师可以将自己初学汉语时的经验与学生进行分享，从而提升学习效果。

针对第一类，这些华人教师对汉语知识的掌握程度毋庸置疑，大多为孔子学院或汉办派遣的公派教师，但通常他们都不精通葡萄牙语，无法在课堂上直接使用葡语教学，转而使用英语进行教学，所以这一类教师并不能算作汉葡双语教师。但毕竟英语并非葡萄牙的官方语言，学生的英语程度也参差不齐，并且英语也并非这些教师的母语。所以，无论对于教师还是学生，都是在用自己的非母语进行交际，这样难免会有信息传达不到位，甚至产生误解的情况，从而影响了教学质量。

基于此，国家汉办曾委托澳门大学及澳门理工学院承办过针对汉语师资的葡语培训，培训者接受为期四个月至一年的葡语密集授课，结业后大多被派至葡语国家任教。另外，葡萄牙的孔子学院大多也与所在大学协商，为汉语教师提供免费的葡语课程，旨在减轻语言障碍在工作及生活中所带来的不便。然而，基于现有政策，公派教师或志愿者任期最多三年，其实在这个时候，这些教师无论是葡语能力还是教学经验都有了长足的提升，他们的离开着实是一个巨大的损失，而新来的教师又不得不再次重复一次这个过程，并不利于学科的可持续发展。因此，如果能够将在政策上做出一些调整或让步，能够选拔一些优秀的教师长时间留在葡萄牙任教，必将是一个双赢的选择。

针对第二类，这些教师的汉葡双语能力通常很好，这一类教师虽然属于汉葡双语教师，但他们几乎从未修读过汉语语言学及语法等本体知识，所以在基础教学中，通常也会表现得很吃力。事实上，部分人对语言教学有误解，认为中文是自己的母语，那么教外国人中文就是轻而易举的事情。但实际上并非如此，尤其是在初级阶段，如果教师没有很好地掌握汉语本体知识，则很难系统并有条理地进行授课，更无法以专业角度去回答学生所提出的问题。

此类教师也有部分是来自国家汉办的公派教师或志愿者，在出国前会参加针对对外汉语教学法的短期培训，但对于教师而言，依旧杯水车薪。好在汉语作为自身的母语，依靠自学来提升自我亦非难事。

针对第三类，这类教师相对来说是最适合对初级阶段学生进行授课的，他们既掌握汉语本体知识，又可以借助母语葡语进行授课，课堂效率相对较高，是比较合适的汉葡双语教师类型。但由于之前所提到的编制及待遇等原因，这类人才很难留在大学任教，对于葡萄牙的汉语教学着实是一个重大损失。这种情况相比于上两类而言，更加复杂，并非依靠个人力量可以解决，也许只能依靠学校与政府间的协调，争取更多的汉语教师编制才能够吸引及留住人才。

五、汉葡双语人才就业方向及前景

如上所述，葡萄牙高校培养的汉葡双语人才主要分为三类：第一类是学习中文专业的葡萄牙本国人；第二类是本科学习葡萄牙语专业并且在葡萄牙攻读硕士或博士学位的华人；第三类则是从本科起就在葡萄牙就读非语言类专业的华人。这三类毕业生的就业方向有所不同，但总体的就业情况都较为乐观。

第一类毕业生，大部分选择留在葡萄牙，其中多数选择在企业工作，既有华为、中兴等中资驻葡萄牙的企业，也有国家能源网络集团（REN）等开展对华业务的本国企业；少数人在葡萄牙从事教育、翻译及文化传播等与汉语相关的工作。此外，也有不少毕业生选择到中国内地或澳门工作，其中一部分选择了在高校从事葡语教学工作，另一部分在葡萄牙驻华使领馆、人民网、《澳门论坛报》等政府机关或新闻媒体工作，还有一部分则在企业工作，不乏阿里巴巴、百度等知名企业。

事实上，选择在中国内地工作的毕业生会遇到非常多的问题，首先就是工作签证的问题，目前中国内地对外籍人士来华工作的审批还是比较严格的，中小型企业很难申请到外劳配额，而即使申请到了工作签证，通常最多也只给两年，并且申请签证延期的手续也并不是很轻松。如果在高校任职，工作签证会相对容易些，但是基于目前中国高校的体制，通常不会给外籍人士长期合同，尤其是外语教师，更换也相对频繁。上述这些情况，都给渴望在华工作的葡籍人士造成了一定的障碍及产生不稳定感，或多或少都会影响他们的工作计划。然而，这也是由于政策等多方面因素造成的，也不是一朝一夕能够解决的，但相信随着中国社会的不断开放与发展，这些问题定会得到逐步的缓解。

第二类毕业生，大部分选择回中国就业，尤其是随着内地及澳门高校葡语专业的不断设立，对高学历的汉葡双语教师的需求也越来越大，所以这些毕业生中选择在高校教授葡语的占了很高的比例；此外，与第一类相似，部分学生也选择在政府机构、新闻媒体或公司企业工作。

也有部分毕业生选择留在葡萄牙工作，同样以公司企业为主，但是与第一类不同的是，有非常多的中国毕业生选择了在移民中介公司工作。葡萄牙于2012年通过了"黄金居留"法例，意即外国人可通过在葡萄牙置业从而获取居留权，政策实施至今，中国籍申请人占到审批总量的80%以上，这也催生了移民中介公司创办的热潮。基于此，精通中葡双语的毕业生无疑是最合适的人选，因为他们对中葡两国的文化也非常熟悉，对客户的需求也更加了解①。

此外，还有些毕业生选择了外派至安哥拉、莫桑比克等非洲葡语国家或巴西，通常先与国内企业签约，经过一段入职培训后直接派去外国，通常以工程类项目翻译为主，其中不乏葛洲坝、中国水利水电、中国五矿及国家电网等知名国企。虽然外派的补贴较高，但弊端也非常明显，除了医疗、环境及家庭团聚等问题外，最大的一个障碍则是可持续发展性差。

首先，大部分中资企业在非洲葡语国家都是属于项目工程，换言之，项目结束后，能否继续有其他项目衔接则是未知数。其次，非洲葡语国家均为欠发达国

---

① 李津青：《葡萄牙语译员在中国企业"走出去"中发挥的作用》，载于《语文学刊》2016年第4期。

家，基础建设较差，社会发展落后，很难令华人下定决心扎根于此。同时，对于葡语专业出身的人来说，境况较为尴尬，如果选择离开非洲或巴西回到国内，不但没有合适的岗位安排，待遇也远不如外派。鉴于此，多数葡语出身的从业者都在完成本职翻译工作之余，学习更多的与自身工作相关的专业知识，如水利水电、通信网络等，以期回到国内总部后，即使不做翻译工作，也能够胜任其他工种。

关于第三类毕业生，由于葡萄牙自 2014 年起才接受中国的高考成绩，所以也是从 2014 年起才有成规模的中国本科生留学团体，最早一批将于 2018 年毕业，而此前只有极少量的中国本科留学生，因此暂时无法统计这一类毕业生的就业数据。但可以预见，这类学生的主要就业方向更加广阔，最大的优势即在于"语言＋技能"，补充了纯语言专业毕业生的不足。在就业选择方面，他们可攻可守。既可以依靠葡语的优势找到需要汉葡双语的岗位，也可以脱离葡语，单以自己所学专业作为就业依托。事实上，这种"语言＋技能"的成果导向教育（OBE）模式，目前也是诸多开设语言专业高校所提倡的，例如澳门科技大学及北京交通大学的葡萄牙语本科专业都以 OBE 模式作为授课理念，除葡语科目外，还增加了如工商管理、新闻传播等类别的副修科目，旨在培养多元化双语人才。

近年，无论是中国还是葡萄牙，甚至其他葡语国家都加大了汉葡双语人才培养的力度，其主要原因则是中国与葡语国家经贸往来增多，并且增速极快。截至 2017 年 6 月，中国与葡语国家之间的贸易额已达 5 735.8 万美元，同比上升 37%。[1] 鉴于此，中华人民共和国商务部早在 2003 年便与澳门特区政府设立了中国—葡语国家经贸合作论坛（澳门）常设秘书处（简称中葡论坛），以澳门作为平台，为中国与葡语国家间的贸易往来提供资源，并设立了中葡合作发展基金。

然而，由于产业结构及劳工政策等原因，并不适合在澳门直接建立公司并开展业务。但是如果葡语国家直接将企业设在中国内地的话，又无法享受到澳门的平台作用。基于此，随着广东省与澳门特区共同开发珠海横琴自贸区计划的推进，不少来自中国与葡语国家的企业都选择在横琴设立分公司甚至总公司，并可以享受到澳门特区政府及广东省政府提供的双重优惠政策。而中葡论坛也在 2015 年建立了中国—葡语国家经贸合作及人才信息网，来自世界各地的汉葡双语人才均可注册，而企业也可以从中挑选合适的双语人才[2]。

目前，入驻横琴的粤澳合作中医药科技产业园、大横琴等企业都在积极开展与葡语国家的合作，越来越多来自中国内地、中国澳门以及葡萄牙的汉葡双语人

---

① 参见中国—葡语国家经贸合作论坛（澳门）常设秘书处网站，http：//www. forumchinaplp. org. mo/.
② 郭永中：《澳门建设中葡商贸合作平台的战略思考》，载于《理论学刊》2011 年第 10 期。

才选择来到横琴工作。相信随着"一带一路"及大湾区政策的实施，并配合中葡论坛及横琴自贸区各项有力措施的逐步推进，中国及葡语国家间的经贸合作还会持续高速增长，从而汉葡双语人才的需求也会持续增多，也会有更多的就业机会提供给他们，最终形成一种可持续发展的良性循环。

六、总结

综上所述，纵使葡萄牙的汉语教学依然存在着许多问题，但各方都在积极地应对。诚然，一些牵涉政法体制的问题或许在短期内尚无法彻底解决，但相信随着中葡两国经贸文化往来的愈发密切，葡萄牙政府会重视在培养汉葡双语人才中所面临的问题，也会给予更多的优惠政策与措施，做出适当的调整，用以留住优秀人才、提升教学质量并增强本国汉葡双语人才的竞争力，而汉葡双语人才的就业前景也将会非常乐观。

参考文献

［1］陈玮：《圣保禄学院的创办于入华耶稣会的活动》，载于《韶关学院学报》（社会科学版）2004 年第 4 期。

［2］De Almeida，Luciano．"Sistema Público de Ensino Superior Português：Contributos para a Sua Reforma"．Fórum Gestão Ensino Superior，2011．

［3］支娟：《葡萄牙文化政策的主要特征》，载于《山东图书馆学刊》2013 年第 2 期。

［4］刘伟：《孔子学院的文化软实力作用》，载于《云南师范大学学报》（对外汉语教学与研究版），2010 年第 8 卷第 4 期。

［5］李津青：《葡萄牙语译员在中国企业"走出去"中发挥的作用》，载于《语文学刊》2016 年第 4 期。

［6］郭永中：《澳门建设中葡商贸合作平台的战略思考》，载于《理论学刊》2011 年第 10 期。

葡萄牙黄金签证为投资者带来的机遇与挑战

宋雅楠　蔡擎仪*

摘　要： 随着中国投资移民的人数的逐年增加，除了希望累积财富外，移民者对生活权利的关注度也越来越高。由于欧美老牌移民国家的政策紧缩，移民葡萄牙的申请者数量正稳步上升，葡萄牙除了有相对稳定的政治环境，优美的自然环境和宜居的气候也吸引了许多移民者。本文通过对投资移民现状的对比分析，找出葡萄牙黄金签证政策为移民申请者带来的机遇和风险，希望为相关的移民者提供经验借鉴。

关键词： 投资移民热潮　移民政策　葡萄牙黄金居留签证

随着中国改革开放后经济水平的提高，以及全球化浪潮的影响，中国高净值人群越来越年轻化，选择境外投资和移民的数量也在逐年稳步上升，在获取资本回报、积极开拓新市场的同时，也带来了移民国政策紧缩、对移民国环境不了解而导致的浪费资本、移民中介乱象丛生致使申请失败等一系列问题。投资移民是为了获得额外的生活权利保障，但是同样也伴随着风险和挑战。

一、中国对外投资移民现状

随着中国经济水平的不断提高，中国目前正处在第三次移民潮当中，相比于之前的移民潮，这波移民的主要方式为投资移民，与过去技术移民和留学移民不同，这是一种以资金作为媒介，通过对移民国的投资来获取居住身份的方式。由

---

* 宋雅楠，澳门科技大学商学院副教授。研究方向为国际贸易与投资、中葡经贸关系等。
蔡擎仪，澳门科技大学商学院硕士研究生。

于这种方式相较于传统的技术和留学移民来说更为简便，对于有资本条件的人来说，正逐渐成为移民的首选方式。

根据统计，自从金融危机以来，中国呈现出出境游旅客不降反升的态势，仅2013 年，中国出境旅游接近 1 亿人次，且前往欧洲申根国家的签证高达 1 720 万份，使中国一跃成为欧盟申根区旅游业第三大客源国，而今后这个趋势会愈加明显。随之而来也导致了许多对投资移民持观望态度的中国人将欧洲作为移民国的选择。2011～2013 年，随着中国移民美国的人数持续递减以及加拿大等国的移民政策紧缩，一些欧洲小国家抓住时机放宽了移民政策，并以此来吸引投资从而缓解金融危机造成的损失。

1. 中国对外投资移民的主要类别

随着投资移民的人数逐年增加，综合申请者的职业、社会地位等因素，我们可以把投资移民的申请者分成如下几个类别。

（1）民营企业家投资移民。

民营企业家投资移民是指国内非国有企业家出于特定目的，将大额资金投入国外房地产、移民国移民项目中，以期获得利润及完成移民的移民方式。这类投资移民者大都拥有大量财富，对于他们来说只要投资就可以获得移民身份而不需要对所投资项目亲力亲为，在工作地点的选择上更为灵活。同时对于移民国来说，这类移民者可以为本国带来大量资金，其投资项目更可以为本国带来就业机会，缓解金融危机造成的经济和人力损失，在一定程度上缓解国内的矛盾，所以目前欧洲一些经济发展相对落后并且受到金融危机影响的国家纷纷对这类移民者抛出橄榄枝，制定不同程度的投资移民政策，面对这种投资金额越高移民速度越快的政策，对中国越来越多选择移民的"千万富翁"有着足够的吸引力，他们也成为投资移民人群中的主力军。

（2）国有企业员工投资移民。

国有企业员工投资移民主要是国有企业派遣到国外公司工作，为适应当地工作生活而采取的一种移民方式。相比民营企业家来说，他们具有海外工作优势，但是资金不足，若是想快速获取移民资格也只能选择投资移民。例如匈牙利，作为欧洲的一个教育强国，加上移民门槛较低，没有移民监，通过购买国债就可申请永久居留权，申请人子女可享有免费的义务教育，而且之后申请英美名校的成功率都会高很多，这对于有子女的国有企业外派员工来说这无疑是个好的机会。

（3）精英及知识分子投资移民。

这类移民的主要群体是国内公司高管、行业精英和知识分子，他们的想法较为长远，可能目前的资金不足，但是为了事业和家庭的考虑，选择移民。这类人才移民是一些需要外来人才的国家所欢迎的移民人选。例如荷兰的高新技术移民政策，通过对申请人及公司的严格筛选，他们不仅可以获得永久居留权，也可以携带一名未满 18 周岁的子女在荷兰生活，这对一些高新技术人才来说是十分具有吸引力的。

（4）明星群体投资移民。

明星由于在大众面前的曝光度很高，在积累了一定财富之后，出于对自己和家人私人空间的保护而选择移民海外，一方面保护了自己的私人空间；另一方面获得移民身份可以自由出入于免签国家，方便拓展以后的演艺道路，发展演艺事业，这对于明星来说具有很强的吸引力。

2. 中国对外投资移民的发展趋势

（1）中国投资移民者移民动机。

对于中国的投资移民者来说，选择投资移民除了是其获取居住权的方式外，更多地受到国内购房、教育、医疗等政策的影响，许多投资移民者看重的是在移民国有多少国内暂不具备的福利政策。大部分中国人都希望自己的生活是可以得到保障的，但是受限于不断攀升的房价以及希望子女能够受到更好的教育、让家里的老人可以更好地安度晚年的医疗保障等现实问题，越来越多有条件的中国人将眼光放在了移民上。

然而，并不是所谓的有钱人都会选择移民，也并不是所有的移民申请人都是有钱人，由于历史、家庭背景、学历等因素造成的不同，一部分白手起家并获得成功的企业家在自己打拼的过程中，除了累积了社会地位外，同时也认识到了教育对于人生的重要性，这样的"富人"比例目前在中国还是相当高的，他们自身可能文化水平不高，但是他们在下一代的教育问题上，无疑是尽自己最大的可能给他们提供优质的受教育机会，综合看来大部分国家的投资移民政策都可以允许申请者携带一名子女共同获得永久居住权，并享有移民国公民子女同等的受教育的权利，这一条件也是大部分移民申请者选择投资移民的动机。

投资移民者的第二个主要动机体现在对资金的不安上。投资移民与留学和技术移民最大的不同就是资金，投资除了可以获得一部分的回报利润外，另一方面还是许多富人为了自己资产的安全所做出的选择，由于中国人口众多，贫富差距相对还是比较大的，不得不承认有一部分有着"仇富心理"的人对投资移民者所拥有的财富有不健康的心理，这对于好不容易积累下财富的人来说是一个令他们不安的因素，所以他们选择投资房地产、能源、金融等不同的项目。一方面为了进一步在能力范围内提高自己的生活质量；另一方面可以安全地转移部分资产，达到风险转移的目的。

随着国家"二孩政策"的放开，意味着中国目前的人口老龄化的问题已经比较严重，虽然现在国内各大城市居民都基本享有医保，但还是有着"看病难"的大问题，对于有老人的家庭，问题则更为紧迫。不少人为了安度晚年，便把目光投向国外，尤其那些医疗保障体系较为健全的国家，更受投资移民者青睐。

（2）中国投资移民现状。

根据2015年发布的国际人才蓝皮书《中国国际移民报告》，中国华侨华人总人数为600万人。作为世界上最大的海外移民群体，中国移民的主要移民国为美国、加拿大、澳大利亚、韩国、日本和新加坡等国家。截至2013年，中国是美国永久居留移民第二大来源国、加拿大永久居民最大来源国、英国第一大移民来源国、澳大利亚除技术移民外其余类别的最大来源国。从以上数据统计可以看出，中国移民至发达国家的人数虽然部分国家有小幅下降趋势，但总体是稳定的。

（3）未来中国投资移民发展趋势。

目前虽然中国移民至发达国家的人数总体稳定，但是在2014年2月，加拿大联邦移民部废除投资移民项目，造成6.5万人的移民申请被驳回，让许多对投资移民至大的发达国家持观望态度的人转变了态度，开始逐渐向一些小语种国家靠拢。

而欧洲一些小语种国家，在经受了2008年金融危机后经济一度衰退，经济发展缓慢，政府为了维护经济杠杆的平衡，不得不出售部分国有资产，来吸引外商投资从而促进本国经济发展。鉴于发达国家对于移民政策的门槛的不断提高，像葡萄牙、希腊、匈牙利等国家看准了投资移民这个契机，通过降低移民门槛的方式吸纳资金，从庞大的移民市场上分一杯羹来弥补本国经济不足的缺陷。目前小语种国家移民市场十分火热，例如希腊，对于中国大部分人来说希腊作为一个依靠旅游业发展的国家，风景优美、气候宜人、坐拥爱琴海的美丽景致，是许多人向往去旅游的国度。在2013年4月，希腊议会批准了投资移民促进法，规定非欧盟公民，愿意在希腊投资不动产的，购买价值25万欧元的房产就可全家申请5年居留许可，在5年内房产不出手就可以延续居留身份。这种移民政策对于希望持有申根国身份的中国人来说无疑是个非常好的机会，可以在申根国之间畅行无阻，这样的便利条件怎么可能不吸引移民申请者前来投资呢？

综上所述，虽然大多数的申请者仍会首选发达的欧美国家，例如美国、英国、澳大利亚，但是小国的移民热度不减，将会受到更多移民者的青睐。

二、中国对葡萄牙投资移民及与其他国家投资移民的比较

葡萄牙地处欧洲西南部，海岸线长达832公里，属于典型的地中海气候，年平均气温冬季摄氏7~11度，夏季摄氏20~26度，日照长，非常适宜居住。除了气候条件优越外，葡萄牙也是欧盟成员，也在葡语国家中有着不可撼动的影响力，所以自2013年以来，申请葡萄牙投资移民的人越来越多，现在已成为炙手可热的移民国。

（一）葡萄牙黄金签证对中国公民的投资移民政策

葡萄牙黄金签证全称"黄金居留许可计划"，是葡萄牙在2012年推出的一项优惠移民政策，通过对非欧盟公民放宽权益从而吸引更多非欧盟公民投资移民到葡萄牙，即申请者在葡萄牙投资100万欧元，或者购买价值超过或等值于50万欧元的房产，或者在葡萄牙创业，为葡萄牙创造至少10个工作岗位。

这项政策颁布的目的不仅仅局限于房产投资，土地、葡萄种植园、工厂等都可以，甚至对数量也没有限制，只要在递交申请时满足大于50万欧元即可，而且这项政策的颁布不仅仅可以为葡萄牙带来经济投资，还可以增加就业机会，缓解就业岗位不足带来的失业率走高问题。

该政策一出，中国的许多投资者就对此十分感兴趣，之前由于国家电网收购了葡萄牙国家能源网公司25%的股份，三峡集团收购了葡萄牙电力公司（简称EDP）21.35%的股份，以上收购的都是葡萄牙的国有资产，且均以企业为单位进行的投资收购。而黄金签证可以做到吸引个体投资，加速资本流动速度，对葡萄牙政府来说既可以对本国的经济发展起到促进作用，也可以吸收欧盟外资本，加强国内外民间合作交流。

但是这项政策的颁布很快就带来了一些负面问题，最明显的就是政府官员和地产中介的腐败丑闻。在2014年处理的案件中，有一些不法中介利用投资者对葡萄牙的语言、投资环境不熟悉的弱点，哄抬房价，或者借黄金签证发放的理由与公证处联合谋取私利，这使得这项本来是为了吸引投资来挽救低迷经济的政策变成了一场贪腐闹剧。为此，葡萄牙政府在2015年7月曾经暂停了黄金签证的审理，并在法律完善后重新开启了审理程序。这场"暂停"风波使这项政策更加完善。

新颁布的法案除了对审批时长做了一个界定，更主要的是更新了投资移民葡

萄牙的渠道，由原来的 3 个渠道增加到 7 个，目前申请人可以通过以下渠道申请葡萄牙黄金签证：

（1）等值或大于 100 万欧元的资本转移。

（2）在葡萄牙创业，并创造至少 10 个就业岗位。

（3）购置等值或大于 50 万欧元的不动产。

（4）购置等值或大于 35 万欧元的房龄大于 30 年或位于城市再生区域的不动产。

（5）投资等值或大于 35 万欧元的资本用于国家科技系统内的公共或私人科研机构的研发活动。

（6）在艺术输出领域投资等值或大于 25 万欧元的资本。

（7）等值或大于 50 万欧元的资本转移，用于购买投资基金、中小企业风险投资，必须提供可行的资本化计划。

更新后的移民政策使投资渠道更多元化，针对葡萄牙目前正在进行的科技研发项目、老城改建项目、新能源开发项目和失业率下降等问题为投资者提供了更多选择以便投资者选择最便捷的方式申请到黄金签证。

（二）其他国家对中国公民的投资移民政策

1. 加拿大投资移民政策简介

加拿大是典型的移民国家，其移民史可以追溯到 1867 年。加拿大之所以大力发展移民，主要是为了满足国内人口和人力资源匮乏的缺陷，而投资者选择加拿大作为移民国通常是被其完善的金融体系、较为稳定的经济增长速度以及优美的环境所吸引。而且加拿大政府对投资移民配额较多，可能导致的纠纷比较少，所以加拿大一直是移民热门国。加拿大的移民签证主要分为三种：联邦投资移民、魁北克省投资移民、各省提名交由联邦核发签证。

在 2002 年，加拿大政府最新颁布的移民法中对联邦投资移民条件做了如下规定：

（1）拥有 80 万加元以上的净资产，主申请人或与配偶共同拥有皆可，必须为合法所得。

（2）自申请永久居民签证之日 5 年前至该申请获准之日期间，有至少 2 年管理经验。

（3）同意将个人净资产的 40 万加元用于投资加拿大经济机构，且 5 年内不得收回。

（4）身体健康，接受体检和安检，并且没有犯罪记录。

虽然新政策对申请者的资产和商业经历有了明确规定，加强了申请的难度，一定程度上控制了移民的通过率，但是由于投资移民没有居住、语言、学历的限制，而且该政策对于希望全家移民的申请者来说，只要有一人申请成功，全家都享受同等待遇，因此这种有利的条件使得申请者数目到了 2005 年创了历史新高，达到 2 591 人。

但是移民政策通常都与政治政策有关，自从 2006 年加拿大保守党上台执政，对于移民热潮就保持着冷淡的态度，甚至不断抬高移民门槛。到了 2010 年，对申请者的净资产要求提高至 80 万加元，频繁的政策调整带来的后果除了放缓了审批速度、申请者数量的急剧减少，也导致了不断有原来的申请者按新出的政策重新申请，移民局积压的申请数突破 2 万份。而在这当中，中国的投资移民者就占了 75%。随着政策不断紧缩，配额降低，截至 2014 年 2 月，加拿大政府宣布全面终止联邦投资移民这一计划。

面对受到"一刀切"的联邦投资移民政策，越来越多的投资者为了获取加拿大移民转而选择魁北克省投资移民（QIIP），即：

（1）申请人通过合法方式获得 160 万加元或以上。

（2）申请人在过去五年里至少有两年以上成功的管理经验。

（3）申请人获批后向魁北克政府认可的投资基金公司投资。

由于这项移民政策配额相对稳定、投资方式不需要在加拿大创办及经营公司，而且没有语言和学历要求，可全家一起申请。如此一来，魁北克省的投资移民政策可谓是没有任何风险的，这样的利好消息使得虽然联邦投资移民叫停，但中国仍旧是加拿大永久居民的最大来源国。

2. 西班牙投资移民政策简介

西班牙同样作为欧盟中的一个国家，与葡萄牙有很多相似之处，但是从经济发展来说，西班牙要比葡萄牙发达许多，近些年也成为炙手可热的移民国家之一。且西班牙的教育也是独具特色的，比如小班教学、课程多样等，但是与葡萄牙不同，西班牙有 10 年的义务教育，中学学制为 4 年。西班牙政府颁布的投资移民政策主要有两种：

一种是购房移民政策：

（1）主申请人年满 18 岁。

（2）申请人无犯罪记录。

（3）购买 50 万欧元以上房产。

另一种为非营利居留项目：

（1）18 周岁以上的合法公民。

（2）在西班牙持有 10 万欧元以上的房产为居所。

（3）5 年内没有犯罪记录。

（4）持有健康体检证明及健康保险。

（5）在西班牙银行账户拥有 4 万欧元以上的存款。

尽管有两种移民项目，但是大部分人都会选择直接投资房产，随着投资移民升温，由此带来的房产泡沫问题在西班牙已初见端倪，根据西班牙统计局的数据显示，2017 年仅一季西班牙的商品房价格平均上涨 5.3%，持续了 12 个季度的增长势头并没有减弱的趋势，房地产行业若价格强势增加，对于投资者来说资金也将成为一个重点考虑因素。

3. 希腊投资移民政策简介

希腊是北爱琴海包围着的浪漫国度，一直以来充满着神秘，对于大部分中国人来说希腊就是个蓝色的国家，它也一直因秀美的景色吸引着各国游客。随着旅游业的不断发展，希腊政府于 2014 年实施移民法案，至今申请条件没有什么变动：

（1）年满 18 周岁。

（2）在希腊购买 25 万欧元及以上的房产。

（3）有至少一次入境希腊的记录。

希腊的移民政策可谓是欧洲国家里条件最少的也是最低的，甚至可以选择贷款补齐房款，也并没有语言要求，更不用证明资金来源，主申请人的配偶及双方父母都可作为副申请人共同移民，对于不想投入过多资金但是希望获得移民身份的人来说希腊的移民政策再适合不过。但是获得希腊居留权后不能作为雇员在希腊工作，所以目前考虑移民希腊的申请者年纪多半靠近退休年龄，将希腊作为度假地。

（三）对比不同政策下葡萄牙黄金签证的优势

现如今老牌投资移民国家的移民政策都避不开需要在移民国投资并进行经营维护，达到一定的年限要求才可以获得永久居留权，与此相比，新兴的投资移民热门国为了吸引投资者而选择利用房地产置业移民的政策，一方面这种方式可以快速获得资金；另一方面在众多移民国家当中可以有效地占领部分移民市场。

在欧洲目前推出买房移民政策的国家中，选择移民葡萄牙的人数是最多的，根据葡萄牙移民局的统计，从黄金签证推出以来，每年吸引投资人数近千人，为何越来越多的人选择移民葡萄牙而非传统的移民国家呢？

1. 法律法规完善，政局相对稳定

葡萄牙是一个大陆法系国家，一直以来使用成文法，虽然不是大陆法系的典型代表国家，但是其一直融合借鉴欧洲其他国家的法律，所以法律环境相对完善，虽然黄金签证发放后暴露出其政府有些机构和官员有贪腐现象，但是在及时地调整相关政策后，完善相关法律维护了司法的正义。另外就投资环境而言，已经在葡萄牙进行了相对较大的收购投资的中国企业表示，葡萄牙的商业市场较为温和，这个温和体现在投资环境的宽容性比较高，没有明显的歧视性政策，门槛相对欧洲其他市场也比较低，这是让投资者乐于投资的一大原因。

除了市场的包容性大外，葡萄牙由于法制健全，治安相对比较好，西班牙虽然投资移民政策也很吸引人，但是由于西班牙离非洲海岸线仅隔10公里，且近日又发生恐怖袭击，让很多人对这个本来平静了很久的国家再次担忧起来。据统计，仅2017年上半年7个月到达西班牙海岸线附近的非法难民数超过了8 300人，已经大大超过往年，这些难民大多来自中东和非洲，对于想要移民至西班牙的投资移民者不得不将安全因素纳入考虑之中，随着非洲移民路线不断西移，西班牙很可能迎来移民数的激增。相比之下葡萄牙的社会安全性较高，特别对于为了子女教育而移民的家长来说，葡萄牙的优势就十分明显。

另外葡萄牙官方语言为葡萄牙语，作为葡语语系的宗主国，与其他葡语国家相比，葡萄牙的政局比较稳定，移民政策虽然不能为移民者一步到位拿到永久居留，但是法律的成熟和稳定使得移民申请者没有经历过太大波澜，遭遇如同加拿大移民政策一样的"一刀切"。同时，政局的稳定为投资者提供了比较安全的投资环境，虽然投资体量和市场不是很大，但是对于投资移民的人来说，这是葡萄牙的一大优势。

2. 移民门槛低

葡萄牙的移民政策不论是对申请人资金的要求还是收入来源都没有过多的要求。相比于加拿大动辄近千万的投资金额以及额外的管理经历要求，葡萄牙的要求仅仅为50万欧元的地产投资，对于资金的来源并不需要公证和解释，手续简便许多。

就申请后的居住时间来看，虽然葡萄牙和西班牙的地理位置差不多，就经济条件和教育水平而言也相近，但是葡萄牙移民监的要求是第一年住满7天，此后每两年住满14天就可以了，而西班牙则要求每半年入境一次，如果只是为了维持居留许可那么之后每两年登陆一次，但是如果想获得永久居留则需要在5年内离境不超过6个月，对于申请者来说在时间的安排上不如葡萄牙便利，而且两年

登陆一次的规定受政策影响，如果有了新的变化很可能无法继续获得居留许可，同样主申请人的父母也不在附属申请人的资格内，这对于考虑全家移民的申请者来说并不是一个好的选择。

虽然就申请门槛来说希腊更占优势，但是从整体经济发展水平来看希腊的主权债务危机还是比较大的，整个国家还处于经济复苏时期，希腊的支柱产业是旅游业和造船业，这都是容易受到国际环境冲击的产业，复苏的速度远不及葡萄牙，所以相比而言，希腊投资可以获得的收益更低，如果是想以获得收益为目的而投资移民，希腊就不是十分的合适了。

三、对葡投资移民的机遇

中国经历过改革开放后，资本的流动越来越国际化，而现在对于更注重财富积累的中国人来说，选择一个法律环境完善，投资环境包容性较大，投资风险较小的国家是更好的选择。由于这类投资者本身资金不足，相比于企业投资他们所要承担的风险虽然较小，但是种类更多，涵盖了资金风险、子女的教育和福利待遇是否完善、税率是否能够负担、生活环境是否优良等，葡萄牙能在近几年成为新兴的热门移民国家也正是由于在投资者眼中它有着很大机遇。

（一）黄金签证对移民者子女教育提供的优势

随着越来越多的家长为了子女今后教育的便利而申请移民以获取更好的教育资源，意大利也凭借其教育领域的优势成为近些年欧洲移民热门国，但是意大利的移民条件不仅需要申请人提供每年不低于3.1万欧元的非工资性收入证明，如果是为了子女也可以一同申请，这个金额门槛还需要提高，甚至还会被要求提供购买房产的资金来源证明，同样是教育水平处在欧洲前列的葡萄牙无疑更具有竞争力，除了本身葡萄牙国内有许多著名院校，获得黄金签证的申请者子女除了可以享受18岁以前的义务教育，还可以更容易的申请到欧洲的名校。对于第一年累计居住满7天，后四年每两年居住满14天的申请者来说即可申请欧盟永居身份，除了可以自由出入申根国家之外，子女可以与本地生一样报读欧洲名校，享有一样的学费待遇，这也是许多家长考虑移民葡萄牙的一大原因。据不完全统计，目前就里斯本周边的国际学校中，就已有近三成是中国学生，可见葡萄牙的移民政策对中国家长来说是极具吸引力的。

同时，葡萄牙的高等教育质量在欧洲也名列前茅，学校的管理制度严谨，虽然主张自主管理，但是对于各机构的职责分工明确，突出学生在学校管理当中的重要性和参与度，旨在提高学生的综合能力，培养精英人才。与中国内地的高等教育相比，可以使学生的能力总体水平得到更大的提高。

（二）葡萄牙旅游业发展为投资移民者带来的机遇

鉴于葡萄牙优越的地理位置，宜人的气候加上比较严谨的治安环境，旅游业在葡萄牙的发展越来越好，现在已成为葡萄牙发展经济的优先战略。目前在葡萄牙所有的工作岗位中，有10%的岗位都来源于旅游业。受金融危机的影响，虽然葡萄牙旅游业近些年涨幅放缓，但不可否认旅游业的需求量是在增加的，以此带动了葡萄牙其他经济活动的发展，比如商业和服务业。

从20世纪葡萄牙政府颁布"阳光、海岸、沙滩"的3S政策以来，主要的旅游产品都在夏季，为了应对越来越多的游客数量，加强旅游业的多样化，解决葡萄牙旅游产品单一、来源集中的问题，政府在原有的基础上又加入了绿色旅游和海岸线旅游业，旨在发展环境友好型旅游和多元化旅游。绿色旅游是指将自然环境、生态环境和乡村环境相结合，在国家公园或游客较少的旅游业不发达地区举办活动，是为了使游客对葡萄牙未开发的自然风光有更多的了解，而不仅仅局限于夏季的海岸旅游，这也从一定程度上缓解旅游业淡旺季明显，游客集聚在大城市的现状。而海岸线旅游业则是将传统的旅游区与区域经济相结合，如葡萄酒业、饮食业与河岸、海岸相结合推出旅游产品，推动游客向国内发展，提高其可持续性。

据葡萄牙《新闻日报》报道，2016年旅游业游客数量较2015年增长了11.1%，住宿率增长11.6%，收入增长18.1%。游客主要来自英德法，占到总游客数的一半。预计未来各项旅游指标会持续走高，随着首都里斯本与中国直航开通，中国游客将会成为旅游市场的驱动因素。

对于选择在葡萄牙置业的移民申请者来说，新型的旅游产业在葡萄牙有很大的发展空间，而且不同于国内和东南亚的旅游市场，到葡萄牙旅游的中国游客的占比并不算大，在发展旅游投资的同时更多面对的是欧洲游客，对中国文化传播和异国文化吸收可以起到桥梁作用。虽然葡萄牙的旅游业淡旺季比较明显，但是这对需要居留灵活性较强，不受移民国工作限制的申请者来说特色旅游业是可以抓住的一大机遇，相比于在葡萄牙不算回报率高的金融投资，旅游业是一个资本回报较为稳定、风险较小的行业。

在葡萄牙毕业的留学生受到环境的影响可能会选择回国或者前往欧洲其他国家，但是对于在葡萄牙有房产的移民子女来说，这也是发展旅游业从而获得资本回报的机遇之一。除了可以作为中国游客到葡萄牙游玩的向导，还可以发挥葡萄牙语和英语的熟练掌握的优势，通过与外国游客的交流，加强两国文化的传播。

四、对葡投资面临的挑战

虽然葡萄牙依靠吸纳投资、政策改革、经济去杠杆化等手段从经济危机的旋涡中走了出来，但是由于其本身的经济水平和发展状况与欧盟内其他大国相比，仍有不足，所以对葡投资也面临着诸多挑战。

（一）葡萄牙经济水平不稳定，房产教育投资有风险

虽然欧债危机的余波未散，但葡萄牙的经济在近些年有了提高，冰冻的经济市场在逐渐"回温"，根据经合组织发布的数据，2017 年葡萄牙经济增长 2.7%，但是仍不能说是完全走出金融危机的阴影，加上葡萄牙本身经济市场规模有限，吸纳投资移民只是一个帮本国缓解财政危机的一个手段。

随着黄金签证的发放，葡萄牙的房地产市场由于可供选择的房产资源有限，并且地段较好的房产已经所剩无几，随着越来越多的投资者慕名来到葡萄牙，致使房价已经有了走高的趋势，房地产的泡沫化如果随之加重，除了炒房热潮会哄抬房价造成房价虚高从而影响投资者的资本回报，一旦泡沫化严重而影响到其他行业，那么葡萄牙政府若再次修改移民政策，很可能会影响投资移民的申请人。与严格需要创造就业机会的移民国不同，葡萄牙并不强制要求提供就业机会，但是葡萄牙目前的失业率仍居高位，一旦投资者的资金过多投入房地产造成冗余、闲置甚至房产泡沫，对经济发展的冲击也会造成投资者在本就不高的回报率基础上得到的更少，达不到投资者期望的财富。

另外，由于葡萄牙传统旅游业仍是主力军，淡旺季明显的缺点可能会影响投资者的资本回报，而且对于为了子女教育而选择移民的申请者来说，随着文化交流的不断发展，葡萄牙语人才的缺失致使中葡政府越发重视对葡语人才的培养，目前国内有 20 多所高校开设葡语专业，并且增加了学生之间的交流活动，使葡萄牙语的学习不再困难，并且截至目前，葡萄牙已有 4 所孔子学院，可以学习葡萄牙语的方式越来越多样化，仅仅为了子女教育而移民的选择就显得投资金额较多。

（二）对葡投资可能面临的中介和法律法规问题

中国民间企业家对葡投资的历史较短，个人投资也处在刚刚兴起的阶段，由于葡萄牙官方用语为葡萄牙语并且法律法规不为大众所熟悉，所以在对葡萄牙的法律了解上空白较大。尤其对于投资者来说税收和雇佣相关法律知识尤为缺乏，仅仅依靠互联网的信息，除了翻译会有所出入外，法律法规公布的时效性也有待确认。对于投资移民申请者来说，葡萄牙的社会环境、人文环境、投资环境都无法在短时间内透彻了解，法律法规更是一大难题。而且，葡萄牙的财务方面制度与中国有很大的不同，一旦涉及也很容易对投资者产生困扰。

近些年移民热门国家由于中国投资者对移民国法律法规不熟悉造成被不法中介利用从而申请失败或者投资失败的案例不在少数。虽然葡萄牙移民不像美国移民需要风险投资，容易经营不善，但门槛越低越容易大意从而引发被不规范的中介索要高额中介费甚至投资后血本无归。葡萄牙移民虽然风险较小但是并不是没有风险，申请人在选择时仍需谨慎考虑。

五、总结

随着第三次移民热潮的发展，未来移民的数量还会呈增长的趋势，欧洲小国家跻身热门移民国家，投资移民作为移民种类中申请时间短、申请条件较低的一个类别，正逐渐成为中国移民者的第一选择。

葡萄牙作为投资移民性价比较高的一个国家，近几年热度一直不减，但是投资移民者并不局限于获得居留权利，据统计在2015年，高净值人士在海外的投资比占37%，超高净值人士的海外投资占比57%，在这当中以财富保值为核心需求，其次是财富传承和子女教育。然而海外投资仍然面临很大风险，随着早前的移民国家陆续出台苛刻的移民政策，葡萄牙这样的新兴国家的"低门槛"正吸引着更多的申请者，但是由于葡萄牙本身经济市场比较小，投资回报率并不高，对于不是以获取资本回报为目的的投资者或者资金本身预算不多的投资者来说是一个不错的选择。

但机遇总是与风险并存的，葡萄牙的法律法规和社会环境对于中国投资者来说还是比较陌生的，"热潮"虽然可以带来财富，但是还需要结合自身条件冷静思考后再做选择。

参考文献

[1] 李影：《中国投资移民动机与现状》，载于《山东省农业管理干部学院学报》2013 年第 3 期，第 60 ~ 63 页。

[2] 郑云：《关于投资移民热潮的深入思考》，载于《时代金融》2017 年第 1 期，第 207 ~ 209 页。

[3] 廖萌：《基于利益导向移民理论的加拿大投资移民政策演变及趋势》，载于《浙江树人大学学报》2015 年第 5 期，第 47 ~ 53 页。

[4] 王兴周：《国内投资移民定居意向影响因素研究——基于全国六个城市新移民调查》，载于《华南师范大学学》（社会科学版）2011 年第 6 期，第 86 ~ 93 页。

[5] 廖小健：《中国对美投资移民及发展趋势研究》，载于《广州社会主义学院学报》2011 年第 2 期，第 64 ~ 67 页。

[6] 高峰：《投资移民的冷思考》，载于《市场研究》2011 年第 5 期，第 5 ~ 6 页。

[7] 岩萍：《中国海外移民潮涌　投资移民回报与风险并存》，载于《侨园》2012 年第 139 期，第 31 ~ 32 页。

[8] 舒娴：《中介"返本"承诺难实现　投资移民美国谨防血本无归》，载于《侨园》2012 年第 139 期，第 32 页。

[9] 王泓滢：《投资移民新选择，欧洲小语种国家不输阵》，载于《留学》2014 年第 5 期，第 89 ~ 92 页。

[10] 李哲：《加拿大移民又出重大利好："魁投"重启 70% 的名额都给了中国投资者》，载于《留学》2016 年第 8 期，第 76 ~ 79 页。

[11] 刘全：《葡萄牙大学章程对中国大学章程建设的启示——以里斯本大学章程为例》，载于《文教资料》2016 年第 20 期，第 124 ~ 126 页。

[12] 支娟：《葡萄牙文化政策的主要特征》，载于《山东图书馆学刊》2013 年第 2 期，第 49 ~ 53 页。

[13] 宋全成：《论中国投资移民的积极意义》，载于《社会科学期刊》2014 年第 5 期，第 38 ~ 44 页。

[14] 佚名：《澳大利亚投资移民类签证简介》，载于《侨园》2009 年第 1 期，第 50 页。

[15] 郑珊培：《葡萄牙语在华传播战略及中葡语言合作前景展望》，载于《天津外国语大学学报》2017 年第 2 期，第 54 ~ 59 页。

[16] Duarte，A. P. Regional tourism as a strategic sector for Portugal：Sun，Sea and much more [J]. J. Geogr. Inst. Cvijic，2015，65（2）：229 – 238.

[17] 王辉耀，苗绿. 2015 中国国际移民报告 [EB/OL]. http：//sky. cssn. cn/shx/201511/t20151124_2710871_1. shtml.

[18] 中国新闻网. 美国 EB – 5 投资移民签证名额使用信息与分析 [J/OL]. http：//go-abroad. sohu. com/20120730/n349392764. shtml.

[19] 驻葡萄牙经商参处. 经合组织预计 2017 年葡萄牙经济增长 2. 1% [EB/OL]. http：//

pt. mofcom. gov. cn/article/jmxw/201706/20170602594723. shtml.

［20］中国商务部网站. 葡萄牙旅游产业现状及发展前景［J/OL］. http：//finance. ifeng. com/a/20120203/5529899_0. shtml.

［21］大洋网－广州日报. 葡萄牙黄金居留补充法令出台 9 月 4 日正式生效［J/OL］. http：//edu. 163. com/15/0911/05/B377U8E400294III. html.

［22］范雪珂. 葡萄牙反腐见闻：打击和预防并重［J/OL］. http：//www. jcrb. com/anticorruption/ffpd/201706/t20170627_1770059. html.

［23］华夏经纬网. 西班牙驻华大使馆商务参赞：西班牙购房移民潜力大［J/OL］. http：//www. huaxia. com/tslj/flsj/fw/2017/06/5376558. html.

［24］佚名. 西班牙移民和希腊移民优势大比拼［J/OL］. http：//www. jcnews. com. cn/lm/zx_2017rw/201708/t20170818_295093. html.

［25］佚名. 葡萄牙移民何以在众多欧洲移民国家中脱颖而出［J/OL］. http：//www. jcnews. com. cn/lm/zx_2017rw/201708/t20170818_295093. html.

中国—欧盟国际投资争端解决机制的评价及展望

摘　要：中国与欧盟是长期稳定的国际经贸伙伴关系，在双边投资条约（BIT）的洽谈进入关键成果期，重新审视并理性分析既存的国际投资争端解决机制，对于中国与欧盟之间保持健康、稳定的投资贸易伙伴关系以及国际资本流转体系的合理、高效运转都具有十分重要的意义。本文将国际投资争端解决方式分成三种类别：WTO准司法性手段、ICSID为主的国际仲裁以及法院诉讼。通过对中国与欧盟之间投资争端现状与三种争端解决方式的利弊分析，结合中国实施"一带一路"倡议的大背景，尝试对现阶段以及未来中国—欧盟投资争端解决机制的发展进行合理展望。

关键词：投资争端　WTO　ICSID　国际仲裁　一带一路

争端解决机制几乎是所有双边和多边投资贸易体系中不可回避的一部分，公平合理、兼顾且平衡投资双方利益的争端解决机制，不仅能够给予外国投资者和东道国以规则信心，从长远来看，更能促进国际资本的健康流转与多方共赢。按照争议各方主体的不同，国际投资争议一般可分为三种：国家与国家之间、私主体与私主体之间以及私主体与国家之间的投资争议，相应地，当事人/国可以选择不同的争端解决方式。

一般来讲，国家与国家之间投资多围绕于公共合作或稀缺资源的共同开发项目上，争端的解决更多涉及两国的外交政策或共同加入的国际条约，WTO项下的DSM为成员方之间的争议解决提供了范本和途径；不同国籍间的私人与私人

---

[*] 易在成，澳门科技大学法学院副教授，博士生导师，专长于国际私法、国际经济法、知识产权法等领域。

许敬沺，澳门科技大学国际法博士研究生。

跨境投资争端解决类似于一般国际商事纠纷的解决方式，即基于双方签订的投资合同或事后合意的争议解决条款，选择提交至某一国际仲裁机构进行国际仲裁或根据国际私法的指引诉至一国法院寻求司法救济；而投资者与东道国间的争端解决（ISDS）机制与前述两者均不同，因为前述二者无论是"公对公"还是"私对私"，都是基于同一法律阶层之上平等主体之间的权利义务关系，而 ISDS 双方则是"公"与"私"之间的利益对抗，跨越了国家制度与私人权益之间的鸿沟，它的出现正是国际投资发展趋势导向下的时代产物，是晚近乃至未来相当时间内国际投资争端解决机制讨论的核心议题之一。

国际投资争端解决中心（以下简称 ICSID）与 WTO 项下的《与贸易有关的投资措施协议》（以下简称 TRIMs 协议）是当前国际范围内两个专门规制国际投资领域事务的重要机构和协议。然而近年来，出现了关于 ICSID 仲裁裁决合法性、一致性、忽视东道国公共利益以及对 WTO 争端解决机制应用于国际投资领域等的质疑，这无疑是对传统国际投资争端解决机制权威性的挑战，但目前 IC-SID 机制与 WTO 项下的 DSM 仍然是私人投资者——东道国、WTO 成员方之间争端解决的主要选择，且主流学说对投资条约和投资仲裁的法律价值均持肯定态度。基于 ICSID、WTO 争端解决机制以及国际商事仲裁等制度的广泛应用以及当前国际实践中的可持续发展型改革呼声，加之中国—欧盟双边投资条约（BIT）的洽谈进入关键成果期，重新审视并理性分析既存的双边投资争端解决机制，对于中国与欧盟之间保持健康、稳定的投资贸易伙伴关系以及国际资本流转体系的合理、高效运转都具有十分重要的意义。

一、中国与欧盟双边投资体量现状

根据联合国贸易发展会议（UNCTAD）的最新统计，中国于 2016 年首次成为全世界第二大对外投资国，并且以 1 340 亿美元的外国直接投资（FDI）流入量居于世界第三，在全球 FDI 增长动力下跌的同时，中国仍然是全球投资者青睐的地区之一。[①] 随着新一轮世界经济一体化浪潮的袭来，中国与欧盟之间的直接投资（FDI）流量总体呈现稳步增长趋势。

2016 年，中国对欧盟直接投资快速增长，流量金额近百亿美元（99.94 亿美元），同比增长 82.4%，占对欧洲投资流量的 93.5%，占欧盟当年吸引外资的 1.8%，2016 年中国对欧盟的投资创下历史最高值。中国流向欧洲的投资同比增

[①] UNCTAD, World Investment Report 2017.

长 50.2%，其中流量在 10 亿美元以上的欧盟国家有：德国（23.8 亿美元）、卢森堡（16 亿美元）、法国（15 亿美元）、英国（14.8 亿美元）、荷兰（11.7 亿美元）。2016 年末，中国共在欧盟设立直接投资企业 2 700 多家，已覆盖欧盟的全部 28 个成员国；中国企业对外资并购分布在全球 74 个国家与地区，从实际并购金额看，隶属于欧盟成员国的德国、芬兰、法国、英属维尔京群岛、英国位列前十。[①]

2016 年欧盟在华投资额达 88 亿美元，占中国当年吸收 FDI 总量的 6.58%，占欧盟对外投资量的 1.87%。其中，在对华投资前 15 位的国家和地区中，欧盟国家就有 4 个，分别是：德国、卢森堡、英国（已脱欧）、法国。2016 年，欧盟对中国投资企业数为 1 680 家，占全国企业数比重 6.02%；实际使用外资金额为 879 992 万美元，占全国实际使用外资金额总数的 6.58%，达到 10 年来占比最大值。[②]

中国与欧盟是重要的传统贸易伙伴，虽然从双边投资的总体流量上看，目前二者之间的投资体量尚不算十分庞大，不过近年来呈现增长并迅猛发展的势头，并且可以看出中国对欧盟的资本流入量与增长速度均高于欧盟对华投资。随着中国—欧盟双边经贸往来与国际资本自由化的不断发展，可以预见，中国与欧盟之间双边投资往来会更加频繁，相应地，对于争端解决机制的需求也会大大增加。

二、中国—欧盟国际投资争端现状描述

根据争端解决方式的不同，可以将国际投资争端解决机制分为 WTO 准司法程序、以 ICSID 为主的仲裁或调解机制、司法诉讼手段。中国与欧盟之间投资争端的解决也基本遵循这三种途径，下文将分别对中国—欧盟适用这三种争议解决方式的现状作进一步阐述。

（一）准司法程序——WTO 项下的 DSM

WTO 准司法程序应用于国际投资领域是基于 1994 年最终达成的《与贸易有关的投资措施协议》（TRIMs 协议），此协议正式将投资纳入 WTO 体系之中，使

---

① 参见中国商务部：《2016 年度中国对外直接投资统计公报》，载于《中国对欧盟的投资》2017 年，第 30～31 页。

② 参见中国商务部：《中国外资统计 2017》，载于《1987～2016 年欧洲联盟投资情况一览》；2016 年全球对外投资前 5 位国家地区及欧盟、东盟在华投资情况对比表，第 12～27 页。

得部分发生在 WTO 成员方之间的投资争议得以适用该规则体系中的 DSM。另外，虽然 WTO 项下的 TRIPs、GATS 以及 SCM 协议等所直接规范的并不是国际投资领域，但是其所涉及的知识产权、商业存在、补贴政策等可能会与实质上的国际投资争端密切相关，所以常常也被投资争端国所援引和参考。

虽然 WTO 规定了一系列完整的争端解决程序并有诸多领域的条约基础，但是其关于国际投资的管辖依然有限。TRIMs 并不包括所有与投资有关的贸易措施，且争议案件需同时满足 WTO 争端解决机制启动的程序性条件——争议需发生在成员方之间以及内容性条件——争议事项须是违反了 WTO 项下的关于投资的规则协定，所以截至目前，提交到 WTO 并涉及中国与欧盟双方的投资争端案件仅有 17 起，其中中国与欧盟分别作为投诉人与应诉人的争议案件各有一例，更多的情况是中国或欧盟作为争议案件的第三方加入到案件中去，其中中国作为第三方、欧盟原被告的案件有 5 起，而欧盟作为第三方、中国是原被告的案件有两起，而中国与欧盟均为第三方的案例共有 9 起，无一例外地，这 17 起案件均诉求相对方违反了 TRIMs 第二款关于国民待遇与数量限制的规定。[①]

（二）以 ICSID 机制为主的调解和仲裁手段

显然，WTO 的单一途径并不能满足国际投资主体与形式的多样性，一个专门处理投资者与东道国之间国际投资争议的 ICSID 机制应运而生，它不同于 WTO 项下的投资争端解决，ICSID 的双方是一国私人投资者与东道国，依据《解决国家和他国国民之间投资争端公约》（以下简称《华盛顿公约》）的具体规定，通过调解和仲裁的方式，致力于国际投资争端中私主体与公共主体之间的争端解决。由于当时对外直接投资体量较小等其他原因，导致在 ICSID 公约成立之初，成员方之间提交至中心的仲裁案件少之又少。近年来，随着新一轮经济全球化的兴起以及国际双边投资条约的发展，截至 2017 年 4 月 30 日，登记在 ICSID 机制下已有 608 起案件，其中一方为欧盟成员国的私人或国家的案件有 105 起，占到总数的 17%。[②]

中国于 1992 年 7 月 1 日通过并加入华盛顿公约，目前来说，中国与欧盟成员国之间提交 ICSID 仲裁裁决的案件数量有限，且均是近五年左右的争端仲裁。其一是尚在仲裁程序中的德国 Hela Schwarz GmbH 公司诉中国政府一案；另一起是于 2012 年 9 月 19 日解决投资争端国际中心（以下简称中心）仲裁庭受理、现

---

① 参见：https://www.wto.org/english/tratop_e/dispu_e/find_dispu_cases_e.htm，访问时间：2017 年 10 月 27 日。

② The ICSID Caseload-statistics, Special Focus – European Union（April 2017），6.

已完结了的中国平安人寿保险股份有限公司和中国平安保险（集团）股份有限公司诉比利时王国投资争议仲裁案。在该案中，原告是一家中国的公司，被告是比利时王国，依据的是两国之间分别于 1986 年达成的与 2009 年补充修订的双边投资协定（BIT），该案件从注册日起到仲裁结束总共用时两年零七个月的时间。

仲裁与调解等非司法性手段除了是解决投资者——东道国之间的惯常选择，私人与私人之间的投资争议有时也会在双方合意的基础上选择提交至某一国际仲裁机构进行仲裁或调解。由于国际商事仲裁具有充分尊重当事人意思自治、效率高、执行快等特点，其作为跨国商事纠纷解决的有效手段之一得到了国际上的广泛认可。目前国际上的常设仲裁机构有：国际商会国际仲裁院（ICC）、美洲国家国际商事仲裁委员会、亚洲及远东经济委员会商事仲裁中心、瑞典斯德哥尔摩商会仲裁院（AISCC）、伦敦国际仲裁院（LCIA）、美国仲裁协会（AAA）、香港国际仲裁中心（HKIAC）、中国国际商会仲裁院（CIETAC）等。我国也在积极探索完善国际投资争端的仲裁规则，以期将仲裁的不确定性和不透明性降到最低，我国国际经济贸易仲裁委员会于 2017 年 10 月初出台了一部《国际投资争端仲裁规则（试行）》，在充分借鉴国际做法和惯例的同时，详细规定了仲裁员名册、仲裁地、管辖、公开审理等规则，以期能与世界更好接轨并为国内外投资者提供更加科学合理的争端解决方法。该规则管辖范围主要适用于一方当事人为投资者，另一方当事人为国家、政府间组织或其行为可归责于政府的任何实体之间的国际投资争端。

（三）司法手段——诉讼

类似于一般国际商事纠纷，私人与私人投资者之间的争端有时会根据投资合同选择诉至一方有管辖权的法院，基于国际私法的规则指引，司法诉讼中依据法院地法律确定法律的选择和适用已经成为一种普遍共识。实践中也存在一些发生在中国与欧盟国家之间与投资有关的争议诉至我国司法机关解决的案件，如中华人民共和国最高人民法院在 2013 年 5 月 28 日公开开庭审理的宁波刹界岭高速公路有限公司与奥地利的阿尔皮内建筑有限责任公司的投资建设合同纠纷一案，是中国公司与奥地利的一家公司在中国投资建设宁波段高速公路的涉外建设总代理协议纠纷。

通过诉讼这一司法途径解决国际投资争端，会牵扯很多国际法范畴的规则，如管辖与准据法的判定等。并且，诉讼得以顺利进行的前提是一国放弃在他国的主权豁免，加之有些时候即使诉诸一方法院也未必能够保障各方的真实利益，且诉讼程序结束后又涉及司法裁判的跨国承认与执行等一系列问题，使得在国际投资争端领域应用诉讼等司法途径的种种弊端日益凸显，导致近年来国际投资争端解决呈现"去政治化"的趋势明显，即争端解决的选择趋向国际仲裁等较少涉及国家或政治因素的争端解决方式。

（四）中国—欧盟国际投资争端解决现状

中国与欧盟国家之间的投资经贸往来由来已久，自20世纪八九十年代开始到现在，中国已经与28个欧盟成员国中的27个签订了双边投资条约（BIT），在这些条约中规定的争端解决条款不尽一致，例如与德国、法国、比利时等16个国家的ISDS条款规定"完全接受国际投资仲裁庭管辖"；而与立陶宛、希腊两国之间规定"仅限征收赔偿金额及其他需要经过双方同意的争议可提交国际仲裁庭"。不过，中国与各成员方之间签订BIT时的国际环境与经济背景都与现在大为不同，中国与欧盟之间的国际交往及经济活动日趋频繁，随之而来的是跨国投资纠纷的大幅增加，二者之间急需一部单一的双边投资条约。2009年12月1日生效的《里斯本条约》使得欧盟对于域内国家直接投资的事项享有了专属权能，紧接着，欧盟自2013年11月21日起就正式发起了与中国之间的BIT谈判，经过了几十轮的谈判，现已进入关键成果期，有望在2017年底或2018年初达成内容充实的《中欧全面投资协定》。

（五）中国与葡萄牙的投资争端解决

葡萄牙作为欧盟的一个重要成员，其与中国之间的双向投资往来自20世纪80年代就已经发展起来，中国澳门也由于历史原因而与葡萄牙保持着更为密切的经贸往来，中葡投资主要涉及金融、能源、通信设备、高科技、水务等领域，并呈现出互补的明显特征。根据商务部外资统计数据显示，截至2016年葡萄牙对华直接投资企业数达222家，占总量的0.03%，实际使用外资金额为1.99亿美元，占总量的0.1%。① 中葡之间先后签订了多个涉及不同领域的双边经济协定，其中，1992年中葡签订了第一份双边投资保护协定，经过不断完善与修改，于2005年12月9日又重新签订了《中华人民共和国政府和葡萄牙共和国政府关于鼓励和相互保护投资协定》，在所有葡语国家中，唯有葡萄牙与中国先后签订了两次双边投资保护协定。根据2005年中葡BIT关于争端解决途径的具体规定

---

① 中国商务部《中国外资统计2017》，截至2016年部分国家/地区对华直接投资情况，第18页。

可以看出，中葡双方是本着友好的初衷首先提出了协商解决的方式，但是如果矛盾不可调和或已无法通过协商解决，无期限的协商也会给双方带来困扰，因此该BIT中明确规定了协商的时间限制：6个月。在协商之外提出了三种争端解决的途径，分别是：国内法院诉讼、ICSID管辖，以及其他国际专设仲裁庭。

目前来看，中国与葡萄牙之间的单独投资争端比较少，中国与葡萄牙的投资争端多是依存于欧盟这一经济共同体之上的经贸纠纷。目前尚无诉诸WTO或提交ICSID管辖的案件记录，但仍有一些涉及中葡双方的案件诉至我国法院管辖。如2011年审结的葡萄牙易发式有限公司诉辽阳易发投资有限公司、沈阳赛诗哲制衣有限公司、盛禹股权转让纠纷一案中，原被告双方分别是葡萄牙与中国的法人，辽宁易发式电气设备有限公司是经批准于1994年成立的一家中外合资经营企业，因为涉嫌非法"转让"股份的行为致使葡萄牙公司遭受了至少20万美元的经济损失，故葡萄牙公司诉至中国法院。可以看出，司法诉讼在当前中葡私人与私人的投资争端解决中仍有生命力，但是，国内法院诉讼同样存在不可忽视的弊端，因为一个国际性的争端被一国法院管辖，不仅使得裁决的公正性受到质疑，也容易产生一系列国际法及实际操作上的困难。在2005年的中葡BIT中，将ICSID管辖及其法律效力明确写入其中，并规定了三种途径的管辖结果具有同一层级即终局性的效力。这一条约规则设计在一定程度上体现了当前国际投资争端解决的发展趋势。

虽然葡萄牙国内投资市场有限，但目前中葡关系处于历史较好发展时期，加之"一带一路"倡议进一步拉近了中国与欧盟国家的关系，可以预见，中国与葡萄牙之间的投资经贸往来会更加频繁与深入，完善中葡之间投资争端解决机制是两国不断稳定发展的制度保障。从两国现状以及国际经验来看，依托第三方国际仲裁机构处理中葡投资争端将会是未来中葡争端解决机制的核心。第三方仲裁这一古老的制度延续至今已成为当前国际投资领域争端解决的重要选择，除了其制度本身相较于法院诉讼的优越性以外，与国际投资的民间性和国际资本流动的自由化是分不开的。及时而高效地解决纠纷以促进资本与劳动力等生产资料能够较快进入到下一个环节的投资生产之中，这对于其良性发展具有十分重要的意义，而仲裁的"一裁终局"、程序启动方便以及裁决执行的多样化等均迎合了当前国际投资领域内的各方需求，使其同样成为中葡之间争端解决的经验范本。

在国际上对投资争端解决的呼声高涨的同时，我们应当看到中葡之间投资争端机制改革的独特性，中国澳门作为中国与葡萄牙法律文化融合最深的地区，其作为推动中葡之间投资经贸往来以及争端解决的最佳选择。中国是世界上最大的发展中国家，而葡语国家则拥有超过两亿人口，自然资源丰富，两者在经贸合作空间存在巨大发展潜力。① 我国将进一步加深与葡语国家间的投资经贸合作，可以考虑依托澳门特区这个历史自由港设立专门处理中国与葡语国家间独立的经济贸易机构，全方位处理中葡投资经贸事务，并依据不同的国际及国内情况，制定更加适合中葡发展关系的投资争端解决机制。

三、新时期，中国与欧盟双边投资争端解决机制的评析及展望

国际经济一体化进入新时期，中国经济形势持续稳步发展、欧盟逐渐从欧债危机的阴影中走出来、新兴国家和发展中国家也积极加入到国际投资的市场中来、南北之间的冲突与融合等国际经济新形势的出现对传统的国际投资争端解决机制也提出了新的发展要求。综观现存的国际投资争端几种解决途径，几经发展，各有利弊。

（一）几种国际投资争端解决方式的评析

1. WTO 准司法程序

WTO 争端解决机制是在 GATT 的基础上逐步发展而来，WTO 争端解决机制独创的"反向一致"原则几乎贯穿于整个 DSM 始终，即适用于专家小组的成立、专家小组与上诉机构报告的通过、对报复授权请求的通过。"反向一致"原则，是指只有当所有成员国均协商一致不通过某项决议时，该决议才始得无效，否则，只要有一国同意，该决议就应当通过。这一原则的创立实际上使得 WTO 的争端解决机制具有了强制管辖权，也缩短了专家组报告与争议解决的时间，同时也增加了 WTO 争端解决程序的权威性和威慑性。此外，WTO 还设立了上诉机构，根据 DSU 第 17 条 13 款的规定，上诉机构可以从事实与法律两个层面审查专家组的裁判决定。对于裁决的执行方面，DSM 中的"交叉报复"是维护 WTO 裁决执行力的最后一道保障，虽然交叉报复程序的启动有严格的审查标准，但是不得不说这一制度对于裁决的执行方有一定的威慑作用。WTO 的争端解决机制在时间方面也有较为明显的改进，从 GATT 的"合理期限"到每个程序都规定了明

---

① 《中国—葡语国家经贸合作逐步走向深化——中葡论坛中心培训落户澳门》，载于《时代经贸》2011 年 8 月（上旬刊）总第 213 期，第 100 页。

确的期限，这无疑大大提高了 WTO 争端解决的效率，同时也能够给予争端当事方对案件进程的合理预期。

纵然 WTO 争端解决机制已有很大进步，但在实际操作中仍然出现很多问题，如裁决的执行期限过长、能够立即执行的案件非常有限、救济措施被限制等。另外，WTO 引以为傲的"反向一致"原则的弊端也是显而易见的，基于该原则而具有准司法性质的 DSM，在追求高效与利益最大化的同时，也对一国经济主权的完整性提出了挑战。因此，WTO 争端解决机制急需在公平与效率之间寻求一种合理的平衡。加之 WTO 的争端解决机制能够适用于国际投资领域的案件种类仅限于双方为成员方之间，虽然也有一些投资者向母国寻求外交保护，但是，母国是否会代表投资者进入到 WTO 的争端解决机制之中是基于国家本身在该争议中的利益得失或与相对国之间外交利益的权衡，因此，母国有时可能会对投资者的诉求不予理睬；或即便代表其出面，那么申诉过程中大多也是围绕国家层面的利益而忽略投资者个人的诉求，造成近年来私人投资者更倾向于直接向 ICSID 机构提请仲裁，传统的外交保护手段渐渐退出了国际投资争端解决的领域。基于以上种种原因，WTO 对国际投资争端的管辖范围仍然有限。

2. 以 ICSID 机制为核心的国际仲裁与调解

依据《华盛顿公约》而建立起来的国际投资争端解决中心，是当前国际投资领域应用最广的争端解决机制。ICSID 公约和投资条约仲裁使得投资合同争端以及其他投资争端解决得以更加有效地实现了国际化和国际法化。[①]

不论是司法审判还是仲裁裁决，一项决定的最后执行力是衡量一套争端解决机制是否科学与实用的重要指标。相较于 WTO 裁决的执行效力，ICSID 的仲裁裁决的执行力非常强，虽然 WTO 中也有为了保障执行而设置的报复手段，但是《华盛顿公约》下有一套完整并兼具强制执行力的仲裁执行程序，在此规则下，国家主权与财产豁免是唯一能够拒绝执行 ICSID 仲裁的理由。由于 ICSID 裁决执行体制的自足性，因此挑战 ICSID 裁决执行的司法判决非常有限。[②] 另外，ICSID 的执行几乎都是"与金钱有关的义务"，让争端当事国执行单纯金钱给付义务的操作要相对简单得多。

ICSID 机制也存在一些制度性缺陷，导致近些年 ICSID 裁决的效力与公正性开始被质疑，原因主要有以下几点：第一，最惠国待遇条款的扩张适用（即投资

---

① 王彦志：《国际投资争端解决的法律化：成就与挑战》，载于《当代法学》（双月刊）2011 年第 3 期（总第 147 期），第 16 页。
② 杨玲：《论条约仲裁裁决中的国家豁免——以 ICSID 裁决执行为中心》，载于《法学评论》（双月刊）2012 年第 6 期（总第 176 期），第 76 页。

者可跳过东道国国内救济程序而直接诉至 ICSID 进行仲裁)。在该机制下,投资者可单方提起仲裁程序,虽然初衷是尽可能保护外国投资者的权益,但是近年来时有发生外国投资者试图利用 ICSID 机制逃避其应当承担责任的现象。跨国公司正在越来越多地试图利用投资者与国家间争端解决机制规避法律制裁,① 从另一层面来说,也会导致滥诉现象的出现。"用尽东道国救济"的原则是国际争端解决机制中的惯例,但在国际投资中,东道国大多为发展中国家或较贫困地区,由于经济政治等原因,该地的司法体制发展一般相对落后,很难为投资者提供有力的当地救济,或即使诉至当地法院,那么基于本国利益法院极有可能做出有利于东道国而非维护投资者利益的裁判。鉴于"用尽东道国救济"这一前置性规则的解释与应用常常会出现偏颇,如何在东道国救济与利益平衡之间寻求连接点是 ICSID 急需解决的问题之一。

第二,规则的确定性和一致性问题。由于提交至 ICSID 的仲裁案件一般是基于双边或多边协议的约定,ICSID 争端双方可以自行选择仲裁适用的实体法甚至程序法,这一规则的初衷是充分尊重当事方的意思自治,但是,目前世界上已有相当数量的双边投资条约,各个 BIT 之间的规定交叉重叠,当事方自由选择适用,就极有可能使得这些看起来"大同小异"的规则产生"南辕北辙"的仲裁结果。这种广泛存在的不确定性和不一致性损害了投资条约实体与程序的确定性、明晰性、透明性、一致性、连续性和稳定性。② 因而,晚近产生了对 ICSID 机制合法性问题的质疑和讨论。

第三,"中心"没有常设上诉机制。ICSID 机制采用"一裁终局"性的裁判体系,公约中仅规定了非常有限而严苛的废置裁定的程序,这是其诉讼效益的重要体现。但是,仲裁的一次性定论却没有给予争议双方申诉和再次救济的可能。一般来说,投资者来自发达经济体,东道国是欠发达经济体,根据以往案件经验,ICSID 机制更倾向于做出维护外国投资者利益而忽视东道国公共利益的裁决。不过,国际投资仲裁庭已经开始对其偏袒投资者的立场进行修正,逐步回归中立本位。③ 但这毕竟是基于主观控制下的不确定因素,对于有失偏颇的裁决却没有可以纠正错误的机构设置,这与法律的"自然公正"原则相冲突。即使当事人选择仲裁很大一部分因素是基于"效率"的考虑,但是如果没有公平为基础的效率

---

① 黄世席:《可持续发展视角下国际投资争端解决机制的革新》,载于《当代法学》2016 年第 2 期,第 28 页。(See Todd Tucker, "Renco Group Uses Trade Pact Foreign Investor Provisions to Chill Peru's Environment and Health Policy, Undermine Justice", http://www. Citizen. Org/documents/renco – memo – 03 – 12. Pdf, last visited on 12 April 2014.)

② 王彦志:《国际投资争端解决的法律化:成就与挑战》,载于《当代法学》(双月刊) 2011 年第 3 期 (总第 147 期),第 21 页。

③ 张光:《论国际投资协定的可持续发展型改革》,载于《法商研究》2017 年第 5 期 (总第 181 期),第 165 页。

也失去了其存在的意义，而对于仲裁"一裁终局"性的讨论正是效率价值与公平价值的博弈。

3. 司法诉讼途径

当投资双方没有在投资协议中明示同意或没有在事后达成共识将争端提交至仲裁机构仲裁，那么争端中一方有权将另一方诉至法院寻求司法救济，这种方式与一般的国际商事纠纷的解决相同。将国际投资应用于司法诉讼，时常会产生一些国际法问题，比如，不论是以东道国为起诉对象，还是在东道国以外的外国法院提起对东道国的诉讼，都可能会产生国家主权的司法豁免或私人出诉权的问题，此种情况下，须获得东道国的同意司法程序才能继续进行。并且，国际上也存在较大的关于国家主权豁免程度的分歧。

（二）"一带一路"背景下，中国—欧盟投资争端解决机制的展望

"一带一路"是我国于 2013 年提出的对外经济发展计划，它借用中国古老丝绸之路的象征为指引，依靠既有的平台与多边机制，旨在积极发展开拓与沿线国家的经贸往来。穿越亚太、欧洲等多个地区的"一带一路"经济带再一次拉近了中国与欧洲的距离，在沿线的 64 个国家中，就有 10 个欧盟成员国，分别是波兰、罗马尼亚、捷克共和国、斯洛伐克、保加利亚、匈牙利、拉脱维亚、立陶宛、斯洛文尼亚、爱沙尼亚。在世界经济复苏乏力、国际资本流动减缓的同时，中国与欧盟仍然保持着良好的经济合作状态，中国企业对沿线欧盟国家的投资热情高涨，2016 年 6 月，中国光大国际公司以 1. 23 亿欧元收购波兰最大固废垃圾处理公司诺瓦戈，成为迄今中资企业在波兰单笔并购金额最大的项目，① 而欧盟大多数国家也希望能够搭上"一带一路"的列车，并对它的发展寄予厚望。

由于"一带一路"沿线多是发展中国家，国内配套的基础设施相对落后，需要大量的国际资本注入其中，可以预见，中国在今后的国际投资中以东道国或者投资者母国身份出现的机会将会大大提高。现有的争端解决机制以各国之间的 BIT、FTA 以及区域间业已签订的经济合作协定等为基石，但是，这些仍然不能够满足"一带一路"国际投资中可能出现的种种问题，因为过去存在在中国与各国 BIT 中的投资者－东道国条款均是基于东道国的立场，而在"一带一路"中我国角色的转换使得过去种种条款处于尴尬而不利的位置之上。因此，在中国"走

---

① http://finance. ifeng. com/a/20170510/15364832_0. shtml，访问时间：2017 年 10 月 29 日。

出去"战略和"一带一路"倡议的经济大背景，对于国际投资争端解决机制的研究显得尤为重要。

综观国际投资争端解决机制的发展历史，其存在方式经历了从外交保护性手段到投资合同再到投资条约的转变。相应地，以往的"政治性国际投资争端"已经转变为现行的"管理性国际投资争端"，国际投资争端性质的这种改变必然带来其解释理论的更新。[①] 其实早在 20 年前，国际上就已经开始对达成一个统一的、专门的投资争端解决机制作尝试和努力，1995 年在经合组织倡导下的《多边投资协定》旨在通过统一的多边协定来加强对投资者的保护，并进一步推进全球资本自由化，但是后来由于种种原因，该协定的谈判终止了。虽然最后该协定没有成功，它却是国际投资领域规范化、制度化的初探，说明自那时起，国际上就已经窥见现有投资争端解决机制的种种弊端。直到现在，各主要经济体和国家仍在积极尝试推进争端解决机制的革新措施，例如在欧盟与加拿大业已签署的《全面经济与贸易协定》（CETA）、欧盟与美国的《跨大西洋贸易与投资伙伴关系协定》（TTIP）中均有关于 ISDS 规则的改进与革新，欧盟与中国以及印度之间的双边投资条约谈判也在进行之中。

欧盟积极推进的国际投资法庭和上诉机构的建立是近年来国际上对传统投资争端解决机制较为激进的改革意见。欧盟投资法庭制度的提出是基于 ISDS 制度的固有缺陷，旨在为争端各方提供更加公正、合法、透明的第三方居中裁决。首先，它通过明确投资法庭的管辖范围以减少投资者能够对东道国的公共措施提起仲裁请求的事项，从而达到强化东道国的国家管制权。其次，在投资法庭成员的选任、案件的审理、薪酬支付方式及道德规范等方面进行具体规定，借此加强仲裁裁决的合法性及公正性，缓解公众对 ISDS 机制正当性危机的忧虑。[②] 另外，欧盟与 UNCTAD 均试图推广建立的上诉审机制，是基于国际投资条约碎片化导致仲裁裁决不一致的现状而提出的又一项制度革新。

但是，我们必须冷静而客观地看待每一种争端解决机制。投资法庭与上诉审制度只是一个初步的构想，其运作模式与成员选任等具体规则的制定尚待进一步完善与细化。其中最大的争议在于，投资法庭制度"两审终审"制的引入以及上诉机构的职权范围是否会悖逆"保障裁决一致性"的初衷。另外，仍然有许多国际法层面的问题需要解决，例如国际投资法庭与国内法院的管辖权冲突问题以及欧盟内部业已广泛存在的双边 BIT 与投资法庭规则之间的冲突与调和是否会加剧

---

① 徐崇利：《晚近国际投资争端解决实践之评判："全球治理"理论的引入》，载于《法学家》2010年第 3 期，第 144 页。

② 邓婷婷：《中欧双边投资条约中的投资者－国家争端解决机制——以欧盟投资法庭制度为视角》，载于《政治与法律》2017 年第 4 期，第 105 页。

法庭内部裁决的不一致性等一系列根本性问题。

在国际投资自由化程度不断加深的同时，基于自身需要与追求利益最大化的内在动力，投资争端解决途径会自觉趋向一致化、系统化的方向发展。目前国际上现行的 WTO 准司法性手段、仲裁与调解为主的非司法性手段以及诉讼司法性救济三类争端解决方式，各有其存在的价值和缺陷。不过，基于外国投资者向东道国投资是目前国际投资的主要存在形式，那么，以此类投资形式为调整对象并业已运行 50 年的 ICSID 机制就成为我们首先要考量的内容，从开始的案源稀少（成立前 26 年间只有 29 起业务），到近年来逐步成为各国与投资者解决国际投资争端的首要选择（截至 2017 年 10 月 31 日，公约的签字国和缔约国的数量达到 161 个①），这是 ICSID 机制合理性与可行性被国际广泛认可的体现。

任何制度均有其存在和发展的阶段性。国际仲裁与调解是一类古老且有效解决纠纷的手段，根据史料记载，最早可追溯于古希腊和春秋战国时期，直到 18 世纪，工业革命推动世界大融合，国际商事往来愈加频繁，又重新被人们所重视和采用。仲裁的契约性是仲裁制度从古至今得以建立的基础，当事人之间的仲裁协议是仲裁运行的基石，它反映了商事领域中充分尊重当事人意思自治的原则，有利于商事活动的自由展开和生产要素的快速流通，而仲裁也因此具有了高效与便捷的特性。商事仲裁是服务业，它既不是诉讼、准诉讼，也不是行政、准行政行为，商事仲裁是社会救济的一种，是商人们利用社会资源自我教育，自己解决问题的一种方式。②

虽然如前所述，以仲裁与调解手段为主的 ICSID 机制仍有一些制度漏洞亟待补修，但不可否认的是，它确实为投资者与东道国之间的争端解决提供了行之有效的途径，加之自有一套完整的仲裁执行程序，其高效、规范、自治化的运作模式逐渐成为国际投资争端解决的模式范本。因此，仲裁与调解等非司法性手段将仍然是当前乃至未来相当时间内，中国与欧盟之间投资争端解决的重要选择。"一带一路"作为一个拟长期发展的区域性计划，在未来的时间里需要且一定会建立一套自己的、完整的投资争端解决规则甚至专门机构，不过目前来说，在"一带一路"各项机制全都完善之前，充分借鉴并依托国际现有的第三方仲裁机构（ICSID）与各种争端解决条款仍不失为一个恰当的选择。当然，推进 ICSID 机制的改革与完善也是未来将要提上议程的重要事项，比如，首先，可以考虑在仲裁程序中加入仅限法律审查的上诉机制，提供纠错程序的同时保障机制内仲裁裁决的一致性；其次，明确规定"东道国救济"与"中心"管辖的界限，避免

---

① https：//icsid. worldbank. org/en/Pages/about/Database – of – Member – States. aspx，访问时间：2017 年 10 月 31 日。

② 沈四宝、薛源：《中国商事仲裁的改革与发展》，载于《中国法律》2006 年 2 月号，第 26 页。

平行管辖以及投资者滥用 ICSID 程序等。

在国际投资日益自由化、中国与欧盟之间进一步深化双边经贸关系的大背景下，我们得益于仲裁制度优越性的同时也应当警惕国际仲裁规则碎片化而导致仲裁效力的降低以及制度改革中仲裁价值的偏离。同时，我国应当积极参与到国际投资争端解决机制规则的制定中去，不断推动中欧间以国际仲裁为主导的投资争端解决机制的全方位构建，借着"一带一路"的东风，使得中国—欧盟双边投资争端解决机制朝着更加公平、科学的方向发展！

参考文献

［1］UNCTAD, World Investment Report 2017.

［2］中国商务部：《2016 年度中国对外直接投资统计公报》，中国对欧盟的投资，第 30 ~ 31 页。

［3］中国商务部：《中国外资统计 2017》，1987 ~ 2016 欧洲联盟投资情况一览；2016 全球对外投资前 5 位国家地区及欧盟、东盟在华投资情况对比表，第 12 ~ 27 页。

［4］https：//www. wto. org/english/tratop＿e/dispu＿e/find＿dispu＿cases＿e. htm，访问时间：2017 年 10 月 27 日。

［5］The ICSID Caseload-statistics, Special Focus – European Union（April 2017），6.

［6］中国商务部：《中国外资统计 2017》，截至 2016 年部分国家/地区对华直接投资情况，第 18 页。

［7］《中国—葡语国家经贸合作逐步走向深化——中葡论坛中心培训落户澳门》，载于《时代经贸》2011 年 8 月（上旬刊）总第 213 期，第 100 页。

［8］王彦志：《国际投资争端解决的法律化：成就与挑战》，载于《当代法学》（双月刊）2011 年第 3 期（总第 147 期），第 16 页。

［9］杨玲：《论条约仲裁裁决中的国家豁免——以 ICSID 裁决执行为中心》，载于《法学评论》（双月刊）2012 年第 6 期（总第 176 期），第 76 页。

［10］黄世席：《可持续发展视角下国际投资争端解决机制的革新》，载于《当代法学》2016 年第 2 期，第 28 页。(See Todd Tucker, "Renco Group Uses Trade Pact Foreign Investor Provisions to Chill Peru's Environment and Health Policy, Undermine Justice", http：//www. Citizen. Org/documents/renco – memo – 03 – 12. Pdf, last visited on 12 April 2014.)

［11］王彦志：《国际投资争端解决的法律化：成就与挑战》，载于《当代法学》（双月刊）2011 年第 3 期（总第 147 期），第 21 页。

［12］张光：《论国际投资协定的可持续发展型改革》，载于《法商研究》2017 年第 5 期（总第 181 期）第 165 页。

［13］http：//finance. ifeng. com/a/20170510/15364832＿0. shtml，访问时间：2017 年 10 月 29 日。

［14］徐崇利：《晚近国际投资争端解决实践之评判："全球治理"理论的引入》，载于《法学家》2010 年第 3 期，第 144 页。

〔15〕邓婷婷：《中欧双边投资条约中的投资者——国家争端解决机制——以欧盟投资法庭制度为视角》，载于《政治与法律》2017 年第 4 期，第 105 页。

〔16〕https：//icsid. worldbank. org/en/Pages/about/Database – of – Member – States. aspx，访问时间：2017 年 10 月 31 日。

〔17〕沈四宝、薛源：《中国商事仲裁的改革与发展》，载于《中国法律》2006 年 2 月号，第 26 页。

"一带一路"背景下中国企业
在葡知识产权保护探析

张倩孺[*]

摘　要：截至 2016 年底，中国对葡投资金额超过 68 亿欧元，两国在经贸、文化及能源等领域都取得了令人瞩目的合作成果。"一带一路"倡议为中国和葡萄牙持续深化全面战略伙伴关系提供了广阔的合作平台，也为中国企业赴葡贸易带来新的机遇与挑战。对中国企业而言，既要把握开拓葡萄牙市场的机会，还应当提高自身创新能力，熟悉对外贸易中的知识产权法律制度，避免因违反专利、商标与著作权而导致的侵权行为。提升中国企业知识产权保护意识，加强中葡知识产权双边合作与交流，对保障中国企业在葡商业活动合法权益具有积极意义。

关键词：中葡贸易　创新能力　知识产权保护

一、"一带一路"与中葡合作背景

2013 年，中国国家主席习近平首次提出"丝绸之路经济带"和"21 世纪海上丝绸之路"的构想，即"一带一路"。投资贸易合作是"一带一路"经济大走廊的重点，发端于中国的"一带一路"倡议重大决策，赢得了沿线近 60 国的支持，有利促进了中国企业走向海外并加强对外合作。然而，由于各国间的经济发展，以及知识产权拥有量和保护等都存在差异，知识产权竞争十分激烈。

在中国与葡语国家合作背景下，据统计，"2014 年，中国与葡语国家贸易额达到 1 325.8 亿美元，是 2003 年双边贸易额的 12 倍。中国境内投资者在葡语国

---

　*　张倩孺，澳门科技大学商学院助理教授。研究方向：企业法、国际商法。

家设立的直接投资企业超过 400 家。"① 其中，葡萄牙依其紧邻大西洋的优势地位，以"一带一路"为契机，与中国的合作交流不断深化。例如，中葡两国企业在电力、养殖等领域建立了合作关系，为中葡两国企业的进一步合作发展，奠定了坚实的基础。然而不同的文化价值、法律制度，可能会在商品流通、人员交流方面产生贸易冲突，尤其是在知识产权领域并未形成一体化制度的情形下，中国企业更应当重视在葡投资的知识产权权益，积极应对由于知识产权制度不同而引发的纠纷。注重知识产权保护，有利于加强双边合作，推动中葡贸易全面发展。

以"一带一路"倡议构想为契机，中国产品在海外得到知识产权保护的形势依然不容乐观。首先，我国企业在产品出口方面，曾遇到因知识产权纠纷而遭受严重损失的先例。如德国依据《欧盟海关知识产权保护法令》，销毁中国一万只茶杯。德国对涉嫌知识产权侵权的产品无须启用调查程序，仅凭申请人同意承担销毁费用，以及进口商同意销毁，即可直接启动销毁程序。当"中国制造"走向葡萄牙，为了避免不必要的损失，企业应当充分了解葡萄牙的知识产权法律制度。这不仅促使企业了解葡萄牙本国以及欧洲的知识产权法律体系，同时，中葡两国政府间知识产权保护的共识与合作，为保护跨境贸易企业在葡知识产权具有积极的现实意义。

二、中国与葡萄牙关于知识产权领域的合作

（一）中国与葡萄牙共同加入的主要知识产权公约

在当今知识经济时代，知识产权成为最重要的资源之一。"新世纪的大门已经开启。以微机革命、网络革命和通信革命为主流的世界新技术革命，将人类社会从工业经济时代推向一个崭新的时代——知识经济时代。"② 重视知识产权，才能助力发展知识经济，并逐步实现知识产权区域一体化。相比于科技进步与经济发展，法律的保护往往显得保守滞后，尤其在国际贸易往来中，"中国制造"的知识产权保护，面临新的机遇与挑战。

回顾中国与葡萄牙共同加入的主要知识产权国际公约，包括《保护工业产权巴黎公约》《与贸易有关的知识产权协议》《建立世界知识产权组织公约》《专利

---

① 新华社：《"一带一路"点亮中国和葡语国家合作》，Retrieved January 9, 2018, http://www. scio. gov. cn/ztk/wh/slxy/31199/Document/1493308/1493308. htm.

② 吴汉东、胡开忠：《走向知识经济时代的知识产权法》，法律出版社 2002 年版，第 1 页。

合作条约》《国际专利分类斯特拉斯堡协议》等。加入国际公约的直接受益者是成员国国民，以《保护工业产权巴黎公约》为例，所有成员国的国民能够以"国民待遇原则"，相互申请专利，从而避免与不同国家分别签订互惠的双边协议。如表1所示，中葡两国在专利、商标与著作权等领域共同加入了相关国际条约，并以国民待遇互利互惠。鉴于各公约在中葡两国生效日期不同，这也影响了两国知识产权制度发展程度仍然存在差异。

表1   中国与葡萄牙加入的主要知识产权公约汇总

国际公约	中国生效	葡萄牙生效
《保护工业产权巴黎公约》	1985 年 3 月 19 日	1884 年 7 月 7 日①
《与贸易有关的知识产权协议》	2001 年 12 月 11 日	1995 年 1 月 1 日
《建立世界知识产权组织公约》	1980 年 6 月 3 日	1975 年 4 月 27 日
《专利合作条约》②	1994 年 1 月 1 日	1992 年 11 月 24 日
《国际专利分类斯特拉斯堡协议》	1997 年 6 月 19 日	1979 年 5 月 1 日
《国际承认用于专利程序的微生物保存布达佩斯条约》	1995 年 7 月 1 日	1997 年 10 月 16 日
《关于授予欧洲专利的公约》	1994 年 1 月 1 日	1992 年 1 月 1 日
《商标国际注册马德里协议》	1989 年 10 月 4 日	1893 年 10 月 31 日
《保护文学艺术作品伯尔尼公约》	1992 年 10 月 15 日	1911 年 3 月 29 日
《国际植物新品种保护公约》	1999 年 4 月 23 日	1995 年 10 月 14 日

注：①世界知识产权组织：国际条约，Retrieved January 9, 2018, from http：//www. wipo. int/treaties/en/ShowResults. jsp? lang = en&treaty_id = 2.

②中华人民共和国国家知识产权局：国际公约，Retrieved January 9, 2018, from January 9, 2018, from http：//www. wipo. int/treaties/en/ShowResults. jsp? lang = en&treaty_id = 2.

资料来源：世界知识产权组织官网。

(二) 中国与葡萄牙在知识产权领域的国际合作

2013 年，中国国家工商总局与葡萄牙竞争局在葡萄牙里斯本，签署了《中华人民共和国国家工商行政管理总局和葡萄牙共和国竞争局竞争法律和政策领域合作谅解备忘录》。该备忘录为两国相互投资、基础设施建设、新能源合作以及经济贸易往来提供了制度保障，更好地推动了中葡两国全面战略伙伴关系，进一步加强相互交流，促进两国经济共同发展。

根据中华人民共和国国家知识产权局年报①，近四年来（2013～2016年），中葡两国知识产权机构展开了广泛的合作与交流。其中：

2013年，中国与葡萄牙知识产权机构达成了双边合作计划，与包括葡萄牙在内的欧洲国家签订了19项双边合作协议。重点为专利审查领域，中国与葡萄牙签订了《专利审查高速路》（Patent Prosecution Highway，PPH协定）。

2014年，中美欧日韩五国知识产权局，在专利信息共享与传播方面展开合作。旨在以更低甚至免费的成本获得专利基础数据信息，惠及五国民众。同年，为了促使中欧民众相互了解对方国家知识产权制度，中国与欧盟就外观设计制度与专利制度展开了巡回研讨会，促进交流与合作。

2015年，中美欧日韩五国继续深入有关发明、商标领域的合作，开启工业品外观设计的交流。同年，为了保证专利审查业务的合作质量，中国与葡萄牙延长了PPH试点。

2016年，以"一带一路"为契机，中国继续保持与沿线国家在知识产权领域的合作与交流，并且继续加强与葡萄牙的合作关系。

三、创新驱动中国企业海外知识产权保护

知识经济加快了中国企业、中国产品走向世界的步伐。三十多年来，"中国制造"顺利"走出去"，得到其他国家和地区的认可，一方面，取决于中国鼓励创新，部分企业拥有自主知识产权；另一方面，与中国企业知悉、遵守东道国的法律、政策密切相关。② 以中国高铁为例，知识产权主体的合理化，能够从根本上推动创新。过去，国内企业间的恶性竞争，导致中国企业在国际市场投标中，相互压价，降低利润空间。而将知识产权权利主体归属于政府部门，则不利于铁路技术的创新。只有将知识产权权利人分属于不同的权利主体，才能促进中国高铁技术的可持续性创新，并以行业为整体进一步开拓海外市场。

以专利为例，当权利人取得发明成果，应当积极申请专利保护。不仅保护权利人的智力活动，而且推动鼓励创新。权利人通过专利技术入股、生产销售专利产品或者转让专利技术，可直接实现经济利益。中国企业在海外开展业务时，面临的问题主要集中在以下两个方面：

---

① 中华人民共和国国家知识产权局：年度报告，Retrieved January 9，2018，http：//www. sipo. gov. cn/gk/ndbg/.
② 饶世权、陈家宏：《中国高铁"走出去"的知识产权战略模式选择》，载于《中国科技论坛》2007年第2期。

（一）创新水平仍有待提高

如表 2 所示，2007 ~ 2016 年，中国知识产权局受理国内、外专利均呈现逐年上升的趋势，国内专利申请数量已从 2007 年的 153 060 件增加到 2016 年的 1 204 981 件，专利申请总量在 10 年间增长了近 8 倍，从一定程度上体现出中国公民、企业法人与其他组织对于知识产权的重视程度逐渐增强。尤其是相比于外国人申请的比例，2007 年，来自中国的企业法人、组织和自然人的专利申请数量仅为外国人的 1.7 倍，经过 10 年的发展，中国的企业法人、组织和自然人的专利申请数量 9 倍于国外申请者。上述数据表明，中国公民、企业与其他组织创新意识不断提升。虽然知识产权保护意识已明显提升，但中国企业在境外申请专利和注册商标的意愿仍然低于发达国家，中国企业面临着如何在境外保护自身知识产权利益的局面。

表 2　　　　　　2007 ~ 2016 年中国国家知识产权局专利受理数量统计　　　单位：件

年份	专利受理数量		
	国内	国外	合计
2007	153 060	92 101	245 161
2008	194 579	95 259	289 838
2009	229 096	85 477	314 573
2010	293 066	98 111	391 177
2011	415 829	110 583	526 412
2012	535 313	117 464	652 777
2013	704 936	120 200	825 136
2014	801 135	127 042	928 177
2015	968 251	133 613	1 101 864
2016	1 204 981	133 522	1 338 503

注：中华人民共和国国家知识产权局：专利业务工作及综合管理统计月报，Retrieved January 9，2018，from http：//www. sipo. gov. cn/tjxx/tjyb/.
资料来源：中华人民共和国国家知识产权局官网。

根据表 3 2017 年全球创新指数报告（Rank 1 – 33），中国在全球创新指数排名中，以 52.54 分列第 22 名。虽然领先于其他发展中国家，但相比瑞士、美国、德国等欧美发达国家，中国的创新能力仍然具有大幅提升的空间。

表3 2017 年全球创新指数报告（Rank 1 – 33）

国家/经济体	得分（0~100）	排名	收入	排名	地区	排名	效率指数	排名
瑞士	67.69	1	高	1	欧洲	1	0.95	2
瑞典	63.82	2	高	2	欧洲	2	0.83	12
荷兰	63.36	3	高	3	欧洲	3	0.93	4
美国	61.4	4	高	4	北美洲	1	0.78	21
英国	60.89	5	高	5	欧洲	4	0.78	20
丹麦	58.7	6	高	6	欧洲	5	0.71	34
新加坡	58.69	7	高	7	东南亚和太平洋地区	1	0.62	63
芬兰	58.49	8	高	8	欧洲	6	0.7	37
德国	58.39	9	高	9	欧洲	7	0.84	7
爱尔兰	58.13	10	高	10	欧洲	8	0.85	6
韩国	57.7	11	高	11	东南亚和太平洋地区	2	0.82	14
卢森堡	56.4	12	高	12	欧洲	9	0.97	1
冰岛	55.76	13	高	13	欧洲	10	0.86	5
日本	54.72	14	高	14	东南亚和太平洋地区	3	0.67	49
法国	54.18	15	高	15	欧洲	11	0.71	35
中国香港	53.88	16	高	16	东南亚和太平洋地区	4	0.61	73
以色列	53.88	17	高	17	北非和西非	1	0.77	23
加拿大	53.65	18	高	18	北美洲	2	0.64	59
挪威	53.14	19	高	19	欧洲	12	0.66	51
奥地利	53.1	20	高	20	欧洲	13	0.69	41
新西兰	52.87	21	高	21	东南亚和太平洋地区	5	0.65	56
中国	52.54	22	中上	1	东南亚和太平洋地区	6	0.94	3
澳大利亚	51.83	23	高	22	东南亚和太平洋地区	7	0.6	76
捷克	50.98	24	高	23	欧洲	14	0.83	13

国家/经济体	得分（0~100）	排名	收入	排名	地区	排名	效率指数	排名
爱沙尼亚	50.93	25	高	24	欧洲	15	0.79	19
马耳他	50.6	26	高	25	欧洲	16	0.84	8
比利时	49.85	27	高	26	欧洲	17	0.67	47
西班牙	48.81	28	高	27	欧洲	18	0.7	36
意大利	46.96	29	高	28	欧洲	19	0.73	31
塞浦路斯	46.84	30	高	29	北非和西非	2	0.74	28
葡萄牙	46.05	31	高	30	欧洲	20	0.71	33
斯洛文尼亚	45.8	32	高	31	欧洲	21	0.68	44
拉脱维亚	44.61	33	高	32	欧洲	22	0.74	26

注：世界知识产权组织：2017 全球创新指数，Retrieved January 9，2018，from http：//www. wipo. int/ publications/en/details. jsp？id＝4193？plang＝ZH.

资料来源：世界知识产权组织官网。

（二）中国商标在境外被抢注频发

据统计，中国不仅发明专利申请量位居世界第一，商标注册量也连续多年为世界首位。2016 年度，全国商标有效注册量达到 11 143 475 件[1]，相比 2015 年的 9 204 015 件，提高了近 21 个百分点。但是，若要开拓海外市场，仅在国内注册商标，仍不能全面保护企业利益。因为一旦国内企业的商标在拟出口东道国被抢先注册，对中国企业将带来不利影响。无论依据"注册原则"或"使用原则"，都会造成企业经济利益的损失。因为按照注册原则，企业失去被抢注商标的专用权，也就丧失了在东道国市场的经济利益。即使依"使用原则"，按照使用在先而享有在先权，获得商标专用权，多数企业因高昂的境外诉讼费用而放弃维权。

由表 4 中国企业商标境外被抢注典型案例汇总，1989 年，"同仁堂"商标在日本被抢注，"同仁堂"异议成功。2008 年，"HUAWEI""TCL""Media" "YOUGNOR""WULIANGYE""Shinco""CHANGHONG""KONKA""CITS"分别侵犯了我国华为技术有限公司、TCL 集团、美的电器、宁波雅戈尔集团、五粮

---

[1]　国家工商行政管理总局商标局中国商标网：商标统计，Retrieved January 9，2018，from http：// sbj. saic. gov. cn/.

液集团、新科电子集团、四川长虹集团、康佳集团和中国国际旅行社的商标权，但上述中国驰名商标并未异议成功，原因是超过了异议期间，中国企业丧失了胜诉权。2010年，集体商标"镇江香醋"在韩国被恶意抢注，但该商标异议申请并未通过韩国特许厅商标主管的许可。2013年，"恒顺"商标在秘鲁被恶意抢注，"恒顺"异议成功。2016年，"Warrior"在欧美被抢注，回力异议失败。

表4　　　　　　　　　　中国企业商标境外被抢注典型案例汇总

年份	被侵权企业	恶意注册商标名称/地点	异议结果
1989	同仁堂	同仁堂/日本	成功
2008	华为技术有限公司	HUAWEI/南非	失败
2008	TCL集团	TCL/南非	失败
2008	美的电器	Media/南非	失败
2008	宁波雅戈尔集团	YOUGNOR/南非	失败
2008	五粮液集团	WULIANGYE/南非	失败
2008	新科电子集团	Shinco/南非	失败
2008	四川长虹集团	CHANGHONG/南非	失败
2008	康佳集团	KONKA/南非	失败
2008	中国国际旅行社	CITS/南非	失败
2010	镇江香醋	镇江香醋/韩国	失败
2013	恒顺	恒顺/秘鲁	成功
2016	回力	Warrior/欧美	失败

资料来源：中华人民共和国国家工商管理总局商标局中国商标网。

对于企业来说，商标所有权是企业的一项无形资产，在防止商标在国内被抢注的同时，也应当防范境外被抢注，以免错失恶意抢注地，甚至整个海外市场的机会。中国企业要想真正"走出去"，立足国际市场，必须履行"市场未行，商标先动"，提高企业树立自主品牌的意识。同时，政府部门也应当积极致力加强对外知识产权交流与合作，降低企业商标利益受损的风险。

综上所述，知识产权在经济和社会的发展中，体现的是企业实力，以及综合国力。在"大众创业、万众创新"的时代，企业通过创新活动，以知识产权创造为关键，提升整体竞争力。专利权与商标权，关乎企业的经济转型升级。由于我国知识产权法律制度的建设起步晚于欧美发达国家，一方面，知识产权制度层面的设计仍然存在不合理的地方，特别是如何从技术层面，解决中国企业海外侵犯知识产权或者被侵权，已成为亟待解决的问题；另一方面，企业对于知识产权保护的法律意识仍然较落后，知识产权贸易纠纷时有发生，这影响了企业的市场价值。企业经营过程中所涉及的知识产权，包括专利权、商标权以及著作权，当企业在管理方面缺乏知识产权保护的长期战略规划，将阻碍企业的可持续发展。

因此，作为战略合作伙伴，中葡两国之间在知识产权合作、交流方面，已积累了一定的成果，为了更好地服务于两国企业，中葡应继续深入加强合作交流。同时，企业也应当积极提高知识产权保护的理念，促进以创新驱动发展。

四、葡萄牙知识产权法律制度概况

（一）葡萄牙工业产权局

葡萄牙工业产权局（Portuguese Institute of Industrial Property）主管葡萄牙专利、商标以及工业设计的申请与保护，根据葡萄牙国家政策，该局主旨在于促进葡萄牙工业产权同时达到葡萄牙国家及世界标准。葡萄牙作为知识产权国际组织的一员，以"平等"（Equality）、"公正"（Impartiality）、"合法"（Legality）为核心，工业产权局立足于服务葡萄牙国内知识产权工作，负责与国际组织间的合作交流。在现行法律制度下，葡萄牙工业产权局的组织架构由"指令委员会"（Directive Council）、"咨询委员会"（Advisory Council）以及"外部审计员"（External Auditor）三部分组成。申请者通过 INPI Online 向葡萄牙工业产权局提出相关申请，由工业产权局处理信息咨询、查询国内外的专利、商标与设计，查询申请状态，调查是否存在与其他申请者在工业产权方面的冲突，保护用户已上传的所有数据等。在线服务系统为葡萄牙的工业产权申请与保护提供了高效、专业的申请途径。

（二）葡萄牙知识产权的类型

葡萄牙知识产权，由葡萄牙工业产权与版权构成。其中，工业产权包括专利、商标以及工业设计三个主要领域。葡萄牙知识产权法律制度包括国内法与国际条约两部分。国内法部分，以《葡萄牙工业产权法典》（*Industrial Property*

Code）（2003 年 3 月颁布，同年 7 月生效）为主要法律，目前适用的《葡萄牙工业产权法典》为 2008 年修订版。如前文所述，葡萄牙在知识产权领域签署的国际条约包括《保护工业产权巴黎公约》《商标国际注册马德里协议》《专利合作条约》等。

全面了解葡萄牙知识产权，须掌握《葡萄牙工业产权法典》对权利、义务关系的规范，另外，还应熟悉葡萄牙已经签署并加入的国际条约。对于中国企业而言，以商品或服务贸易开拓葡萄牙，应当将《葡萄牙工业产权法典》、中葡共同加入的国际条约，以及中葡之间签订的双边协议为法律基础，企业必须严格遵守葡萄牙的工业产权法律制度。在依靠科技和创新取得发展的时代，中国企业的自主创新能力是企业不断发展的核心所在，以保护涉及专利、发明以及设计的工业产权。因此，了解中国与葡萄牙之间工业产权方面的共性与差异，有利于保障中国企业赴葡开展贸易时的合法智力成果，并且对于在葡侵犯我国企业知识产权的行为，能够依法诉讼或以非诉方式解决纠纷。

（三）葡萄牙专利权

1. 专利权的申请

在中国拥有专利成果的企业如何获得葡萄牙专利法的保护？首先，该专利必须具备新颖性，记载在专利申请文件或公告中，没有包含在现有技术的使用之中，并且未被其他人提出申请。其次，满足实用性，即在工业生产方面可得到使用和应用。

专利排除申请的内容包括：动物和植物品种；动物和人类的诊断或治疗方法；科学发现；美学创造以及经营方法等。其中既包括不能申请专利的情形，也包括不予受理的情形。

2. 葡萄牙专利的申请程序

如图 1 获取葡萄牙发明专利流程图所示[1]，首先，申请材料以葡萄牙语书写，包括姓名、国籍、地址等，并且附加以相关的说明、设计图，以及发明人的简历等。其后，葡萄牙工业产权局通过网络途径，检查申请人提出的申请。若申请完成符合规范，并不存在异议情形，葡萄牙工业产权局将核准审定，于官方网站发布公告之后核发证书。

---

[1] 葡萄牙工业产权局官网，Retrieved January 9, 2018, from http：//www. marcasepatentes. pt/.

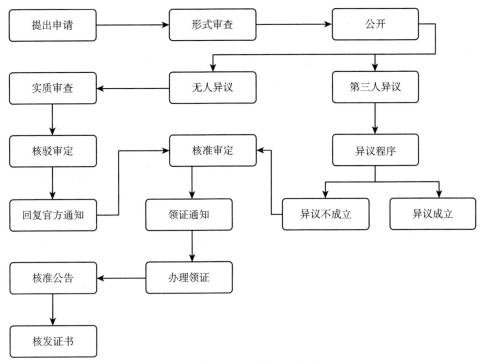

图 1 获取葡萄牙发明专利流程

资料来源：葡萄牙工业产权局官网。

3. 依照《欧洲专利条约》申请专利

若某中方企业于包括葡萄牙在内的其他欧洲国家从事贸易活动，按照 1978 年之前的专利申请规则，该企业必须在不同国家分别申请专利，这无疑是一个漫长的申请过程，阻碍企业的海外发展。然而，自 1978 年起，依据《欧洲专利条约》，该企业仅须提交一份欧洲专利申请，就可享受在所有专利组织成员国内平等的专利保护。提高企业申请专利的效率，同时丰富了中国企业获得葡萄牙专利保护的途径，有助于开拓海外贸易发展之路。根据欧洲专利局官网①，截至 2017 年，欧洲专利组织成员共 38 个，包括以下国家（见表 5）：

---

① 欧洲专利办公室：欧洲专利组织成员，Retrieved January 9，2018，from http://www.epo.org/about - us/foundation/member - states. html.

表5   欧洲专利组织成员

成员	加入时间（年/月/日）
比利时	1977/10/7
德国	1977/10/7
法国	1977/10/7
卢森堡	1977/10/7
荷兰	1977/10/7
瑞士	1977/10/7
英国	1977/10/7
瑞典	1978/5/1
意大利	1978/12/1
奥地利	1979/5/1
列支敦士登	1980/4/1
希腊	1986/10/1
西班牙	1986/10/1
丹麦	1990/1/1
摩纳哥	1991/12/1
葡萄牙	1992/1/1
爱尔兰	1992/8/1
芬兰	1996/3/1
塞浦路斯	1998/4/1
土耳其	2000/11/1
保加利亚	2002/7/1
捷克共和国	2002/7/1
爱沙尼亚	2002/7/1
斯洛伐克	2002/7/1
斯洛文尼亚	2002/12/1
匈牙利	2003/1/1
罗马尼亚	2003/3/1
波兰	2004/3/1
冰岛	2004/11/1
立陶宛	2004/12/1
拉脱维亚	2005/7/1
马耳他	2007/3/1

成员	加入时间（年/月/日）
克罗地亚	2009/1/1
挪威	2009/1/1
马其顿	2009/1/1
圣马力诺	2009/7/1
阿尔巴尼亚	2010/5/1
塞尔维亚	2010/10/1

资料来源：欧洲专利局官网。

欧洲专利局采用统一的程序审查专利申请，对于中国与葡萄牙的合作，可依据《欧洲专利公约》提供法律基础，促进中葡知识产权领域的合作交流。

（四）葡萄牙商标权

商标，是指用以区别商品和服务的文字、图形等符号，例如字母、数字、颜色构成、产品外形等，目的是使消费者足以区分不同的商品与服务。葡萄牙商标法的渊源为《葡萄牙工业产权法》《商标国际注册马德里协议》以及欧盟相关的商标法律。其中，《商标国际注册马德里协议》自1892年生效，截至目前共53个成员，该协议主要的目的是简化商标在其他国家注册的程序。中国企业向葡萄牙申请商标之前，应当查询所申请的商标是否在商标局已经注册，是否存在侵权的可能性，如近似商标，以及其他损害商标权人的潜在风险。

按照《商标国际注册马德里协议》，中国企业除了取得中国注册商标外，还应获得商品进口国葡萄牙的注册商标。下述注册方案可供中方出口企业参考：

1. 仅向葡萄牙工业产权局提出申请，依据葡萄牙商标法，获得注册商标

中方企业在葡注册商标的程序为：（1）当事人提交商标申请；（2）工业产权局进行形式审查；（3）修正通知；（4）回复官方通知；（5）公告；（6）无异议/异议；（7）核准注册/异议不成立/异议成立；（8）发证/不予注册。

2. 向任一马德里协议成员提出申请

若某中方企业向包括葡萄牙在内的若干个马德里协议成员出口商品或输出服务，中方企业只需向其中任何一个成员提出申请即可。相比于向单一国家逐个提出申请，国际注册商标的方式提高了商标注册的效率，为从事对外贸易当事人的商

标和服务标志，提供了有效期为 20 年的保护，并且可不受次数限制地续展。

（五）葡萄牙工业设计

作为一项创新型设计，当产品的设计者希望获得排他性的使用权，则可向工业产权局提出保护工业设计的申请。无论是整体抑或部分设计，工业设计权保护产品一切外观的特征，如线条、颜色、形状、质地以及材料等。具体包括以下内容：（1）用于组装复杂产品的零部件；（2）包装；（3）展示的要素等；（4）图形符号；（5）印刷字符等。根据葡萄牙法律规定，前文关于专利保护的大部分条款，同样适用于保护工业设计。

（六）葡萄牙著作权

著作权的保护源于对文学艺术作品的商业性利用。[①] 中国于 1992 年加入了《保护文学艺术作品伯尔尼公约》，同为该公约成员国的葡萄牙，著作权保护体现在对文学、科学和艺术领域的智力创造成果上。

与著作权相关的邻接权指与著作权相邻的权利，保护作品传播者的法律制度。中国企业赴葡萄牙开展贸易，应当按照国民待遇原则、自动保护原则、独立保护原则以及著作权保护的最低标准行使权利，并履行相关的义务。中葡两国企业、民众依据国民待遇原则：凡是成员国国民的作品已经产生，或者是非成员国国民的作品在某成员国首次发表，即在各成员国根据国内著作权法，与其国民享受同等的著作权保护待遇。该项排他性的权利，以对等保护为原则，葡萄牙法律为中国企业提供法律保护，保护期限为 70 年。

五、对赴葡中方企业知识产权保护的建议

知识产权法具有地域性，而国际贸易涉及不同国家或地区之间关于商品和劳务的交换活动，贸易往来突破地域限制的同时，也会引发与知识产权保护之间的冲突。因而，在国际贸易活动中，应当突出知识产权保护的重要性，将知识产权保护国际化。各国政府之间，国际组织之间的积极交流与合作，有助于知识产权保护与共享创新成果。"在知识产权法中，存在着知识产权人对知识产品的专有权利与社会公众对知识产品的合法需求之间的矛盾，需要对具有公共商品和私人

---

① 吴汉东、郭寿康：《知识产权制度国际化问题研究》，北京大学出版社 2010 年版，第 64 页。

商品双重属性的知识产品的使用、分配和利益分享做出合理的安排，以实现知识产权法的公平正义价值目标。"① 放眼全球视野，在知识产权的国际保护进程中，同样存在不可避免的矛盾与局限，例如不同国家、地区之间权利人的利益冲突，产品输出国企业与东道国企业之间的利益冲突，知识产权权利人保护与公众对知识产权产品需求之间的客观矛盾等。针对上述情形，中国企业在赴葡经营之前，应当充分了解葡萄牙知识产权法律体系的规定，最大限度地避免跨境知识产权纠纷。具体建议包括以下三个层面：

（一）提高企业知识产权法律意识

中国企业的产品与服务在进入葡萄牙市场之前，必须严格做好知识产权保护方面的"功课"，探索葡萄牙知识产权法律环境，尽可能地消灭潜在的侵权风险。根据中国的知识产权法、葡萄牙工业产权法以及中葡两国共同加入的国际条约，完成相关的权利申请与资质审核，实现对知识产权的中葡跨国保护。以专利保护期限为例，葡萄牙与中国的规定相同，自申请日起，发明专利的保护期限为 20 年，实用新型和外观设计的保护期限为 10 年。

葡萄牙工业产权法律框架由国内法和国际条约两个部分组成，国内法律主要包括《葡萄牙工业产权法典》与《葡萄牙工业产权管理署组织法》等。国际条约包括《与贸易有关的知识产权协议》《保护工业产权巴黎公约》《欧洲专利公约》《商标国际注册马德里协定》等。葡萄牙以国内法与国际法作为其知识产权法律渊源，规范了涉及发明专利、商标与著作权等方面的权利、义务关系。对赴葡萄牙投资的中国企业而言，商品与服务活动，无一不关乎知识产权的保护。因此，提高知识产权法律意识，培养创新理念，有助于促进中国企业在葡贸易长期稳定发展。

（二）进一步促进中葡双边合作与交流

葡萄牙与阿尔巴尼亚共和国于 1998 年 9 月 11 日在里斯本签订了《葡萄牙共和国与阿尔巴尼亚共和国促进和相互保护投资协议》，该双边条约于 2007 年 8 月 10 日生效。中葡之间也可借鉴阿葡两国在相互投资的双边条约，促进专利、商标、实用新型、工业外观设计以及商业秘密等保护措施。根据《中华人民共和国国家知识产权局与葡萄牙工业产权局关于专利审查高速路试点的谅解备忘录》，

---

① 冯晓青：《利益平衡论：知识产权法的理论基础》，载于《知识产权》2003 年第 6 期。

中葡两国于 2014 年正式启动专利审查高速公路（PPH），在两年的试点期内，申请人可向葡萄牙工业产权局（INPI）或者中华人民共和国国家知识产权局（SIPO）提出专利审查高速公路（PPH）请求。主旨为保护专利申请人的权益，申请人在一方知识产权局成功获得专利之后，保障其在另一方知识产权局高效完成专利审查。不仅减少了知识产权局的重复劳动、重复审查，提高专利审核的效率。而且节省了中葡两国外贸企业的成本，有力推动中葡两国企业间的长期合作与发展。目前，PPH 试点已结束，借鉴其中的成功经验，中葡之间除了在专利方面继续展开审查高速公路，也可尝试在商标与工业设计等方面加强相互支持与合作，为中葡两国的知识产权申请人提供更加高效、便捷的申请途径。

（三）推进知识产权纠纷的非诉争端解决

首先，遵守磋商前置。按照《与贸易有关的知识产权协议》中关于争端解决机制（DSU）的规定，世界贸易组织（WTO）成员之间发生的贸易争端，必须以"磋商"作为争端解决的前置程序。若中葡两国企业在贸易往来中，发生有关知识产权的争端，在采取任何措施之前，应当以磋商作为消除必须分歧的必经程序。磋商解决不仅节省了双方高昂的律师费用、诉讼费用，而且该方式具有保密性、灵活性，避免损害双方利益。此前，葡萄牙曾就专利纠纷达成了和解，这是在磋商阶段和解的争端——葡萄牙工业产权法中的专利保护案（案件编号：DS37）。磋商请求于 1996 年 4 月 30 日，磋商期届满于 6 月 29 日，达成日期为1996 年 10 月 15 日，以葡萄牙修改专利法内容作为和解方式。[①] 非诉争端解决的效率远远高于诉讼方式，促使当事人在轻松、友好的环境中高效解决纠纷。

其次，进一步完善仲裁规则。在仲裁裁定令的承认与执行方面，需要通过中葡两方的国际合作，以进一步完善仲裁规则等。对知识产权领域国际规则的解释与适用的一致性，对促进中国两国贸易往来，以及知识产权保护具有积极意义。当中国企业的知识产权利益受到侵害，要求侵权方停止商业行为以及请求赔偿的，在无法和解时，除了通过诉讼的方式外，还可以选择向仲裁中心提出仲裁请求。根据《葡萄牙仲裁法》规定，仲裁具有既判力和强制执行力的法律效力。"将仲裁裁决通知当事人，并且如果需要，根据第 24 条的规定存放在法院之后，仲裁裁决获得了既判力，并从那时起不再可以上诉。仲裁裁决同一审法院的判决一样根据相同的条件强制执行。"[②] 因此，除非出现法定的撤销仲裁的情形，如

---

① 张平、刘朝：《知识产权争端成案及对策》，法律出版社 2016 年版，第 193 页。

② 葡萄牙仲裁法，Retrieved January 9, 2018, from http：//www.china.com.cn/law/flfg/txt/2006 – 08/08/content_7057142.htm.

无管辖权、程序违法以及超过仲裁范围的，针对其他类型的仲裁结果不得上诉。

综上所述，提高中国企业创新能力，培养法律意识，同时，加强中葡两国政府间知识产权领域的深入合作，有助于保护赴葡企业知识产权利益及促进企业可持续发展。

参考文献

［1］新华社：《"一带一路"点亮中国和葡语国家合作》，检索日期：2018 年 1 月 9 日，http：//www. scio. gov. cn/ztk/wh/slxy/31199/Document/1493308/1493308. htm。

［2］吴汉东、胡开忠：《走向知识经济时代的知识产权法》，法律出版社 2002 年版，第1 页。

［3］世界知识产权组织：国际条约，Retrieved January 9，2018，from http：//www. wipo. int/treaties/en/ShowResults. jsp？ lang = en&treaty_id = 2。

［4］中华人民共和国国家知识产权局：国际公约，Retrieved January 9，2018，from http：//www. sipo. gov. cn/zcfg/gjty/。

［5］中华人民共和国国家知识产权局：年度报告，Retrieved January 9，2018，http：//www. sipo. gov. cn/gk/ndbg/。

［6］饶世权、陈家宏：《中国高铁"走出去"的知识产权战略模式选择》，载于《中国科技论坛》2007 年第 2 期。

［7］中华人民共和国国家知识产权局：专利业务工作及综合管理统计月报，Retrieved January 9，2018，from http：//www. sipo. gov. cn/tjxx/tjyb/。

［8］世界知识产权组织：2017 年全球创新指数，Retrieved January 9，2018，from http：//www. wipo. int/publications/en/details. jsp？ id = 4193？ plang = ZH。

［9］国家工商行政管理总局商标局中国商标网：商标统计，Retrieved January 9，2018，from http：//sbj. saic. gov. cn/。

［10］葡萄牙工业产权局官网，Retrieved January 9，2018，from http：//www. marcasepatentes. pt/。

［11］欧洲专利办公室：欧洲专利组织成员国，Retrieved January 9，2018，from http：//www. epo. org/about － us/foundation/member － states. html。

［12］吴汉东、郭寿康：《知识产权制度国际化问题研究》，北京大学出版社 2010 年版，第 64 页。

［13］冯晓青：《利益平衡论：知识产权法的理论基础》，载于《知识产权》2003 年第6 期。

［14］张平、刘朝：《知识产权争端成案及对策》，法律出版社 2016 年版，第 193 页。

［15］葡萄牙仲裁法，Retrieved January 9，2018，from http：//www. china. com. cn/law/flfg/txt/2006 － 08/08/content_7057142. htm。

海通银行对葡投资分析

——对中资企业"走出去"的启示与建议

宋雅楠　　邢佳圳[*]

摘　要： 中国近年来国际化发展势头高涨，越来越多的中国企业选择"走出去"，而证券公司作为经济的先行导向行业，必然着手开展国际业务的发展，布局海外市场。本文以海通证券收购葡萄牙圣灵银所成立的海通银行为分析案例，从券商行业持续推行海外市场的布局，不断加大的境外扩张的角度出发，总结成功经验，为未来有海外投资计划的中资企业提供直观的经验与建议。

关键词： 海通银行　中资企业　海外并购　启示　建议

一、中资企业海外并购背景分析

近年来，随着中国经济的发展以及国际融合的进一步深化，中国企业对外投资活动日益频繁，其中海外并购活动占很大比例。在过去的 2016 年，中资企业的海外并购活动更是遍地开花，首次取代美国成为全球最大的海外资产收购者。在市场准入领域的放宽和投资软硬环境的不断改善下，中国已经成为跨国并购的重要市场，同时中国的企业也以积极的姿态加入到全球并购大潮中。不可否认，中国企业的跨国并购取得了一些成果和经验，但也存在着不少问题和障碍，本文对此进行了分析，以期对中资企业在跨国并购的过程中提供一些有效的意见与建议。

那么是哪些因素对此有着重大的影响呢？主要有内部环境与外部环境两个

---

* 宋雅楠，澳门科技大学商学院副教授。研究方向为国际贸易与投资、中葡经贸关系等。
邢家圳，澳门科技大学商学院硕士研究生。
感谢葡萄牙海通银行副总裁贺巍先生对本文的帮助和对葡萄牙投资经验的分享。

方面：

（一）外部分析：全球大环境刺激中资企业海外并购

1. 经济全球化程度加深，竞争加剧

经济全球化是伴随着经济发展与科技进步出现的一种必然趋势，全球化一方面给世界经济提供了机遇和可能；另一方面也带来了更多的风险和挑战。经济全球化带给企业的影响是最直接的。它推动并强化了企业国际化、巨型化的趋势。超大型跨国公司纷纷出现，占据着巨大的市场份额和竞争优势。对于这些大公司而言，经济全球化可以使企业充分利用全世界可供使用的生产资源。经济全球化是中国企业跨国发展首先要面对的大环境。在这样一个大环境下，便对中国企业发展提出了新的更高的要求。

2. 世界性产业结构调整与升级，为中资企业海外并购提供了更多机会

在理论层面来看，随着经济全球化与信息化进程的加快，新一轮世界产业结构调整正在全球迅猛展开，伴随着这次产业结构调整，高新技术改造后的传统产业赢得了新的发展空间。信息技术在三个产业中的广泛应用，使趋于衰退的传统产业发生"逆向回归"。这种调整必然伴随着大量的企业并购发生，一些西方大的跨国公司从某些产业，或者产业的低端环节中退出，于是便会出售相应的子公司或工厂给其他企业，尤其是来自产业发展水平相对较低的国家的企业。

在现实层面来说，金融危机蔓延过后，发达国家的经济基础受到严重破坏，资金链出现断裂的企业比比皆是。所以导致很多发达国家政府急于摆脱经济困境，便选择出售部分国有资产，这就让中国的企业有了很多进入海外市场的机会。

3. 现代管理思想，技术方法的发展和广泛运用

现代管理思想，技术方法的发展和广泛运用奠定了跨国企业并购的思想基础和组织基础。组织结构、决策技术、企业经营规划、系统原理、战略管理等方面理论的迅速发展，使人们把企业的发展的目光从当下和国内转移到了未来和国外。运筹帷幄，规划十年乃至几十年以后企业在世界范围的发展，这样的企业战略的不断发展必然带来海外并购大戏的不断上演。

4. 新的经营战略和竞争战略

20 世纪最后十几年，大公司的战略环境发生了巨大的变化，企业发展进入

一个战略转型期。其具有突出意义的：一是经营战略由多元化，规模化向核心竞争力战略转变；二是从纯粹竞争战略为主导转向以合作竞争战略为主导，从注重总成本领先战略，标新立异战略，目标集聚战略进一步发展到注重竞争与合作战略，从而推动了竞争的革命。现代公司发展最有生气的特征就是战略联盟与合伙企业的增长。因此，企业价值重估与资源整合是新的发展战略的关键。

（二）内部分析：中国企业实力不断壮大及中国政府的政策鼓励

1. 经济增长，国力增强，企业的国际竞争优势渐强

经济的全面发展，综合国力的增强，为中资企业的迅速兴起和发展提供了经济基础，根据邓宁的投资发展阶段理论，一国对外直接投资和其经济发展水平有密切的关系。一般认为，一国人均 GDP 越高，其对外直接投资净额就越大，中国经济的快速增长以及中国沿海及内地的某些省市经济发展水平的迅速提高为中国对外投资的较快流出提供了经济条件。中国企业竞争优势的增强为中国跨国投资的兴起和迅速发展提供了必要的内部条件，通过现代企业制度的建立和国内企业间的兼并收购，中国已经形成了一批具有相当技术和资本实力的综合型跨国公司，为进一步创建发展大型跨国公司打下了基础。

2. 国有企业改革，国有资产的存量调整与产业结构调整优化

在传统计划经济体制下，国有企业效率低下，资产运行不良，国有资产存量严重固化。改革开放后，中国渐进式的经济改革从增量改革开始的。并购作为一种重要手段，一方面提高了国有资产整体利用效率；另一方面又促进国有资产本身的合理"进退"。优化了产业结构优化，也使企业形成规模化、集团化，提升了企业竞争力，为国家"走出去"战略打好了基础。

3. 金融市场特别是国际金融市场的快速发展

回顾世界并购史，人们普遍注意到金融机构和并购中介人在跨国企业并购中的重要作用。一般来说，中国企业并购其他国家企业，比国内企业并购遇到的难度系数、风险系数要高得多，在全球跨国并购成功率不到40%的统计规律下，加上中国跨国并购的经验欠缺。因此没有可提供资金和协助实施交易的金融市场，没有了解目标企业所在国信息的中介，要进行跨国企业并购是不可能，即使可能，其成本也必定是很高的。所以说，并购中介人的出现为中国企业跨国并购提供了媒介和润滑剂的作用。

4. 政府相关政策的鼓励和对外投资管制的放松

在"走出去"战略思想的指导下，中国政府一改过去设法阻止中国公司利用宝贵外汇向海外投资的做法，转而鼓励中国公司向全世界投资。现在鼓励有能力的中国公司走出国门成为中国政府的一项重要政策。政府宣布了更便于国内企业进行海外投资的一些新规定，如从商务部在网上便可以接受海外投资申请并发放许可。这极大地减少了对寻求境外投资的中国企业的审批程序，为现金充裕的企业进行国际扩张进一步敞开大门。同时财政部将借鉴发达国家的经验，在世界贸易组织规则允许的范围内，研究和构建推进"走出去"战略的财税支持政策体系，给予企业一定的财税激励措施，引导企业投资于国家急需的区域和行业，提高企业的经济效益，促进"走出去"战略的顺利实施。

二、海通证券及其海外业务简介

在上述的背景基础下，海通证券股份有限公司（以下简称海通证券）便是中资企业海外投资浪潮中举足轻重的一分子，通过对海通证券的海外投资之路的分析，我们便可以了解到大部分中资企业的海外投资模式，以及最终取得的经验与成果。

海通证券成立于1988年，是国内最早成立的证券公司中唯一未被更名、注资的大型证券公司。公司前身是上海海通证券公司，于1994年改制并发展成全国性的证券公司。2001年底，公司整体改制为股份有限公司。2002年，公司完成增资扩股，注册资本金增至87.34亿元，成为当时国内证券行业中资本规模最大的综合性证券公司。自2007年以来，公司总资产和净资产一直居国内证券行业第二位。

近年来，海通证券大力推进国际化战略，积极推动境内外业务联动，着力打造境外发展的业务平台。2010年1月，公司成功收购中国香港本地老牌券商大福证券，更名为海通国际证券。2015年9月，公司又成功收购了葡萄牙圣灵投资银行，将其更名为海通银行，进一步提升了国际知名度和品牌影响力，业务范围覆盖了14个国家和地区，海外布局进一步完善，国际化战略继续深化。

三、海通银行简介

海通银行前身为圣灵投资银行，拥有超过25年历史，是葡萄牙语及西班牙语地区领先的投资银行。海通集团将其收购后更名海通银行，并在之前的基础上大力拓展业务。目前广布全球 4 大洲 12 个国家，总部位于葡萄牙里斯本，不但在英国伦敦、美国纽约等成熟市场拥有分支机构，在巴西、墨西哥、印度、波兰、非洲等新兴市场也有布局。在收购圣灵投资银行成立海通银行后，海通证券境外收入由 2014 年的 16.67 亿元上升到 2015 年的 35.8 亿元，同比上升 114%；境外利润也由 9.23 亿元上升至 20.23 亿元，同比上升 120%，从海通并购后的发展可看出，海通银行已经在海通证券境外业务利润创造方面贡献了重大力量。因此海通证券并购圣灵投行的经验对于国内有海外并购需求的其他券商乃至其他行业的企业均具有参考意义。

四、为什么选择收购圣灵银行

在对海通银行里斯本总部投资副总裁贺先生进行深入的访谈后，我们了解了海通集团之所以选择圣灵投资银行作为收购目标。一方面，基于圣灵银行自身优秀业务基础；另一方面，作为欧盟成员国的葡萄牙，能够充分发挥平台作用，帮助海通集团进一步完成海外业务的部署。

在世界各地开展业务一直是海通国际集团的战略目标，而欧洲作为金融行业的重要桥头堡，一直也是海通国际的主要目标。但是碍于欧盟金融行业严格的监管体系，以及对于新兴发展中国家资本的警惕与防范机制，可以让中资企业深度进入欧洲金融市场的机会一直寥寥无几。直至上一轮欧洲若干国家爆发了主权债务危机，其中就包括葡萄牙。自 2011 年 5 月接受"三驾马车"救助以来，葡萄牙政府被迫对一系列国有资产实施私有化措施。葡萄牙政府主导的私有化进程便很好地为海通国际集团打入欧洲市场提供了千载难逢的机会。

海通证券此次收购圣灵投行便是在此大的前提背景下，这也是圣灵银行之前在发展较为良好的趋势下为何突然愿意接受并购的原因，因为欧债危机之后的欧洲经济市场一路下行，而在整个金融行业的体系中，往往一家公司的经济陷入困境后，与之上下游有往来的公司都会因连锁效应而受到影响，从而造成这个链条上大面积的连锁危机。圣灵银行便是因其大股东圣埃斯皮里托国际集团未能按期偿还债券，造成圣灵银行大幅亏损 35.8 亿欧元，同时也暴露出许多内部问题而陷入危机，因为大股东自身已经受累，葡萄牙央行为拯救圣灵银行而被迫进行资产重组，重组后的圣灵银行也因种种原因已不具备当年的实力，自身能力不足，或许只有出让股权才能为大股东以及圣灵银行自身带来一条生机之路。而作为葡萄牙的第二大银行，又是在葡萄牙乃至欧洲都具有深远影响力的老银行，圣灵银行的破产产生了不小的震动。身陷债务危机的葡萄牙政府，紧急动用一切措施减小负面影响，并在世界范围内寻求资本来对已经破产的圣灵银行进行竞购。也就是在此时海通集团毫不犹豫地抓住这次机会，参加了对圣灵投以银行的竞购。并最终于 2015 年 9 月 7 日完成对于圣灵投资银行的买卖股份交割手续，正式结束了对圣灵投资银行的收购工作。海通证券持有 100% 圣灵投资银行股权，圣灵投资银行成为海通证券的一家全资子公司并更名为海通银行。

其实在收购圣灵银行之前，海通集团已经对其做了完备的可行性分析。其所处的葡萄牙国家金融体系结构完整，法律法规完善，系统性风险低，加之葡萄牙又同属欧盟一员，虽然其并非欧盟的主要核心国，但是作为进入欧盟金融市场的平台，其开拓性作用明显。同时，由于葡萄牙在葡语国家（地区）宗主国地位的影响深远，通过其平台作用，还可帮助海通集团在其他葡语国家（地区）开展业务。更为重要的是圣灵投资银行的业务已经广布全球 4 大洲 12 个国家，总部位于葡萄牙里斯本，不但在英国伦敦、美国纽约等成熟市场拥有分支机构，而且在巴西、墨西哥、印度、波兰、非洲等新兴市场也有诸多业务发展。所以说对于海通集团来讲此次收购达到了一举多得的效果。本次收购也是中国证券公司收购总部位于欧洲的投资银行的第一单，为中国证券公司进入欧美投资银行业开了先河，对于海通证券和圣灵投资银行双方均具有重大的战略意义。

五、收购圣灵银行所遇到的困难

从海通证券开始参与竞购圣灵投行的并购交易，到海通证券最终完成对圣灵投行的收购和改名，海通证券在这个并购过程中一直是紧密谨慎的逐步推进，耗时 10 个月的时间成功完成交割，但是在这 10 个月的时间里，海通集团对圣灵银行收购并不是一帆风顺的。除要面对其他来自世界各地，包括中资企业在内的资本对手竞争外，海通所面对的最大的问题应该是来自葡萄牙央行以及欧盟委员会等机构的严格审查。众所周知，目前海外投资的中企正面临着"恐华"情绪高涨的海外政府的严峻挑战。欧美等发达国家对于一些战略性领域的投资开方一直十分谨慎，而银行业便是其中之一。因为圣灵银行之前的地位与业务基础不容小觑，所以尽管它已经濒临破产，葡萄牙央行以及欧盟相关机构对其业务的出售审查依然十分严格，提出很多苛刻要求。此外，身为外来企业，海通集团无法从一开始便做到十分熟悉和了解葡萄牙当地的法律法规问题，加之文化上的差异，都在一定程度上给海通集团收购圣灵银行的问题上增加了难度，使得海通集团无论是在谈判，沟通或是具体方案实施的过程中要求思考更加全面、准备更加充分才足以克服困难，并最终完成交易。

六、海通银行成立的目的与作用

在业务层面上，海通银行将作为海通证券在欧美等发达市场以及南美、非洲、印度等新兴市场的业务平台，继续以客户为中心，致力于为全球客户提供更优质、更全面的金融服务；将继续强化海通银行在葡萄牙语系及西班牙语系市场的业务平台及网络，丰富客户服务手段，为现有客户提供更好的服务；充分发挥海通银行的本地服务能力和海通证券在大中华区相关产品的研究及交易实力，为海外机构投资者投资大中华地区产品提供一揽子服务；还要充分发挥海通银行的人才优势、业务网络和产品能力以及海通证券的客户资源，服务于大中华地区企业"走出去"战略，为客户提供并购、海外上市、发债等服务。此外，还可服务于人民币国际化趋势以及大中华地区客户日益提升的财富管理需求，为大中华地区客户提供全球资产配置服务。

作为海外业务的拓展平台，海通银行的战略纵深意义十分巨大。仅以巴西市场为例，葡萄牙作为其前宗主国，不但使用相同的语言，其历史文化也较为相似。海通证券通过收购圣灵银行，可以自然而然地进入巴西市场，企业自身目标配合国家战略，可以有条不紊地实现集团的战略布局，从阶段性成果来看，海通银行目前已成为中国企业投资巴西项目特别是能源项目的重要纽带。

改名易主之后，海通银行对在巴西业务也进行了重新定位，未来将主要集中在三大领域：一是成为聚焦兼并购、市场资本、援助企业特许经营项目预可研和融资的投资性银行；二是服务市场，将当地运营与避险产品、衍生品、外汇和结构性的交易结合；三是成立投资基金用于本地化投资，但准备工作仍在进行。

随着海通银行对其业务领域的整合和重组，巴西因其市场规模和在拉丁美洲的战略意义成为海通银行的主要市场。在巴西经历政治与经济双重危机之际，其他投资银行均减少了在巴参与度。海通银行却认为这种复杂局面或将为中资企业在巴投资带来机遇，也将为金融机构的发展开辟空间。这些机遇主要集中在基础设施、能源、农业、采矿等领域，海通银行希望成为中资企业与巴西项目间的桥梁。截至 2016 年底，海通银行在巴总资产达到 87.6 亿雷亚尔，净收入为 1 900 万雷亚尔。此外，海通银行也在考虑通过与中国多边银行合作为项目注资，例如中国开发银行及主权投资基金。中拉基金（Claifund）、中国拉丁美洲合作基金（Clac）、中国投资基金（CIC）等都是海通的合作伙伴。

通过以上海通集团在巴西市场新取得的阶段性成果与战略部署来看，我们不难得出一个结论：海通集团的目标十分清晰，具有全球层面的战略规划，其欲利用海通银行的品牌优势支持和带领更多中资企业走向世界。

七、海通银行经验总结

在中资企业海外投资的浪潮里，我们仅仅针对海通集团的投资模式进行分析，就不难总结出一些经验与教训：单单从券商行业的角度来看，中国市场的特殊国有性带来的监管原因会限制券商行业的杠杆比率，这在很大程度上影响了券商资本的操控能力，但是海通证券可以通过海通国际控股底下的一系列海外企业，使其避免国内环境在某些方面的掣肘，例如便可以通过海通银行在欧美市场上进行业务的创新探索。参照欧美等国际一流投行的发展经验来看，由收佣金的通道中介服务向以资本实力为基础的资本中介服务转型，这是国内券商未来发展的趋势。而海通证券近年的发展就是朝着减少技术含量低、利润率低的传统业务占比，增加 ABS、债券、并购重组服务等创新型业务占比的方向发展。所以我们今天才看到了海通银行所取得的丰硕成果。

然而想从依靠收取技术含量低、利润率低的佣金维持发展的"中介服务者"，转型到凭借专业能力和资本实力为市场的"管理组织者"，完成这样的身份地位改变的过程中海通银行还是遇到了一些难题。例如由于文化的特殊差异性的存在，国内券商并不能完全地通过准备、调研就能了解到并购标的企业文化，也因为国际文化差异性，想在短期内彻底完成一个跨国并购的后期整合几乎是不可能的，反而文化差异会在海通证券收够圣灵投行后渐渐体现出来。好在海通证券在文化差异问题上一向是很重视的，采取了很多有效的措施，像引入一些国际人才，将他们的海外经验引进本土券商市场，海通以人事工作为切入点，营造多元化文化交流环境。这样便吸引了更多的国际人才的加入，他们往往会为企业带来新的活力和经验，海外优秀人士的加入也会将他们的专业经验介绍到国内券商和国内市场中来，企业内部多样化的人才交流会反过来促进企业建立一种更有利于不同文化交流的环境。利用并购整合的机会，海通证券可以派骨干团队去圣灵投行学习研究对方的工作模式，加强双方在文化精神层面的交流，带动业务的深入合作。随后，双方根据磨合和交流的情况，利用双方各自的优势组建合作团队，共同完成目标。

八、对中资企业的启示与建议

由于中国在海外并购中开始扮演越来越重要的角色，尤其在欧洲并购市场中，中国企业成为最大的买家。仅 2016 年，中国企业对欧洲企业的并购几乎占到全部收购数量的一半。但值得指出的是，尽管西方经济体增长放缓对中国希望赴海外收购的企业而言是一个福音，但是这同样意味着它们将面临更加激烈的来自欧美竞购者的国际竞争，尤其是在一个全球资产价格虚高的时期，这样的竞争变得更加严峻。

在上述大的环境背景下，视角回到我们中资企业自身，对中资企业本身进行自我剖析，我们会发现中资企业在跨国并购活动中存在着一些问题：

第一，现有体制不完善，企业灵活性与自主性受限。

中国政府现行的对外投资项目的审批制度比较僵化，举例说明，按现行规定，凡海外投资超过一定规模的项目，都要上报国家有关管理部门审查批准，这样明显不利于企业迅速把握跨国并购的良好机遇。所以相关体制要完善，政策要灵活，赋予企业更多的灵活性与自主性。

第二，兼并多为以大吞小、以盛凌衰，缺乏两强合作的局面。

中国企业跨国并购基本上处于初级阶段，无论是中石化、中石油收购中亚、南美以及东南亚的印度尼西亚等地的油田，还是海通集团收购圣灵银行，这些都是在对方企业相对弱小或出现经营危机时进行的。而我们希望在以后的案例中，能够看到两个相对鼎盛的企业互相合作、深度融合的景象。

第三，企业的国际经营战略决策水平和整合能力不强。

目前中资企业的国际经营战略决策水平和整合能力不强，主要表现在企业在从事跨国并购活动时，对自身的优势与劣势认识模糊，没有根据实际自身水平做出合适的战略决策，导致企业跨国并购的整合效果欠佳。此外，中西方文化的巨大差异常常使跨国并购完成后，企业的管理方式和经营管理行为很难得到原企业员工的广泛认同，致使骨干员工流失。

第四，中国现行的有关海外并购的法律、制度等方面存在缺陷。

在目前阶段，中国法律中与企业并购有关的立法明显滞后，使得中国在跨国并购当中的立法明显滞后于国际跨国并购的步伐。加之烦琐的制度程序，相关法律的缺位，以及政府的严格监管，无疑大大增加了中资企业海外并购的交易成本。

当然，与不足相对，中资企业在海外并购的活动中也拥有着自身的优势：

第一，企业资金充盈，实力雄厚。

中国改革开放近 40 年以来，大量的企业从初创到快速成长，在短时间内完成了资本积累，并不断扩大规模，积累了大量资本。使得在其后海外并购的浪潮中，有雄厚的实力出手并购。

第二，政策鼓励，企业以国家战略为依靠。

中国政府制定了"走出去"的国家级战略，鼓励有实力的企业出海，向海外有投资价值的行业或公司进行投资。有了国家战略的依托，便有利好企业的优惠政策可以执行，这对中资企业海外投资的意义非凡。

第三，企业依托国内丰富资源。

众所周知，中国是一个人口大国，随着高等教育的普及，高素质人力资源也愈渐丰富；其次，中国目前在诸多领域具有相关行业的领先技术，在完成自给自足的基础上还能做到海外输出，所有技术资源也十分丰富；此外中资企业在管理技术，思想经验等方面也越来越先进。这些都是中资企业有足够的资源可以依靠。

第四，悠久的历史文明，打造独特的企业文化。

一直以来，中国作为一个具有五千年文明的古国，积累了自身独特的民族文化，而现代不乏很多优秀的中资企业继承了中华文化的精华，例如拼搏进取、勤劳不辍，这些特质也都体现在了优秀中资企业上及其员工的身上，而凭着这些优秀的特质，中资企业可以努力拼搏在海外扎稳步伐，逐渐发展。

经过以上分析，在了解了中资企业海外并购中所存在的不足与优势后，我们是否可以参照海通银行的成功经验，把思路拓宽到所有对外投资计划的中资企业身上，为他们总结出一些意见与建议呢？

答案是肯定的：

首先，我们所有出海投资的企业都应该有一个明确的目标与详尽的战略，那就是要拓展发展空间，抢占世界市场。企业在国内发展到一定程度，如果要继续壮大发展，必然面临着国际化的问题。企业向国外市场扩展既可以解决企业资金的闲置问题，又可以将企业的战略目光放得更加长远。

其次，我们在细数近些年中资企业海外并购案例的过程中，应该反思，为什么很大一部分出海投资的企业都是国有企业呢？在海外并购的舞台上，能看得到身影的中资民营企业寥寥数家。一直以来，中国的国有企业在中国经济中占有着主导地位，国有企业可以依靠自身的所有权优势、资源优势在国内毫无阻碍地发展，当发展到一定程度时，它们在海外并购方面的潜力将不断显现出来。但是，在显现出来的同时，一定要弱化国有企业的政府背景，强化企业自身的市场经济属性及企业主体地位。另外，随着中国政府现在对企业成分的包容性越来越强，给予了民营企业与国企的平等市场地位，使得中国跨国并购的主体选择更具有意义，越来越多样化，这样能够让优秀的民营企业快速地成长壮大，当企业有跨国并购的需要时，才能强有力地出手抢占商机。所以说在推进大型国有企业跨国并购的同时，政府应当加强对民营企业政策的扶持，假以时日，它们必将会成为中国企业跨国并购的主力。

再其次，虽然目前世界一体化进程在不断的加快，但是随之而来的也是许多国家出于保护自己国内产业的目的，不断设置贸易壁垒。这一客观存在的问题大大加大了中资企业及其产品进入的难度和成本。所以企业可以通过并购的方式，合理谨慎地进行区位选择，并且把重心放在企业经营成本以及市场便利性上。

此外，企业想要完成一例海外并购并不难，但完成并购只是万里长征的第一步，最有挑战难度的是伴随着并购全过程及其之后的企业文化的融合，以及与当地文化差异及法律法规的协调。在跨国并购中，中国企业为了获得一些重要的、先进的稀缺性资源或者先进技术，在并购是所选择的大多是一些历史悠久或声名远扬的企业，而这些企业在其以往的发展历程中，已经早已有了自己的企业文化，而企业想要整合这些企业文化，需要付出不菲的成本在时间与精力上，往往也是因为这一原因，导致很多海外收购案例的后续失败。当然，也有很多企业不能尽早地熟悉目标企业当地的法律法规，或是由于文化差异过大所导致的收购失败，这样的案例也是有很多，所以企业在做海外收购的准备工作的时候，一定要考虑到以上的因素，尽早评估出可能由文化差异或企业文化差异，以及法律法规等政策因素所造成的风险因素有多少。

最后，并购主体企业必须认清宏观形势，正确评估自身能力，才能做出正确的判断。在海外并购活动中，目标企业往往是在发展前景上不容乐观或已经深陷危机的企业。因此在并购中，一定要注意一个原则，那就是低成本绝不能成为选择并购对象的主导因素。要知道跨国并购是一项高风险的专业性活动，想要成功地进行跨国并购，宏观层面上要有战略支撑、政策支撑、外汇支撑等，微观层面上要有详细的目标考察、谈判能力以及事后的整合能力，可以说这是一种牵一发而动全身的活动，所以必须摒弃那种因为外在的优惠条件就盲目扩张的鲁莽行为。

综上所述，在中国企业的跨国并购浪潮的背景下，开拓国际市场，利用国际资源谋求更好的生存空间几乎是每个企业最终的目标。随着中国人口红利的逐渐消失，国内企业依靠廉价劳动力产生的成本优势也在日渐削弱。在此情形下，中国企业如果仅仅局限在国内市场，是不足以支撑其进一步成长的，也无法与其他大的跨国企业抗衡，这将大大削弱中国企业的竞争力。所以中资企业的海外并购潮应运而生，这些跨国并购的出现普遍提升了中国市场在全球布局中的战略地位，也提升了中资企业的综合实力及其战略层次。但不可否认的是，我们这些企业依旧面临着许多急需解决的问题，所以中国企业只有在根据自身情况的基础上，审时度势，正确判断外部形势，做好企业跨国并购的战略决策，才能提升企业的并购效益，提高企业的竞争力。而作为中国政府也必须扮演好自己的角色，在市场经济的主导作用中，做好协调，促进中国企业的国际化。通过政府与企业的共同努力，发现问题，解决问题，为中资企业的全球化战略目标的实现及中国综合国力的提升铺平道路。

参考文献

［1］蔡清楼：《中资企业跨国并购分析和启示》，载于《科技和产业》2011 年第 2 期，第 78 ~ 81 页。

［2］陶春喜：《中资企业跨国并购的困境与对策分析》，载于《时代金融》2013 年第 21 期，第 303 ~ 304 页。

［3］张锐：《中资企业跨国并购呈现新特点》，载于《中国财经报》2016 年第 5 期。

［4］李予阳：《中国企业跨国并购总成功率约四成》，载于《经济日报》2012 年第 10 期。

［5］詹纯新：《中国企业跨国并购应遵循五项基本原则》，载于《中国经济导报》2013 年第 B01 期。

［6］Jing Sun. Analysis of Mergerand Acquisition Strategyof Multinationalsin Chinaand Chinese Enterprises Countermeasures ［J］. Cross – Cultural Communication，2012，8（2）.

［7］Zhe Sun，TsviVinig，Thomas Daniël Hosman. Thefinancing of Chineseoutboundmergersand-acquisitions：Isthereadistortionbetweenstate-ownedenterprisesandprivatelyownedenterprises？［J］. ResearchinInternational Businessand Finance，2016.

投资葡萄牙与澳门特区"中葡平台"

澳门特区在中葡商贸合作服务平台中的作用

吕开颜*

摘　要：在中国政府、葡语国家及澳门特区政府的大力支持下，澳门承担中国与葡语国家商贸合作服务平台的角色。自 2003 年起中葡经贸合作论坛在澳门成立及举行第一届部长级会议后，澳门一直成为中国与葡语国家之间的服务平台。经过 14 年的发展，中葡间的贸易金额已经超过 900 亿美元。但也有观点认为，部分葡语国家企业仍未有完全了解澳门作为中葡商贸合作服务平台的定位和作用。因此，本文将透过总结中葡经贸合作的现况和趋势，为澳门在"中葡商贸服务合作平台"找到自身定位，尽可能发挥平台的优势。

关键词：中葡商贸合作服务平台　中国澳门　产业多元

一、中葡商贸合作的现况和趋势

（一）葡语国家和地区的介绍

全世界现时共有 9 个独立的主权国家和中国的澳门特别行政区以葡萄牙语作为官方语言之一。①

由表 1 可见，葡语国家和地区散落于四大洲，拥有超过两亿的人口。葡语国家和地区自然资源丰富，而中国是世界最大的开发中国家，两者在经贸和投资合

＊ 吕开颜，经济学博士，澳门理工学院讲师，研究领域包括博彩旅游、公共财政和区域经济。感谢北京大学金融数学系毕业生杨钜安同学对本文数据和数据的整理，对此文做出重要贡献。

① 2014 年 7 月 23 日，在东帝汶举行的第十届葡语国家共同体首脑会议上，赤道几内亚被正式接纳为成员国，成为第 9 个葡语国家。赤道几内亚是为了成为葡语国家共同体的正式成员国而宣布以葡语作为官方语言之一。由于本文经济数据跨度较大，故不考虑赤道几内亚的情况。

作方面存在巨大发展空间。

表1　　　　　　　　　　葡语国家和地区的人口与分布

国家/地区	葡萄牙语简称	人口	所在洲
巴西	Brasil	202 656 788	南美洲
莫桑比克	Moçambique	24 692 144	非洲
安哥拉	Angola	19 088 106	非洲
葡萄牙	Portugal	10 813 834	欧洲
几内亚比绍	Guiné – Bissau	1 693 398	非洲
东帝汶	Timor – Leste	1 201 542	亚洲
赤道几内亚	Guiné Equatorial	722 254	非洲
佛得角	Cabo Verde	538 535	非洲
圣多美和普林西比	São Tomé e Príncipe	190 428	非洲
中国澳门	Macao	648 300	亚洲

资料来源：维基百科。

（二）中国与葡语国家的经贸往来

由于澳门特别行政区的历史因素，作为中国内地与葡语国家的中介和桥梁的优势明显。有鉴于此，中华人民共和国政府于 2003 年倡议举办中国—葡语国家经贸合作论坛，利用中国澳门和葡语国家的特殊关系和潜力，作为中国和葡语国家之间经贸的发展平台。经过了 15 年的经贸合作，中国与葡语国家的贸易金额迅速上升，双方贸易金额从 2003 年的 110 亿美元上升至 2016 年的 909 亿美元。

从进出口金额来看，中国在葡语国家中最大的贸易伙伴为巴西（74.35%），其次为安哥拉（17.14%）和葡萄牙（6.18%），这三个国家的人均 GDP 为葡语国家中最高的，均高于 3 100 美元（2016 年）。其余 5 个葡语国家与中国的贸易总占比不足 3%，而这些国家的人均 GDP 均不足 3 100 美元（2016 年），可见一个国家的经济实力与其进出口额有一定的关联。

中国为巴西最大的贸易伙伴，中国出口到巴西的产品包括建材、纺织、玩具及鞋，而巴西则主要向中国提供铁矿砂、大豆、石油、大豆油、纸浆、去毛皮革。中国是安哥拉的第一大贸易伙伴，而安哥拉是中国在非洲的第二大贸易伙伴，中国出口到安哥拉的产品包括钢材、电器、电子产品、运输工具等，安哥拉则主要向中国出口原油。中国对葡出口商品主要有：电机电气设备、机械器具、玩具、家具、钢铁、车辆及零部件、服装等。进口商品主要有：机械器具、车辆及零部件、电机电气设备、塑料及制品、矿产品等。

从经贸金额来看，有 3 个年份中葡双方的经贸金额是下跌的，分别是 2009 年（623 亿美元）、2015 年（985 亿美元）和 2016 年（909 亿美元）。要解释这 3 个显著的下跌，我们可以查看有关中葡的经济数据。在 2008 年雷曼兄弟事件的发生，全球经济出现衰退，全球的进出口额均下降，中葡双方的贸易额也因而大幅度下降。在 2014 年的下半年，国际油品价格大幅度下跌，从 2014 年第二季度的约 110 美金/桶下降至 2015 年第一季度的约 45 美元/桶。与此同时，巴西经济自 2014 年第二季度至 2015 年第三季度已连续六季度出现衰退，2015 年巴西对外贸易总额仅为 3 626 亿美元，较 2014 年同期衰退 19.2%。这三因素使中葡贸易额出现一定幅度的偏离，但从总体的趋势来看，中葡双方的贸易额每年均稳定增长，并有望于 2017 年回复至 2014 年的水平。

（三）中国与葡语国家的商贸投资往来的个案

从表 2 可以看出，中国与葡语国家的投资往来和各类援助一直呈增加趋势。随着中国与葡语国家的关系渐趋紧密，以及在中国与其他国家不断进行区域合作的大环境下，未来中葡间的投资企业数量、投资金额相信会继续增加。

表 2　　　　　　　　　　　中国近年与葡语国家的投资和援助情况

	2010 年	2013 年	2016 年
葡语国家在中国已设立企业数	700 多家	800 多家	近千家
中国企业对葡语国家各类投资存量	—	接近 300 亿美元	接近 500 亿美元
在葡语国家完成工程承包营业额	—	超过 400 亿美元	超过 900 亿美元
向中国—葡语国家经贸合作论坛（澳门）（以下简称论坛）亚非葡语发展中国家提供的无偿援助	12 亿元人民币	由 2003 年起累积 40 亿元人民币	不少于 20 亿元人民币
向论坛亚非葡语国家提供的优惠贷款	16 亿元人民币	18 亿元人民币	不少于 20 亿元人民币
向论坛亚非葡语的不发达国家免除的无息贷款到期债务	—	由 2003 年起累积 2.3 亿元人民币	5 亿元人民币
为论坛葡语国家提供的各类培训名额	1 500 个	2 000 个	2 000 个
向论坛葡语国家提供的中国政府奖学金名额	1 000 个	1 800 个	2 500 个

	2010 年	2013 年	2016 年
向亚非葡语国家提供的医疗援助	1 000 万元人民币的医疗设备及器械	210 人次的医疗队	200 人次的医疗队

资料来源：根据历届中国—葡语国家经贸合作论坛（澳门）演讲整理形成。

2011 年末，中国长江三峡集团公司购买了葡国电力公司 EDP 大约 21.35％ 的股份。[1] 2012 年 2 月，国家电网购买了葡国能源网络（REN）1/4 的股份。[2] 而同年 1 月，复星集团购买了盖沙保险（Caixa Seguros）八成的资本。这是一次大约占葡国国家保险市场三成市值的交易行为。2013 年 3 月，北控水务集团购买了主要保证为葡国 Valongo、Paredes、Mafra 和 Ourém 区供水的维欧利亚（Veolia）水利。该项投资金额高达 9 500 万欧元。同期，某中国企业以 2 400 万欧元的价格购买了 EDC 阿连特茹大理石公司 35％ 的股份，旨在利用其采石场的废料，以转化成建筑所用的大理石浆。[3] 以下将列举三个中国企业在葡语国家投资的个案。

（1）三峡集团借葡萄牙进军欧洲市场。

欧债危机发生后，葡萄牙的经济陷入了困境，作为葡萄牙最大企业之一的葡萄牙电力公司也面临严重困难，不得不寻找新的投资者。2011 年底，中国长江三峡集团通过竞标方式投资 26.9 亿欧元收购葡电公司 21.35％ 的股权，成为葡电公司第一大股东。随着外部环境的好转，目前葡电公司已完全恢复市场直接融资能力，融资环境已逐步恢复到欧债危机前的正常水平，企业国际信用评级逐步回调至投资级。与此同时，葡电公司的经营业绩也逐步改善。2015 年，葡电公司实现营业收入 155 亿欧元，净利润 9.13 亿欧元。葡电公司在股票市场上的表现同样抢眼，5 年来股价表现优异，成为各方瞩目的绩优股。

三峡集团对葡电公司的投资收益良好，不仅顺利实现了既定的财务目标，并且极大地拓展了自身海外业务布局。作为中国以大型水电开发与运营为主的清洁能源集团，三峡集团在收购葡电公司之前，在欧美市场还没有任何一笔投资。而葡电公司在全球 14 个国家和地区有项目，是美国的第三大风电开发商、巴西的第五大非国有电力运营商，其每年的境外收入占总收入的 55％ ~ 60％。通过与葡电公司合作，三峡集团迅速进入欧美已开发国家电力市场，获得了欧洲市场 32 万千瓦风电项目资产；成功并购了德国 Meerwind 海上风电项目；与法国和英国

---

[1] 中国中央人民政府网站，http：//www. gov. cn/jrzg/2011 – 12/23/content_2027109. htm.

[2] 中华人民共和国商务部网站，http：//www. mofcom. gov. cn/aarticle/i/jyjl/m/201202/20120207955810. html.

[3] http：//www. puhuabao. com/portal/qiaojie/ptqiaoxun/3903 – 2014 – 08 – 06 – 14 – 34 – 41.

达成 3 个海上风电项目联合开发意向。凭借中国与葡语国家——巴西的良好关系，三峡集团亦于 2015 年成功收购巴西两个水电站的全部股权，成功进军巴西的水电市场。

（2）中国海航借葡萄牙扩展欧洲航线。

中国海航集团有限公司近年积极推进其全球收购行动。2012 年 10 月，海航宣布完成对法国第二大航空公司蓝鹰航空 48% 股权的收购。2015 年 11 月，海航收购巴西第三大航空公司蓝色航空 23.7% 股权。2016 年 5 月，海航购买了葡萄牙政府拥有的葡萄牙航空 20% 的股份。2016 年 5 月，海航收购了澳洲第二大航空公司维珍澳洲航空 13% 的股份。2017 年 7 月，中国海航发布公告指出，拟出资 1.08 亿元人民币收购巴西里约热内卢机场股份有限公司 51% 股权。

葡萄牙航空对海航的价值主要是，葡萄牙航空的线路遍布欧洲、非洲、美洲，有利于完善海航航线的国际化布局，将海航在国际航空市场中地位的提高。而且葡萄牙航空是葡萄牙领先的航空公司，在技术、管理方面较为先进，将对海航的升级转型有较大帮助，从而提高海航的国际竞争力。

和国航、东航、中国南方航空这三大航的欧洲航线主要围绕法兰克福、巴黎、阿姆斯特丹（AMS）、伦敦、莫斯科这些欧洲重要城市展开不同，海航航空公司正在打造新的欧洲航空版图。2016 年 5 月 23 日，民航局网站发布公示，隶属于海航集团的首都航空申请从 2017 年 12 月开通杭州—北京—里斯本航线，这已经是这家 2016 年才进军洲际市场的航企 2017 年申请开通的第三条欧洲航线。此前的两条是从北京出发的萨格勒布和赫尔辛基的航线。

从已经开通运营和在申请的航线看，首都航空的欧洲航线数量比不上老大哥海航，但考虑到其 2016 年 9 月才开通第一条洲际航线，其力度和速度可以说比海航更强，其涉及的欧洲航点包括哥本哈根、马德里、伯明翰、萨格勒布、赫尔辛基和里斯本 6 个，涉及丹麦、西班牙、英国、克罗地亚、丹麦和葡萄牙 6 个国家。

有意思的是，其不仅航点和海航没有重合的地方，就连国家也几乎没有重合。海航在运营和即将开通的欧洲航点包括布鲁塞尔、柏林、莫斯科、圣彼得堡、巴黎、罗马、布拉格和曼彻斯特 8 个，对应的是比利时、德国、俄罗斯、法国、意大利、捷克和英国 7 个国家，两家只是同飞英国而已。

（3）复星的兼并收购之路。

复星是中国最大的民营控股企业之一，创建于 1992 年，公司总部位于上海，但注册地在香港。从 2009 年开始，复星就提出"中国动力嫁接全球资源"的国际化投资策略，从并收购 Club Med 开始，通过在健康、金融、零售、地产、娱乐、工业等领域的海外兼并获得营收、利润各方面增长。2014 年 1 月 9 日，葡萄牙政府宣布，中国的复星国际以 10 亿欧元报价购得葡萄牙储蓄总行（Caixa Geral de Depositos S. A.）旗下保险业务 80% 股权，接着利用该行以 4. 605 亿欧元收购陷入困境的 Espírito Santo 集团的医院业务。2016 年 11 月，复星斥资 1. 75 亿欧元收购了千禧银行（Millennium BCP）16. 7% 股份。复星和 BCP 同意在葡萄牙以外的保险业务项目上进行合作，包括波兰、安哥拉和莫桑比克。

据葡萄牙主流财经杂志 *EXAME* 报道，复星董事长郭广昌表示，2014 年，当复星刚刚收购 Fidelidade 的时候，从未预计到在不久将来会成为在葡投资最多的外商之一。如今复星在葡萄牙的投资已投资超过 23 亿欧元，并且还在继续寻找合适的目标。对复星来说，葡萄牙是一个进入欧洲市场的门户，通过其持股金融机构进入德国、英国和法国。此外，葡萄牙也有助于复星加强在葡语国家的布局，比如巴西、安哥拉和莫桑比克等。

所有这些投资项目是中国对外软实力的组成部分，或者说，中国不仅发展对外投资，同时通过和贸易伙伴的相互合作增加其影响力。这些对葡企业的投资行为也引领了中国的银行进入葡国。2012 年 2 月中国工商银行紧接在中国银行之后在里斯本开设了分行。其他的贸易合作也将随之而来，如北控水务集团和对收购葡国水（águas de Portugal）企业感兴趣。中葡之间相互投资的项目将会越来越多。

二、中国澳门特区在"中葡商贸合作服务平台"中的作用

中国澳门特区若希望加重自身"中葡商贸合作服务平台"的角色，首先应该了解自身在作为该平台的优势，然后在未来经贸及投资数量增加的情况下，了解经贸和投资的需要，找出适合澳门的切入点并打造规模效应。

（一）中国澳门作为中葡商贸合作服务平台的优势

中国澳门具有与葡国相似的法律、语言和文化背景等优势，而且中国澳门特区低税率、资金进出自由，再加上中央支持以及中葡论坛和中葡基金的恒常建立，有实现中葡经贸中心的先决条件。

1. 具有葡国和中国的背景

中国澳门与葡国具有相似的法律制度。澳门自古以来是中国的领土，因此它的法律制度自始也是纳入中国法律制度范围的，16 世纪中叶葡萄牙人到澳门后，澳门法制也是长期以中国本身传统法制为主，后来还经历过中葡两种法制共存的

阶段。只是到了19世纪中期以后，葡萄牙人以葡萄牙法制代替了中国的法制。从此，澳门法制成了在中国领土之上与中国法制并存的葡萄牙法制，这种局面一直持续到今天，而且根据"一国两制"的方针和《中华人民共和国澳门特别行政区基本法》，澳门目前还继续保持部分葡国的法律。

汉语和葡语是澳门的官方语言。根据澳门最新一期的人口普查结果，粤语是澳门居民最常使用的日常语言，90%的澳门人口懂得粤语。在所有的澳门人中，41.4%的澳门居民会说普通话，但只有2.4%的澳门居民会说葡语。

400多年来欧洲各地的人聚居于澳门，使澳门无论在饮食、建筑、语言上都大量结合了西方文化的特色。在澳门的旧城区穿梭经常可以发现这些澳门的特色，东方建筑及西方建筑比邻而立，中式庙宇的前地成了葡式碎石路，南欧式建筑内藏着一间广东菜馆等现象，在澳门都随处可见。而在漫长的华洋共处的历史中，在澳门这一地方更诞生葡萄牙菜、葡语等东西文明糅合的见证。

2. 税率

澳门税制的特点：税种少、税负轻。澳门对企业的征税主要为"营业税"及"所得补充税"两种。凡法人企业或个人营业均需缴纳营业税，税率按营业项目而定，一般行业的营业税为150～1 500澳门元，所得补充税会按收益征收，按年度计算，利润超过30万澳门元的部分将征收12%的所得补充税。值得注意的是，由于澳门近年赌税收入较多，特区政府已豁免缴纳营业税多年，而所得补充税的征收底线也从30万澳门元升至60万澳门元，减少向澳门企业的征税。

中国对企业征收的主要税种为增值税和所得税。增值税是对生产、销售商品或劳务过程中实现的增值额征收的一种税，一般税率为17%，但扣除进项后，平均在4%～8%，小规模纳税人执行6%，而所得税则定在25%，单单这两样税率已经接近30%。此外，根据企业的经营状况，中国政府还会征收资源税、营业税、土地使用税和印花税等税项。而葡萄牙和巴西等葡语国家的税率普遍超过25%。因此，中国澳门的税率平均来说要比中国内地和葡语国家低得多。

此外，中国澳门先后与中国内地、葡萄牙、莫桑比克、佛得角和比利时签署《所得避免双重征税和防止偷漏税协定》，以避免澳门特区政府和上述国家政府对两地企业双重征税。而澳门也在2003年与中国内地签署CPEA协议，逐步减少或取消双方所有货物贸易的关税和非关税壁垒，逐步实现贸易投资自由便利化。因此，商品或投资原料经澳门进出中国内地或葡语国家的成本都非常低。

3. 资金进出自由

澳门特区和香港特区是中国两个国际贸易自由港，货物、资金、外汇、人员进出自由。除了保持自由港的地位外,《中华人民共和国澳门特别行政区基本法》还规定,澳门特区实行自由贸易政策,具体表现为:①企业经营自由,澳门特区政府对任何类型企业的设立和经营均不干预;②货物进出口贸易自由,除税收外不采取其他管制措施;③澳门特区不实行外汇管制政策,澳门元可以自由兑换,资金和盈利可随时在特区自由进出。资金进出自由方便了中葡企业在澳门设立分公司,并完成部分工作。

4. 中央和澳门特区政府的支持

中国"十二五"和"十三五"规划都明确支持澳门建设中国与葡语国家商贸合作服务平台。2003年,中国政府发起"中国—葡语国家经贸合作论坛"并落户澳门举行,至2016年已经成功举行了五届中葡论坛部长级会议;同时也于澳门设立常设秘书处。在各成员共同努力下,通过澳门的平台,推动并形成了部长级会议、高官会议等决策机制;并透过签订"经贸合作行动纲领",订立目标,逐步扩大中国与葡语国家合作,落实各项工作。

在国家商务部及澳门特区经济财政司指导下,"中国—葡语国家经贸合作及人才信息网"于2015年4月1日已正式开通。平台上提供了葡语国家食品数据库、中葡双语人才数据库、会展业和经贸信息等数据。透过此信息共享平台,从提供在线经贸信息及各项网站功能,达到链接在线线下双线并行的服务,藉此促进澳门特区与中国内地、葡语国家的合作商机。

(二) 澳门特区"中葡商贸服务合作平台"角色定位

基于澳门特区的优势,中央鼓励澳门发展成为"中葡商贸服务合作平台"。但澳门经过数年的发展,在"中葡商贸服务合作平台"的定位仍然停留在中葡投资和贸易最初步的工作。澳门可以凭借自身的优势,逐步扩展其业务至咨询、支持等领域,并协助中国内地与葡语国家整个经贸和投资往来的完成。

1. 澳门特区"中葡商贸服务合作平台"的现况

由于会展业的高速发展,澳门特区经常利用此优势,使中葡企业能透过会展互相认识,以打开投资和贸易的商机。例如,澳门国际贸易投资展览会为澳门年度大型的商贸展览会,在2016年,葡萄牙和北京获邀成为展览会的"伙伴国"和"伙伴城市",加强中葡双方的交流。葡语国家产品及服务展为进一步推广葡语国家产品和服务的展览。中国澳门国际品牌连锁加盟展为全球连锁加盟同业的年度盛会,集贸易、文化交流、购物、消闲娱乐于一体,2016年特意吸引了多家中国内地、巴西、东帝汶、莫桑比克和葡萄牙企业参展。国际基础设施投资与建设高峰论坛为国际基础建设行业交流合作的平台，2015 年起举办"中国—葡语国家金融及国际产能合作高层研讨会"，聚焦中国内地和澳门特区与葡语国家在金融和基础设施领域的创新合作。

由于食品为其中一类重点贸易的商品，自 2016 年 3 月起，澳门特区贸促局积极携手并鼓励企业及商会，将葡语国家食品展示展销点延伸至各个地区。除了位于澳门塔石广场的"葡语国家食品展示中心"外，澳门特区和中国内地已设立多个"葡语国家食品展示点"，包括广州、杭州、成都、沈阳、福州、武汉；以及江门、长沙和重庆，并陆续延伸至海宁、天津、济南等多个城市；合力把中国澳门作为葡语国家食品集散中心的作用辐射出去。

此外，澳门特区政府还专为中小企设立各类商业活动，以帮助他们开拓市场和业务。例如，自 2005 年起，不同的葡语国家轮值举办"中国与葡语国家企业经贸合作洽谈会"，洽谈会吸引众多中国与葡语国家的企业参与，并通过商业配对促成业务合作，涉及食品、能源、贸易和旅游等多个范畴。澳门特区贸易投资促进局与中国内地经贸部门持续组织企业到不同的葡语国家交流考察，此外，葡语国家的企业也可通过澳门特区贸易投资促进局的协助，到中国内地参加展览及会议，并进行考察。

总括来说，澳门特区现在"中葡商贸服务合作平台"的定位，仍然保持在会展、商品交流和交流考察活动，这是都有利于中葡双方企业互相认识、互相交流，并借此寻找机会开拓商机。实际上，这只是中葡双方贸易和投资最开始的一步，而澳门也有潜力参与中葡双方贸易和投资的其他部分。

2. 澳门特区"中葡商贸服务合作平台"的发展定位

在中葡双方企业互相认识和开拓商机后。无论企业是希望进行经贸合作还是投资合作，都仍然有一系列的工作需要完成。上述是澳门特区作为中葡商贸合作服务平台的优势，与周边国家相比，澳门特区具有资本、经贸信息和中葡经贸人才的优势。而在中国与葡语国家贸易和投资的流程中，澳门特区作为服务合作平台，较难以提供劳动力、提供自然资源或提供市场参与其中。

由于澳门特区具有经贸信息和中葡经贸人才的优势，除了组织会展、商品交流和交流考察活动外，更可参与整个经贸和投资合作的其他流程。澳门可组建专业的咨询团队，从经贸和投资合作的最初期开始，负责整个项目的咨询工作。首先，咨询团队可利用其对中葡经贸的熟悉，为中国和葡语国家的企业进行行业分析，计算其经贸或投资的收益率，并给予自身的经验和意见，以协助企业的商品或投资项目更好地融入另一国家的市场，并实现利润最大化。在庞大的经贸项目和投资项目进行时，少不免需要在另一国家的政府部门接洽，例如和当地的财政局、贸易投资促进局和劳工事务局等，澳门特区可依赖其与中国和葡语国家的密切关系，安排咨询团队与当地的政府洽谈细节，以方便企业在当地进行经贸和投资活动。此外，由于澳门特区具有与葡国和中国相似的法律法规，咨询公司可为中葡企业提供专业的法律意见，使企业在经贸和投资时更好地迎合另一国家的法律法规，避免经贸和投资项目在进行时遇上不必要的困难。

在经贸和投资项目的中期，澳门的咨询团队可负责各项辅助的工作。例如联系连接中葡的运输企业，使得运输商品和原材料的任务得以顺利进行；联系当地熟悉的广告企业，透过互联网、电子平台等方式推广新的经贸商品；联系当地熟悉的商品批发商，使得新的经贸商品得以在当地销售；联系当地的工会和广告企业，为大型投资召集所需要的劳动力。在经贸和投资项目的后期，澳门的咨询团队可为业务推广提供意见，假如企业在当地遇上任何法律纠纷，咨询团队也可作为法律顾问提供意见。

截至 2016 年 12 月底，澳门特别行政区财政储备的资产总额初步统计为 4 387 亿澳门元，其中包括超额储备 3 059 亿澳门元，资本庞大。澳门特区政府正推广"融资租赁"政策，特区政府可考虑利用其庞大的财政储备参与其中，购买中葡相互投资所需要的巨额大型设备，如船舶、工业用车等，再出租至有关公司，赚取租金。一方面可支持中葡间投资项目的进行；另一方面，可把澳门特区一部分的财政储备用作有效投资，提高财政储备的收益率。

三、澳门特区政府的角色

澳门特区政府在完善澳门"中葡商贸服务合作平台"的工作担当责无旁贷的角色。因此，澳门特区政府应在了解完善平台的好处后，树立决心做好此事。当中包括帮助行业善用每个优势、减少每个劣势和成就每个机会。

在澳门特区发展专为中葡经贸和投资服务的咨询行业，并推广面向中葡企业的融资租赁政策，完善澳门特区"中葡商贸服务合作平台"的定位，无论对澳门特区还是对中国的开放和发展都有重要意义。

1. 促进澳门特区经济多元发展

目前澳门特区经济高度依赖博彩业，而博彩业又高度依赖外国资本和中国内地客源，蕴含很大市场风险和利益冲突。为推动经济的多元化，澳门特区政府多次提出，澳门将致力发展成世界性休闲旅游中心和中葡商贸服务平台。澳门特区构建中葡商贸平台已初见成效，但发展中葡商贸服务业具有明显的产业规模经济要求。澳门可大规模发展像香港、迈阿密那样的发达国际商贸服务产业集群，构造新的经济增长引擎，摆脱对博彩业的过度依赖，促进产业结构优化，走出社会繁荣稳定、经济多元发展的新路。

此外，澳门发展中葡咨询行业，能给予澳门金融、经济、语言和法律等各方面人才一展所长的机会，减少澳门这些方面人才的流失。发展中葡咨询行业，还有助澳门特区市民"走出去"，了解国内国外的营商和生活环境，增广见闻，并把国内外好的发展经验带给澳门，推动澳门特区社会发展进步。开拓面向国际的行业，也有助澳门特区市民提升竞争力。

2. 增强中国的国际影响力

澳门特区打造中葡经贸服务合作平台，可全面强化中葡政治、经济和文化的交流。首先，从经贸因素层面来说，这些葡语国家虽然大多属于发展中国家，但却普遍拥有丰富的自然资源，与中国经济的互补性也较强，发展潜力巨大。葡语国家也多属于不同的区域经济合作组织，而且这些组织的情况各异，在不同方面存在发展机遇与合作潜力。此外，作为发达国家的葡萄牙在工业品和技术方面有其优势，我国的企业可以考虑引进这些相关的先进技术或者与当地厂商进行合作生产，并且运用其是欧盟成员而绕开欧盟的贸易壁垒。中国是世界上发展最迅速的国家，其广阔的国内市场对葡萄牙来说非常有吸引力，而中国企业加大对外投资则对葡语国家中的发展中国家是一大福音。因而，加强双方的进一步经贸合作，是彼此的共同愿望。

作为世界上最大的发展中国家，中国应当有所作为。为此，对于当前的战略机遇期，中国保持独立自主的和平外交方针，在和平共处五项原则的基础上，尝试大力发展同周边国家的睦邻友好关系，加强同广大发展中国家的团结与合作，继续改善和发展和发达国家的关系，广泛参与多边外交活动，在国际事务中发挥更加积极的作用，为我国的改革开放和现代化建设营造良好的国际环境，为维护世界和平和促进共同发展做出更大的贡献。而葡语国家正是中国需要保持友好关系的重要一环。

事实上，绝大部分葡语国家都是中国忠诚和友好的朋友，这在北京取得奥运会主办权、上海取得主办"世博会"的资格等重大事情上，葡语国家都发挥了较大作用。为此，在对外关系上中国应透过不同的方式巩固与国际友好国家，尤其是葡语国家的关系，以增强中国的国际竞争力和影响力。

四、总结

    在澳门特区最新的五年规划中，澳门特区仍朝一个平台，即澳门"中葡商贸服务合作平台"的目标进发，该平台的作用完全符合澳门特区、中国内地和葡语国家政治和经济发展的需要，尤其对中国有非常重要的政治及经济意义，因而能够得到各方的积极支持和配合。澳门特区完善"中葡商贸服务合作平台"的角色定位是非常重要的。本文简单分析了目前中葡和澳门特区的情况，建议澳门特区打造经贸和投资咨询行业，而政府可以适当投入资源加以支持。然而，角色地位的建立是需要不断积聚而成的，澳门特区政府固然是重要推手，但是只有社会、企业家和商会组织的不断持续加入，才得以真正完善和发挥一个平台应有的功能。

参考文献

    ［1］叶桂平：《中国与葡语国家经贸合作服务平台的政治经济分析》，载于《行政》2006年第19卷。

    ［2］郭纪文：《加强中葡能源合作　共同推动新能源发展》，载于《国家电网报》，2017年2月20日。

    ［3］毛雯：《澳门会展业借"中葡平台"提速》，载于《中国贸易报》，2017年1月12日。

    ［4］步欣：《四点建议促中葡经贸发展再提速》，载于《国际商报》，2016年10月12日。

    ［5］李卫民：《"一带一路"建设将进一步密切中葡经贸合作》，载于《国际商报》，2016年9月13日。

    ［6］吴珺：《中葡投资合作交出漂亮答卷》，载于《人民日报》，2016年8月12日。

    ［7］许正中、吴珺、杨学博：《在"一带一路"框架下推进中葡合作》，载于《人民日报》，2016年6月1日。

    ［8］刘诗萌：《中葡经贸混委会召开葡方愿与中国多领域深化经贸合作》，载于《中国产经新闻》，2016年3月22日。

    ［9］张茜、童晶：《中葡商贸合作及人才信息网推介会在汉举行》，载于《湖北日报》，2015年5月19日。

    ［10］姚铃：《中葡经贸合作未来发展：深度与广度并进》，载于《经济参考报》，2015年5月22日。

    ［11］章亚东：《中葡双边贸易快速增长　发展空间大》，载于《经济参考报》，2017年7月12日。

    ［12］章亚东：《中葡经贸合作前景可期》，载于《国际商报》，2017年7月13日。

    ［13］Flávio F. T. Padilha：《中国与巴西的商贸交流与投资机会以及泛珠三角的状况》，载于《行政》2005年第18卷。

从"三个中心"看澳门特区"中葡平台"发展

宋雅楠*

摘　要：中国与葡语国家的经贸往来飞速发展，澳门在中国与葡语国家的合作交流中的作用越来越明显。为了大力推动澳门特区作为中国与葡语国家商贸合作服务平台，澳门积极推动"葡语国家食品集散中心、中葡经贸合作会展中心和葡语国家中小企业商贸服务中心"（"三个中心"）的建设。本文通过研究建设"三个中心"的系列活动，分析其发展特征和优势，并为澳门特区继续深化发挥中国与葡语国家经贸平台角色提出一些建议。

关键词："三个中心"　中葡平台　中葡论坛　中国澳门

一、背景

21 世纪以来，伴随着经济全球化进程加快，世界多极化趋势越来越明显。在当前经济全球化和区域经济合作的相互推动之下，一些不同区域的地区、国家甚至区域经济合作组织，为了维护共同的经济和政治利益，积极开展跨区域的经济合作。在此背景下，中国与葡语国家的跨区域经贸合作也得到快速发展。

澳门回归以来，遵照"一国两制、澳人治澳、高度自治"的方针，按照基本法依法施政，澳门特区经济保持快速增长。澳门特区因与葡语国家一直保持悠久紧密的历史文化联系，具有与葡语国家相近的行政和法律、以中文与葡文为官方语言、澳门居民对中国内地和葡语国家的风俗及文化较了解以及澳门企业对中国内地和葡语国家的市场都相当熟悉等优势，被定为中国与葡语国家之间的服务平

---

* 宋雅楠，澳门科技大学商学院副教授。研究方向为国际贸易与投资、中葡经贸关系等。
感谢庞晓娴和康逸雯同学对本文资料的搜集整理。

台（中葡平台）。

2003 年 10 月 12 日，由中央政府发起并主办，澳门特区政府承办，葡萄牙、巴西、莫桑比克、佛得角、安哥拉、几内亚比绍、东帝汶七个葡语国家共同参与，"中国—葡语国家经贸合作论坛"在澳门成立同时并举行了第一届部长级会议。该论坛以经济合作发展为主题，目的是加强中国与葡语国家之间的经贸合作交流。2013 年 11 月 5 日，在"中国—葡语国家经贸合作论坛"第四届部长级会议上，时任国务院副总理的汪洋明确表示支持澳门设立"中葡中小企业商贸服务中心""葡语国家食品集散中心""中葡经贸合作会展中心"，并提出有关在澳门建立中国与葡语国家双语人才、企业合作与交流互动资讯共享平台等新举措。这是中央政府考虑了澳门现有的优势，积极支持和推动澳门产业适度多元发展的重要方略。"三个中心"的提出，使澳门搭建和发挥中国与葡语国家经贸合作平台的作用得以进入了新阶段。在中央政府的大力支持下，为澳门增进中国与葡语国家的经贸往来和友谊，推动与葡语国家的合作做出更大的贡献提供了发展的战略方向。

此后，澳门的"中葡平台"作用也进入快速发展阶段。2016 年 10 月 11 日至 12 日，"中葡论坛"第五届部长级会议以"一带一路"倡议为引领，进一步推动中国与葡语国家的经贸关系发展。尤其，在会议开幕式上，国务院总理李克强代表中国政府宣布推动中国与葡语国家经贸合作的十八项举措，进一步推动中国与葡语国家在经贸投资、经济技术、医疗卫生、产能合作、基础设施建设、可持续发展、文化教育等诸多领域的合作。会后各方签署了《经贸合作行动纲领（2017～2019）》及《中葡论坛关于推进产能合作的谅解备忘录》。澳门的"中葡平台"作用更加落向实处。

二、"三个中心"发展阶段

作为中国与葡语国家商贸合作服务平台的"三个中心"分别指"葡语国家食品集散中心""中葡经贸合作会展中心""中葡中小企业商贸服务中心"。"三个中心"是在 2013 年 11 月 5 日中葡论坛第四届部长级会议上，时任国务院总理的汪洋提出中央政府支持澳门政府发挥"三个中心、一个平台"的作用，即建设"葡语国家食品集散中心""中葡经贸合作会展中心""中葡中小企业商贸服务中心"（以下简称为"三个中心"）。"三个中心"的提出和建设是澳门作为中葡商贸合作平台的具体要求，为澳门的会展业、服务业、物流运输业的发展指明了方向，同时也为中小企业的发展提供了新的机遇。中葡论坛秘书处及澳门特区政府各相关部门，都在为"三个中心"和信息共享平台的建设而努力，经过不同阶段的筹备发展并已初见成效。

（一）孕育阶段：2003 年 10 月~2013 年 10 月

每一届在澳门举办的中葡论坛届部长级会议上，中国和葡语与会国代表围绕多元合作、推动和谐发展交换意见，并就合作领域、发展思路和具体措施等问题达成了许多共识。同时也强调在澳门的合作平台作用上，特别强调要发挥澳门独特优势，使澳门成为中国内地与葡语国家经贸往来和友好合作的桥梁。2003~2011 年三届中葡经贸合作论坛部长级会议在澳门的成功举办，不仅在国际上引起了广泛的关注，而且也令中国与葡语国家之间的双边贸易额、投资、进口和出口与论坛召开前相比都取得了举世瞩目的成就，更把澳门建设成为中国—葡语国家经贸合作的平台作用奠定了坚实的基础。

2003 年中葡论坛成立时，中国和葡语国家的贸易额刚过 100 亿美元，2008 年达到 770 亿美元，2012 年更是达 1 284.97 亿美元，双方贸易展现出巨大活力和潜力。同时，中国与葡语国家双向投资也快速增长。葡语国家在华投资企业由 2003 年的 406 家增加至 2012 年的 811 家，中国对葡语国家各类投资累计已近 300 亿美元。

尽管澳门作为中葡经贸合作的平台地位，在中国和葡语国家之间的知名度有了显著的提升，但是从 2003~2011 年九年的实践效果来看，更像中央政府在其中发挥的作用远大于澳门作为平台的作用，澳门在中葡交流中只是扮演了一个配角的作用。这个问题引起了当时澳门特区政府的高度关注和全面的检讨。

2010 年 3 月，在北京召开的全国政协委员会议上，据《澳门日报》报道，"澳区全国政协常委杨俊文与委员马有礼等就加快打造中国与葡语国家经贸合作服务平台提案，认为澳门的平台作用应重新定位。建议中央政府及内地有关部门给予支持，鼓励内地和澳门企业合作拓展葡语国家市场、加强金融合作、人员培训及市场信息传递等。常委杨俊文、委员马有礼联同委员区宗杰、王彬成、苏树辉、何玉棠、李向玉、欧安利、柯为湘及梁庆庭提案，指上年全国政协澳区委员组成的调研小组，完成《关于加快打造中国与葡语国家经贸合作服务平台调研报告》，显示中葡经贸合作论坛（澳门）成立后，中国与葡语国家贸易发展迅速，澳门平台作用初步发挥。然而，贸易额的大幅增长，主要是国家层面主导的石油、矿产等资源产品的贸易增加，与论坛设立关系不大。中国内地和葡语国家认识澳门平台不足，主要表现为双方业务较少利用澳门的中介服务；企业往来遇到语言障碍，不了解市场、政府政策及法律等；澳门的中葡双语人才不足。"

此后，针对澳门平台作用发挥不足的问题，澳门特区政府和社会各界逐渐意识到国家在澳门举办中国—葡语国家经贸合作论坛部长级会议，其目的一方面是为了解决澳门产业结构过于单一的风险问题，实现经济适度多元化发展的战略目标；另一方面，是希望澳门特区政府能够在国家为澳门搭建中国和葡语国家经贸合作框架平台下发挥主导，将工作落实发展。

尤其是中央政府将澳门纳入国家"十二五"规划，也给澳门特区提供了更大的发展空间。"十二五"规划纲要草案强调，澳门要建设世界旅游休闲中心，加快建设中国与葡语国家商贸合作服务平台，经济适度多元化，加快粤澳合作等，将对澳门未来的发展起到巨大拉动作用。

澳门特区与葡语国家一直保持悠久紧密的历史文化联系，具有与葡语国家的行政和法律相近、以中文与葡文为官方语言、澳门居民对内地和葡语国家的风俗及文化较了解以及澳门企业对中国和葡语国家的市场都相当熟悉等优势。

同时，澳门特区也是自由港，从 1996 年 10 月起每年举办的澳门国际贸易投资展览会（MIF）。MIF 是一个集展览、商业配对、论坛会议及中小企业平台为一体的国际展览会。2006 年澳门国际贸易投资展览会首次增设了葡语国家馆和多个特色展区。至 2012 年第十七届澳门国际贸易投资展览会，逾 1 800 个展位，参展商逾 700 个，超过 50 多个国家和地区代表团参加，促成了 1 847 场商业配对及签署了 88 个签约项目，并举行了 47 场论坛、会议和推介会等。尤其在协助本地及内地中小企业拓展葡语国家的市场，该届展会"葡萄牙馆"展览面积近 500 平方米，规模为历届之最。同场也举行"欧盟酒类及食品对接交流会""葡语国家—福建—澳门经贸交流酒会""欧盟与澳门商机合作研讨会 文化、创意、商机—开拓文创产业无限潜力""巴西投资环境暨 2014 世界杯及 2016 里约热内卢奥运会商机推介"等。澳门特区在中葡平台中发挥了优势，落实发展也在不断孕育壮大。

澳门特区在葡语语言、会展方面的优势得到广泛认同的同时，中小企业作为澳门参与中葡合作的主体，进一步参与到"中葡平台"的建设中去，也成为发挥"平台作用"的必然要求。2005 年 3 月，澳门投资贸易促进局组织 32 个企业家代表团以及葡语国家及中国企业代表前往安哥拉参加第一届中国与葡语国家企业经贸合作洽谈会。2006~2009 年葡萄牙、莫桑比克、佛得角、巴西分别举办了洽谈会。2010 年洽谈会再次回到葡萄牙举办。2013 年澳门特区贸易投资促进局组织近 100 名企业代表团前往东帝汶参与第九届"中国与葡语国家企业经贸合作洽谈会"，该洽谈会促成了 330 个商业配对，涉及基础设施、建筑、食品、农业、旅游、贸易等范围，洽谈会已经成为深化中国与各参与国合作关系的重要平台。

为了更好构建"中葡平台"，落实澳门特区作用，突出澳门会展、语言和经贸交流自由港优势与特色的"三个中心"建设刻不容缓。

(二）初级阶段：2013 年 11 月 ~ 2015 年 10 月

2013 年 11 月 5 日中葡论坛第四届部长级会议上，时任国务院副总理的汪洋明确表示支持澳门建立"三个中心"，即"葡语国家食品集散中心""中葡经贸合作会展中心""中葡中小企业商贸服务中心"。"三个中心"的提出标志着澳门作为中葡经贸合作平台的作用迈进了新阶段。

1. "中葡经贸合作会展中心"

中葡商贸合作服务平台的发展定位下，澳门在原有优势基础上努力建设成为"中葡经贸合作会展中心"。澳门特区贸易投资促进局作为澳门特区政府专责促进贸易及引进外资的机构，除积极协助中国内地、葡语国家以及澳门企业参展参会及招揽国际展会来澳门举办。

澳门在商贸会展行业已有较为悠久的历史。至 2015 年澳门国际贸易投资展览会（MIF）已成功举办 20 届。中国和葡语国家企业积极利用澳门举办的环保、基础设施、贸易投资等方面的论坛和展会，参与各种经贸投资活动。澳门通过会展促进商业配对和项目对接。

2014 年 10 月 27 ~ 30 日第十九届澳门国际贸易投资展览会（MIF）共计举办了超过 40 场论坛、会议、推介会等活动。展会期间共进行了超过 1 500 场的商业配对及项目洽谈，签约项目更超过 130 项。为了进一步丰富葡语国家产品的展示内容，展会新增了葡语国家食品饮品展示馆，同时大会还举办了葡语国家商机对接食品、饮品交流会，邀请多个来自葡语国家的企业来参展。2015 年 10 月第二十届 MIF 在澳门举行。除了原有的展区和论坛、研讨会、推介会等活动外，展会还首次增设了葡语国家产品及服务展（PLPEX）。

除了 MIF 外，澳门国际品牌连锁加盟展（MFE）的国际化程度逐年增长，2014 年 MFE 作为区域国际连锁品牌合作平台的作用愈加明显。2014 年澳门国际品牌连锁加盟展（MFE）以"品牌无限延伸，商机一触即发"为主题，吸引了167 个来自不同国家或地区的参展商参展，涉及行业有饮食、零售、服务、教育、投资、金融、地产等。作为特许经营、连锁加盟、品牌合作的平台，大会还特设了品牌再包装区、特许经营咨询顾问服务、一站式企业支援服务、连锁加盟学堂等活动，进一步推动 MFE 成为投资创业平台，有利于本地中小企建立品牌形象。

2014 ~ 2015 年组织中国内地、葡语国家及澳门特区企业互展、考察的展览活动共 16 个。包括于 3 月率企业参与"第 20 届葡萄牙国际食品饮料行业展"（SISAB 2015）、6 月初赴巴西参观"2015 巴西国际食品、食品工业及包装展览会"（Fispal Food Service 2015）、7 月下旬赴安哥拉参加"第 32 届罗安达国际贸易展览会"（FILDA）等；并将于 8 月率领企业家代表团参与"2015 FACIM 莫桑比克马普托国际博览会"（FACIM）、9 月率团到"2015 厦门国际投资贸易洽谈会"（厦洽会），并在活动期间举行推介信息网及"三个中心"的交流会，发挥澳门"一中心、一平台"的作用。

澳门特区从 2009 年起每年在内地主要城市举办"活力澳门周"。活力周以专题展示、名品展销、经贸推介、行业对接等为主要内容，同时设有葡语国家馆，每个葡语国家都有自己的展位，并为其配备翻译人员协助两地企业进行洽谈。

2. "中葡中小企业商贸服务中心"

为了协助中小企业走出去，2015 年澳门特区贸易投资促进局率领澳门企业家代表团前往葡萄牙参加第二十二届葡萄牙国家食品饮料行业展览会（SISAB）。葡萄牙国际食品饮料行业展览会（SISAB）是在葡萄牙举办的高质量产品和品牌的展览会，每年举办一次，为期三天。大会安排代表团成员前往当地酒庄实地考察，随后与葡萄牙本地参展商进行商业洽谈。

澳门特区政府一直致力推进中葡商贸服务平台的建设，自 2006 年起澳门特区贸易投资促进局在杭州首设驻内地联络处，紧接着又分别在沈阳、成都、汕头及福州设立联络处。为了将澳门这个服务平台推广出去，澳门特区从 2015 年 8 ~ 10 月期间，分别在 5 个内地联络处举办了"三个中心"及"中国葡语国家经贸合作及人才信息网"推介会。该推介会吸引了近 250 位企业家出席，会上主要介绍了澳门经贸的发展前景、"三个中心"的发展定位及"中国葡语国家经贸合作及人才信息网"的作用。

3. "葡语国家食品集散中心"

除了展览与洽谈会等活动外，澳门特区贸易投资促进局还协助各商协会在内地设立展销中心。2014 年 5 月"澳门葡语国家地区及食品展示中心"在上海成立。其成立目的是为了发挥澳门作为中葡平台在酒类或食品方面的信息优势、制度优势、渠道优势，通过上海这个自贸区，将葡语国家具有竞争力的产品辐射至全国甚至海外地区。

2015 年 4 月 1 日中国葡语国家经贸合作及人才信息网正式开通。该信息共享平台可以提供中葡经贸情况、中葡人才、葡语国家食品、会展信息等信息的查找功能，再结合线下的实体平台，从而促进澳门与中国内地、葡语国家的合作商机。中葡经贸合作及人才信息网的开通标志着"三个中心"的建设进入了新的阶段。

（三）发展阶段：2015 年 11 月至今

在"三个中心"工作目标的指引下，澳门作为中国与葡语国家商贸合作服务平台的作用近年来不断加强。"三个中心"的线上、线下建设工作取得阶段性进展。[①] 在"线上"方面，澳门特区贸易投资促进局透过建立"中国澳门—葡语国家经贸合作及人才信息网"服务平台，强化澳门作为经贸服务平台功能。而在"线下"方面，则由"三个中心"的实体平台发挥作用，包括澳门特区贸易投资促进局下设中小企服务中心，提供顾问咨询、商业配对等系列商业服务；"葡语国家食品展示中心"则为葡语国家食品提供实体展销平台；此外，澳门特区贸易投资促进局定期举办的会展项目，也引入不少葡语国家元素。

1. 中葡经贸合作会展中心

为了配合澳门经济适度多元化的发展，澳门特区贸易投资促进局一直积极推动会展业的发展。2016 年 MIF 在澳门顺利举行，展会设置了超过 1 600 个展位，吸引了超过 50 个国家及地区代表团来参与展会。同时展会首次设立并特意邀请葡萄牙及北京分别成为"伙伴国"和"伙伴城市"。2017 年葡语国家产品及服务展（PLPEX）与第 22 届 MIF 在澳门威尼斯人同期举行。经过两年在 MIF"展中展"的基础上，葡语国家产品及服务展（PLPEX）在 2017 年首次独立成展。超过 210 个来自葡语国家的机构、企业及供应商参展。

2017 年 7 月 28 ~ 30 日，澳门国际品牌连锁加盟展（MFE）在澳门威尼斯人举行，超过 155 家来自中国内地、葡萄牙、莫桑比克、新加坡、英国等地区的参展商来参展，覆盖行业包括餐饮、服饰、零售、教育、休闲娱乐等。另外还增设了"美食街"和"品牌再包装专区"，为有拓展业务或以特许经营模式创业的想法的人士提供专业顾问服务。

为了进一步落实《粤澳合作框架协议》，推动两地会展业发展，澳门特区贸易投资促进局还组织 128 家澳门特区及葡语国家企业参与 2016 澳门·广州缤纷产品展。展会首次组织"跨境电子商务区"，为电子商务企业展示其成果，同时也为两地电子商务企业提供合作与交流平台。

---

① "澳门建设中葡商贸合作服务平台取得阶段性进展"，http：//tga. mofcom. gov. cn/article/zt_zp2003/lanmutwo/201712/20171202682316. shtml.

建设"中葡经贸合作会展中心"系列活动（见表1），进一步加深参会者对于澳门经济、文化以及会展设施的了解，更好地促进会展业的商机合作交流，彰显了澳门作为中葡商贸服务的平台作用，帮助中葡企业深化对接，进一步促进了各与会国的合作与交流。

表1　　　　　　　建设"中葡经贸合作会展中心"系列活动

活动	时间	地点	主题
澳门国际品牌连锁加盟展（MFE）	2016 年 7 月 29～31 日	澳门	品牌无限延伸，商机一触即发
澳门国际贸易投资展览会（MIF）	2016 年 10 月 20～22 日	澳门	促进合作，共创商机
澳门国际品牌连锁加盟展（MFE）	2017 年 7 月 28～30 日	澳门	品牌无限延伸，商机一触即发
澳门国际贸易投资展览会（MIF）	2017 年 10 月 19～21 日	澳门	促进合作，共创商机
澳门·广州缤纷产品展	2016 年 1 月 15～17 日	广州	
2017 葡语国家产品及服务展（PLPEX）	2017 年 10 月 19～21 日	澳门	促进合作，共创商机
企业家·金融家大会	2016 年 10 月 12 日	澳门	创新金融服务方式，促进中葡产能合作

2. 中葡中小企业商贸服务中心

为了更好地推进"中葡中小企业商贸服务中心"，澳门特区贸易投资促进局积极组织内地及澳门企业家代表到葡语国家考察。2016 年 6 月 16～24 日，澳门特区贸易投资促进局组织考察团前往葡萄牙拜访及参观中国驻两国的大使馆、葡萄牙贸易促进局、当地的企业等。同时还安排考察团出席座谈会，邀请葡萄牙环保、电子、科技等企业来与考察团进行交流。为了更好地了解与葡语国家贸易往来中的程序，9 月 1～2 日，"葡语国家食品集散中心跨部门小组"带领企业家分别到横琴口岸的出境报关报检大厅、横琴新区展厅、环岛监控中心等地进行实地考察。

为了继续扩大与葡语国家的交流与合作，2017 年 3 月 5 日澳门特区贸易投资促进局组织前往巴西拜访中国驻巴西大使馆、巴西出口投资促进局等地，与巴西和葡萄牙当地的环保企业进行对话交流。最后在葡萄牙里斯本举办交流活动。

除了考察交流活动外，澳门特区贸易投资促进局还举办了推介会来推广"中葡中小企业商贸服务中心"。2017 年 3 月 24 日，"葡语国家商机系列——进出口贸易经验分享"推介会在澳门商务促进中心举行。该推介会邀请在葡语国家从事进出口贸易的企业进行经验分享，同时设有问答与商业配对环节。5 月 18 日，中国与葡语国家商贸合作服务平台推介会在重庆江北举行。澳门特区贸易投资促进局在该推介会上详细介绍了服务平台的功能，参会企业还在会上宣传推介和互动交流（见表2）。

表2　　　　　建设"葡语国家中小企业商贸服务中心"系列活动

活动	时间	地点
中国与葡语国家企业经贸合作洽谈会	2015 年	安哥拉、葡萄牙、莫桑比克、佛得角、东帝汶、几内亚比绍
中国与葡语国家企业经贸合作洽谈会	2016 年	东帝汶
中国与葡语国家企业经贸合作洽谈会	2017 年	佛得角
泛珠"9＋2"省区代表前往葡萄牙考察	2016 年 6 月 16 ~ 24 日	葡萄牙
"葡语国家食品入口内地检验检疫及关税制度"讲解会暨考察活动	2016 年 9 月 1 ~ 2 日	澳门横琴口岸及南沙口岸
泛珠"9＋2"省区代表访巴葡交流考察	2017 年 3 月 5 ~ 12 日	巴西和葡萄牙
"葡语国家商机系列——进出口贸易经验分享"推介会	2017 年 3 月 24 日	澳门
中国与葡语国家商贸合作服务平台推介会	2017 年 5 月 18 日	重庆

除了一系列活动外，澳门特区贸易投资促进局还设立了中小企业服务中心，除了扶持本地中小企业外，该服务中心服务面还扩展到中国内地及葡语国家的中小企业，提供相关国家市场环境、商机信息等，同时还提供商贸顾问信息服务，方便三方中小企业的贸易合作与交流；为了鼓励中国与葡语国家企业的经贸往来，澳门特区贸易投资促进局还举办葡语国家工作坊，协助澳门特区本地以及中国内地企业更好地了解葡语国家市场。

3. 葡语国家食品集散中心

为了将澳门特区建设成为"葡语国家食品集散中心"，澳门特区政府一直积极开展各类活动，借助中葡经贸合作及人才信息网，进一步推广葡语国家的食品及商机。2016 年 1 月初，澳门特区贸易投资促进局在福州设立首个内地葡语国家食品展示区。该食品展示区的设立大大推动了澳门作为葡语国家食品集散中心的发展。展示区前期主要展示超过 20 种葡语国家食品，其中包括红酒、咖啡、橄榄油、罐头等，并将每月更新产品。同时展示区还设立了多媒体展示平台，用图片与文字和多媒体形式结合，运用这种生动的方式向来访者展示葡语国家食品。2016 年 3 月 31 日，澳门特区贸易投资促进局在澳门塔石广场商业中心 R1 单位（俗称"玻璃屋"）开设了"葡语国家食品展示中心"。该展示中心吸引了超过 60 家葡语国家企业参展。

2017 年 3 月 27～28 日，"葡语国家产品推介及商机对接会"系列活动在珠海、江门、中山举行，成功吸引了超过 150 名买家及供应商进行商务洽谈。

2017 年 4 月 28～30 日，"葡语国家产品推介及商机对接会"及"葡语国家食品推广活动——广州站"系列活动在广州举行。"广州站"的系列活动专门组织了澳门特区企业及葡语国家的企业在广州天河购物中心南门广场进行葡语国家食品推广。这是广州站首次加入食品推广 B2C 活动，让中国内地广大市民更加深入了解葡语国家食品。

为了将葡语国家食品展销点延伸到各个地区，澳门特区积极鼓励和协助企业及各商协会设立多个"葡语国家食品展示点"。2017 年 6 月 14 日，"葡语国家产品推介及商机对接会"在香港中环举行。紧接着 2017 年 8～10 月，"葡语国家产品推介及商机对接会"及"葡语国家食品推广活动"系列活动又分别在成都、深圳、杭州举办。其中"成都站"是西南地区首站，15 个参展商在展会上现场展示葡语国家各式食品，三天活动共计吸引超过两万人次参观（见表 3）。

表 3   **建设"葡语国家食品集散中心"系列活动**

活动	时间	地点
葡语国家食品展示区	2016 年 1 月初	福州
葡语国家食品展示中心	2016 年 3 月 31 日	澳门
"葡语国家产品推介及商机对接会"及"葡语国家食品推广活动"	2017 年 3 月底到 9 月	珠海、江门、中山、广州、香港、成都、杭州、深圳

除了葡语国家食品展示中心外，澳门特区贸易投资促进局还助力企业及商会在内地设立多个"葡语国家食品展示点"，包括广州、深圳、珠海、江门、成都、沈阳、武汉、天津、济南等多个城市，将澳门作为葡语国家食品集散中心的作用能够很好地辐射出去。"葡语国家食品集散中心"的系列活动的举行有助于葡语国家食品打开中国市场，结合中葡经贸合作人才信息网，让更多消费者了解葡语国家食品，进一步推动"三个中心"建设。

4. 中葡合作发展基金促进中葡平台发展

"中葡合作发展基金"是在 2010 年中葡论坛第三届部长级会议上宣布成立的。2013 年 6 月，由国家开发银行和澳门工商业发展基金共同出资设立，中葡合作发展基金正式设立，其总部设立在北京。中葡合作发展基金设立的目的是支持中国企业与葡语国家企业开展投资合作，引导成员国的企业与企业间的直接投资，提高企业的实力，协助中国内地企业与澳门特区企业"走出去"开拓葡语市场。

在 2016 年 10 月 11 ~ 12 日于澳门举行的中国—葡语国家经贸合作论坛上，中葡合作发展基金宣布二期增资，总规模扩大至 10 亿美元。2017 年 6 月中葡合作发展基金总部正式由北京落户至澳门特区，以加强与澳门特区及葡语国家企业和相关机构的联系，鼓励更多澳门企业利用该基金开拓葡语国家市场，支持澳门建设中葡经贸合作服务平台。中葡合作发展基金落户澳门不仅进一步体现了澳门作为中国与葡语国家经贸发展的平台作用，还让澳门特区企业更好地参与到葡语国家经贸项目中，发挥其桥梁和纽带的作用。

2017 年 6 月 1 日，中葡合作发展基金总部于在澳门特区举行揭牌仪式及正式运作，将为澳门及内地企业投资葡语国家提供金融支援；同时，承接内地、澳门与葡语国家的贸促机构于 2016 年 10 月签署合作协议，并为"中国与葡语国家企业家联合会"揭牌，贸促局正积极开展有关的筹备工作，并已组织了"澳门筹备委员会"，以更有效率地推动联合会的设立，尽早为内地、澳门及葡语国家企业提供更多交流联系管道；此外，"中国与葡语国家商贸服务合作综合体"的建造工程即将开展，落成后将为每届"中葡论坛"提供会议场地，同时汇聚与中葡平台有关的服务中心、咨询中心、培训中心、展览馆等元素，并为相关政府组织、机构、团体提供办公场所。

三、"三个中心"的发展特征

1. 线上线下（O2O）双线并行，大力发展"三个中心"建设

通过建设中国葡语国家经贸合作及人才信息网，结合线下的实体平台，将实体和网络相结合，达到了线上线下（O2O）双线并行的服务，线上方面：建设中葡经贸合作人才信息网服务平台，提供中国与葡语国家的营销环境和相关的法律法规，发布最新的中国及葡语国家会展信息和中葡双语人才等信息；线下方面：

澳门特区贸易投资促进局开展实体葡国食品展示中心，积极举办展会，为参会者提供商业配对等活动，并为中小企业提供一系列的信息服务。

2. 以会展为依托促进中葡平台发展

近年来，澳门特区政府一直积极推动发展澳门会展业，使得会展业的数量和质量都得到了一定的提升。会展数目由 2002 年的 266 项增加至 2016 年的 1 276 项；会展业总收益由 2007 年的仅 1 000 万澳门元增长至 2016 年的 1.53 亿澳门元。① 据澳门特别行政区政府统计暨普查局的最新数据显示，2016 年全年会议及展览活动共 1 276 项，与会及入场人数达到了 172.2 万人次。其中会议活动共计 1 195 项，与会人数 176 000 人，与 2015 年相比人数增长了 49.2%；展览活动共计 55 项，入场人数达到了 150 万人次；奖励活动 26 项，参与人数共 4.5 万人次。据国际会议协会（ICCA）发布的《2016 年国际协会会议市场年度报告》中显示，澳门在多项评比中都有上升，亚太区域城市排名升至第 17 名，世界排名也升至第 72 名，同时协会认可了 37 项在澳门举办的国际协会会议活动。澳门的会展业的国际认可度正不断提升，加上大力发展建设"三个中心"，展望未来，澳门的会展业的蓬勃发展将进一步促进中葡平台的发展。

3. 积极投入培养中葡双语人才，将澳门特区打造成为中葡双语人才基地

近年来，通过澳门特区政府的大力宣传，澳门的本地年轻人也投入发展葡语国家商业活动中。据 2013～2014 学年统计，在中小学、大专院校、葡语培训机构等学习葡语的人数达到了 6 595 人，仅仅是澳门大学每年就有超过 1 000 名学生报读葡语班。为了积极响应"三个中心"的发展定位，澳门大学、澳门理工学院、澳门科技大学、澳门保安部队高等学校、澳门城市大学、圣若瑟大学六所院校还成立了"培养中葡双语人才小组"，联合院校的资源和力量，共同推动葡语教学的工作。除此之外，澳门特区政府还提供奖学金等方式，鼓励澳门本地青年到葡语国家学习，为澳门特区打造中葡双语人才创造有利条件。

4. "中葡平台"形象更加具体，形成了"中葡平台"的氛围

澳门特区一直发挥着中国与葡语国家的桥梁作用，更获中央政府的大力支持，以"中国与葡语国家商贸合作服务平台"为定位，发展"三个中心"，即"中葡中小企业商贸服务中心""葡语国家食品集散中心""中葡经贸合作会展中心"。刘关华介绍，过去几年间，澳门特区贸易投资促进局在线上、线下做了大

---

① 张祖荣：《以"会议为先"的澳门会展业发展现状与方向》，澳门特区贸易投资促进局。

量工作，致力推进"三个中心"的建设，并取得不少重要突破，包括线上的"中国—葡语国家经贸合作及人才咨询网"已开通，线下的"葡语国家食品展示中心"已投入运作，同时内地与澳门企业家联合到葡语国家招商考察等经贸活动愈趋频繁，而且澳门主要展会的葡语国家元素持续增强。上述的各项突破，有效把澳门中葡平台形象更加具体化，并在社会上形成了中葡平台的氛围。

四、现阶段"三个中心"助力中葡平台发展的不足之处

尽管澳门特区贸易投资促进局积极投入建设"三个中心"并开展一系列工作活动，但仍然存在一些不足之处：

（一）缺乏专业的人员

2010 年 9 月 28 日全国政协副主席何厚铧出席"海外高层人才与国家发展战略研讨会"中发言提到。"10 年来，澳门特区政府一直很重视人才建设，但随着经济快速发展，市场对人才的需求激增，澳门不可避免地出现了人力资源匮乏的情况。"目前澳门特区政府非常重视中葡双语人才的培养，未来计划打造澳门成为亚太地区的中葡双语人才培养基地。澳门政府在 2016 年 4 月推出澳门高等学校中葡人才培训及教研合作专项资助计划，大力推进人才培养工作。仅仅只是培养中葡双语人才是不足够的，有学者指出，目前中葡双语人才不难找到，但掌握中葡双语又具有专业知识的国际经贸人才的需求更大。

（二）缺乏完善的中葡电商平台

随着电子商务这种新型商业形态的兴起，"互联网＋"已经成为专业市场与电子商务融合发展的核心。为了积极响应国家"互联网＋"的发展战略，澳门积极构建中国—葡语国家经贸合作及人才信息网。除了中国—葡语国家经贸合作及人才信息网外，澳门特区贸易投资促进局还分别与澳之城有限公司、易网零售有限公司及宏基行有限公司三家电商签订相关文件，推广展示产品。消费者可以在电商平台上面了解和购买产品。但平台上的商户只是简单拍照产品，然后把图片上传到网站上。其产品包装过于简陋，产品组合较单一，不能满足客户的需求。尤其是网站设计简单，且知名度不高，对于消费者来说没有很大的吸引力。

（三）缺乏企业的信用保障制度

出口信用保险是为了保障出口商在出口业务中因商业风险或政治风险而遭受损失的一种信用保险。目前澳门特区政府只出台了《中小企业信用保证计划》与《中小企业专项信用保证计划》，而针对保障出口企业在国际贸易中受到风险的信用保障制度还没有具体实施。2016 年 10 月 12 日总理李克强到澳门视察并参与座谈会。会上宣布中央推出 19 项支持澳门特区促进经济的措施，其中包括支持澳门设立出口信用保险制度。澳门特区金融管理局丁连星表示，为了帮助企业产品出口葡语国家时具有信用保险保障，当局准备大量资料，与承保单位和有关公司及机构协商，积极构建出口信用保险制度。

五、总结与建议

澳门特区作为中葡商贸服务平台，有着开放型的经济体制和自由港的优惠政策，与葡语国家有着相似的人文、风俗、法律等优势。建设中国与葡语国家商贸合作服务平台，既是中央政府赋予澳门特区的重要定位，也是澳门发挥自身优势促进经济发展的必然选择。未来，为了配合发展澳门经济适度多元化，提高澳门作为中葡商贸服务平台的作用，打造中葡金融服务平台、中葡企业家联合会秘书处设在澳门、建设中葡人才培养基地、设立中葡文化交流中心和中葡青年创新创业交流中心、建设中葡商贸合作平台综合体，促进中国与葡语国家之间的产能合作、发展合作、人文合作、海洋合作及深化澳门平台作用势必成为未来澳门经济发展的重点方面。

同时，这些方面的发展也将进一步充实澳门中葡商贸合作服务平台的内涵，对于澳门金融业、中小企业、人才培养、青年企业、文化产业等方面的发展具有积极影响。"三个中心"助力中葡论坛发展日益成熟，但其中仍有一些不足之处，现如今提出以下几点建议：

（一）综合型人才培养与引进并举

由于中葡双语的综合型人才的缺乏，建议澳门特区政府开展一些福利活动培养中葡双语的综合型人才。在培养中葡双语的综合型人才的同时，建议澳门政府也可以引进高层次国际经贸专业人才，比如可以制定一系列人才引进政策，放宽标准，吸引一些非本地但在澳门求学的学生毕业后可以留澳门工作。通过培养国际经贸综合型人才和引进人才，才能为发挥澳门平台作用打下基础。

（二）建设具备中葡双语的电商平台

澳门目前只设立了信息共享平台供中葡企业进行企业信息查询，为此建议相关部门可以利用大数据，研究发展中葡双语的电商平台，设计能够吸引消费者眼球的销售平台，让中国内地和葡语国家的居民能够更快速便捷地购买产品。通过有效利用电商平台，有利于提升中葡双方的贸易往来。

（三）为出口企业设立信用保障制度

随着中国与葡语国家的经贸合作的增多，企业的信用保障制度成为出口企业的迫切需求。为了推动澳门本地企业出口到葡语国家，企业的信用保障是必不可少的。目前澳门还没有完善的企业信用保障体系，建议澳门借鉴香港设立的出口信用保险局，为澳门本地企业设立一套完善的信用保障制度。

（四）打造澳门作为"精准联系人"的角色，大力发展特色金融业

根据澳门的优势，澳门被赋予了"精准联系人"[①]的角色，对内联系粤港澳大湾区城市群和泛珠三角地区，对外联系葡语、拉丁语国家及"一带一路"沿线国家。在"一带一路"的倡议和人民币国际化的背景下，配合"三个中心"的建设，2015 年 8 月，由中国人民银行批准，中国银行澳门分行为葡语国家银行提供人民币清算服务。截至 2016 年 7 月底，澳门银行体系的人民币存款及贷款分别为 660 亿元和 440 亿元人民币。[②] "中葡贸易人民币结算平台"的搭建不但推动了"三个中心"的建设，同时也推动了澳门特色金融业的发展。特色金融包括了融资租赁、债券发展、人民币结算、绿色金融、特色产权交易等。随着"中葡商贸合作平台"的建设和国家"一带一路"倡议的实施，未来澳门的特色金融业将有很大的发展前景。

（五）凭借澳门的优势可将澳门发展成为中葡贸易仲裁中心

"中葡贸易仲裁中心"指解决中国与葡语国家之间的贸易、投资等领域的商

① 澳门发展策略研究中心《粤港澳大湾区城市群—澳门的角色、挑战与策略》，2017 年。
② 梁维特：《澳门特色金融产业助力国家发展》，http://www.cnr.cn/gd/gdkx/20161220/t20161220_523365776.shtml.

业纠纷、商业诉讼的中心。2014 年 3 月第十二届全国人民代表大会第二次会议中，梁维特发言中提到"澳门应积极推动相关的现代服务业发展，特别是品牌注册、金融保险、收购兼并、商业仲裁等。另外澳门还可以发展成为中国与葡语国家的商业纠纷、商业诉讼的中心"。① 澳门作为中西交汇之处，是连接中国内地与葡语国家的枢纽。凭借着澳门与葡语国家在法律、语言、人文交融优势，还有对中国内地和葡语国家市场相当熟悉等优势，借助澳门作为中葡商贸服务平台的作用，可将澳门发展成为中葡贸易仲裁中心。

参考文献

[1] 谭志强：《人才断层，中葡论坛不容沦为"花瓶"》，载于《澳门月刊》2016 年第 10 期，第 18 ~ 19 页。

[2] 宋雅楠：《澳门参与"一带一路"的功能定位与对策》，载于《"一带一路"与澳门发展国际研讨会论文集》，2017 年版。

[3] 陈思敏：《"一带一路"背景下澳门加快打造中葡平台的建议》，载于《特区经济》2015 年第 12 期，第 13 ~ 14 页。

[4] 宋雅楠：《"一带一路"视角下的澳门世界旅游休闲中心建设》，载于《澳门月刊》2016 年第 3 期。

[5] 郭永忠：《澳门建设中葡商贸合作平台的战略思考》，载于《理论学刊》2011 年第 10 期，第 64 ~ 68 页。

[6]《中国—葡语国家经贸合作逐步走向深化——中葡论坛培训中心落户澳门》，载于《时代经贸》2011 年第 8 期，第 98 ~ 100 页。

[7] 李炳康：《澳门：中国内地与葡语国家的经贸合作平台》，载于《国际经济合作》2003 年第 11 期，第 4 ~ 6 页。

[8] 国家商务部国际贸易研究院联合课题组：《连手开发——中国内地、澳门与葡语国家三方经贸合作发展构想》，载于《国际贸易》2003 年第 10 期，第 24 ~ 29 页。

[9] 顾相伟、庄金峰：《"一带一路"助力澳门世界旅游休闲中心建设》，载于《"一国两制"研究》2016 年第 3 期，第 154 ~ 160 页。

---

① 梁维特：《加快建中葡平台促多元》，http：//www. npc. gov. cn/npc/dbdhhy/12_2/2014 – 03/07/content_1841845. htm.

澳门特区与葡萄牙税制的比较研究

汪清洋*

摘　要： 澳门特区税收法规最初选择性移植了葡萄牙税收法规的内容，但是，由于历史上葡萄牙政局的动荡、管制权威较弱及税法知识本身的零散性等原因，葡萄牙税法的基本原理及治税要素等，均未良好地为澳门特区理论界和实务界所汲取。在"康乃馨"革命后，葡萄牙放弃了自己的税法传统，几乎全盘接受了"欧洲化"的税法体系；特别是，"欧债"危机后，由于受到欧盟方面的压力，葡萄牙税法与欧洲税法越来越趋同。与此同时，澳门回归后，在简易税制的基本框架下，澳门特区税收法规却越来越"葡萄牙化"。二者在税制上存在的巨大差异，使得在处理跨境关系上，需要主要国际间税务的协调。当然，也是因为巨大的差距，使得跨境营商活动存在着想象的空间。

关键词： 移植　欧洲化　葡萄牙化　税务协调

一、引言

一般而言，法律移植需要伴随着强制性抑或自愿性遵守的法律心理，成为移植地法律生活的一部分。税收法律法规所具有的主权特征，使得税法难以通过法律移植输入。然而，大规模的税收法规移植输入，总是建诸于输入国、输出国之间高度相似的财政关系、税收管理关系，因而，其课税依据、税收要素及课税实践方面，一定会呈现出高度的相似性。

比如，今天香港的税收法律制度，本身就溯源于英国的税收法律实践。在确定来源地收入的时候，根据合同的交易要素判断；这与世界上大部分国家依据常

---

* 汪清洋，博士，澳门大学亚太经济与管理研究所访问学者。

设机构所在地的判断标准存在截然差异；甚至，在发生税务疑难案件的时候，香港法院或税务机关总是习惯于寻找英国判例法的内容，来论证案件的应然结果。

澳门特区在历史上曾经是葡萄牙的"租借地"，基于这样的前提，澳葡政府当局将源自葡萄牙的税收章程延伸适用到澳门特区。那么，我们不禁要问，既然在法律及其实践具有高度相似性，那么澳门特区与葡萄牙税制的比较研究是否还有必要呢？

可是，当我们认真审视澳门特区与葡萄牙现行税制的文本时，就会得出惊人的发现：两者存在根本不同。无论在税种、税源、课税要素、课税原理，抑或税收法律实践，两者几乎找不到相同的地方。如果不考虑过往的历史，现行的澳门特区税制就是一个无根之源，它在现行的葡萄牙税收法律里寻找不到论证的基础。我们知道，在《中华人民共和国澳门特别行政区基本法》里，中文是官方语言，葡萄牙文也是正式语言①。如果中文版本的法律与葡萄牙版本的法律发生冲突时，我们试图去葡萄牙法律体系里寻找解释的话，这样的努力有可能是徒劳的。

我们又要追问：为何二者现行税制的差异如此之大？原因主要有如下几个：

（一）葡萄牙政局的动荡

葡萄牙是欧洲大陆较晚确立民主制度的国家，两次世界大战均对葡萄牙本土的政治和经济造成了恶劣影响。第一次世界大战后的 1926 年，卡莫那将军领导的军事行动结束了脆弱的共和政府，成为独裁政府。

后来，应运经济危机而上台的继任者，萨拉查（António de Oliveira Salazar）首相延续了独裁统治。在其治下，秘密警察权的滥用，以及非洲的叛乱，在整体上拖垮了葡萄牙经济。

直至 1974 年，"康乃馨"革命确立了葡萄牙的民主制度。但是，革命并未引领葡萄牙走出国内经济危机。在此背景下，葡萄牙希望通过加入欧共体（后来的欧盟），使之走出经济泥沼。但是，在加入之前所需要进行的一系列财政、经济、社会的变革，使得葡萄牙无法有效地对经济和社会进行管控，危机时有发生。

在这样的动荡背景下，葡萄牙政府根本无力真正有效地在其殖民地推行其本国的税收制度。

所以，我们今天所看到的葡语国家，互相之间在税制结构方面存在着巨大的差异。比如，针对商品和劳务的间接税，葡萄牙课征了增值税和特种商品的消费

---

① 《澳门基本法》第九条规定：澳门特别行政区的行政机关、立法机关和司法机关，除使用中文外，还可使用葡文，葡文也是正式语言。

税，而巴西则分别课征了工业产品税、商品流通税、劳务税和金融交易税四种。再比如，对外国企业从本国获得的股息收益，巴西并不课征股息汇出的预提所得税，而安哥拉专门设置了投资资本税。

（二）葡萄牙在澳门特区的管治

葡萄牙在澳门特区的统治，多数是扮演弱政府的角色，虽偶有总督进行过强硬治理，但在内核上还是以民政自治为基本特征。当然，这一特征也与葡萄牙本国的政局动荡存在着关联。

作为弱政府，并不需要巨额的公共行政开支，一切以便利征税、满足简单财政为主导目的。所以，现行澳门特区税制，事实上是在对各商户课征营业税的基础上形成的。这个营业税，并不需要去考察各商户的利润，甚至也不需要去考虑其营业收入，而是根据其申报的营业内容予以年度定额计征。从这个角度讲，现行澳门特区税制是在课征年度商业登记税的基础上形成的。

当然，随着福利开支的加大，以及供养的公务人员队伍的扩大，财政自然遭遇到赤字的危机。这种情况下，殖民者选择性地将葡萄牙本国的一些税收法例延伸到澳门特区适用，比如 1964 年将 1632 号法例（营业税）、1633 号法例（房屋税）、1634 号（职业税），以及 1635 号（超额纯利税）在澳门特区的延伸适用。但是，这一延伸适用，也是基于满足财政需要的目的。并非葡萄牙所有课征的税种，均予以延伸至澳门特区，比如针对房屋建设开征的建设税，以及对农业课征的农业税，并未在澳门特区开征。

即使相应税种及法例在澳门特区予以延伸适用，但长期以来，澳门特区受香港营商习惯的影响，有关的税收法例并未予以足够遵守。比如，1973 年四益置业有限公司出售澳门特区罗利老大马路十号屋时，就根据商业习惯，认为不需要缴纳当时的澳门特区超额纯利税。这一税收裁定争议，后来还通过第 18/73 号法例性法规予以确认免税。

（三）葡萄牙加入欧共体的税务改革与澳门特区法规的本地化

早在 20 世纪 60 年代，葡萄牙就一直申请加入欧共体。政治体制和社会经济制度的原因，使得葡萄牙一直未能满足成为欧共体成员的核心要求。1974 年"康乃馨"革命后，葡萄牙社会精英阶层表现出参与欧洲一体化的强烈愿望，并启动了新一轮税务改革的大幕。

这一场税务改革中，在直接税，葡萄牙将原来职业收益、房屋收益及资本收益分类课征制度予以废除，变为根据自然人收益和法人收益分别予以课征个人所得税和企业所得税。在间接税，接受欧共体（欧盟）增值税协调指令的管辖，开始课征增值税，规定在葡萄牙境内进行的所有商品和服务交易，以及从欧盟以外进口的商品均需缴纳增值税。

与此同时，"康乃馨"革命后《澳门自治章程》的颁布，使得澳门特区也无法直接延伸适用葡萄牙的税收法例。因此，在1977~1978年期间，澳门立法会分别以第15/77/M号法律核准《营业税章程》、第2/78/M号法律核准《职业税章程》、第19/78/M号法律核准《市区房屋税章程》、第21/78/M号法律核准《所得补充税章程》，从而基本确立了现行澳门特区税收制度的主体框架。这一税制，则延续了葡萄牙分类所得课征，不分纳税人身份课征的基本特征。

自此，葡萄牙税法越来越呈"欧洲化"的态势，而与此同时，澳门特区税收法规却越来越走向"葡萄牙化"。今天，如果我们遇到澳门特区税收法规适用上的争议，想从葡萄牙现有的税收法律中寻找解释的依据，那么这样的路径，其结果必然是徒劳。

所以，我们今天在讨论澳门特区税制与葡萄牙税制的比较差异，实质上引申出如下三个问题：

其一，为何澳门特区现行税制会选择性移植1986年葡萄牙税改之前的税制内容？

其二，澳门特区税制与欧洲现代税制，在总体上的差异是什么？其治税理念的差异又是什么？

其三，这样的税制差异，给营商环境以及国际税法的协调，会造成怎样的冲击。

以下就上述三个问题，分别予以展开讨论。

二、选择性移植

在解释澳门特区现行的选择性移植的问题之前，有必要先了解1986年之前葡萄牙税制的改革历程。

（一）1986年之前葡萄牙的税务改革

总体而言，1986年前葡萄牙税制的形成，历经三次改革，分别是1922年、1929年及1969年的税务改革。

　　1922 年的税务改革始于 1922 年 9 月 21 日第 1368 号法律的颁布。在此之前，也即 17 世纪及 19 世纪的税制及供款，并不具有现代税法的一般意义①。更多的是针对交易现象，而不是交易行为本身或者交易利润课税，因此相互之间会产生一个重复征税的现象，在课税要素方面也多有重叠，税与税之间的界限并不明朗。

　　可以说，1368 号法律的实施，使得那些分散性的税务体系，转化为一个较为系统性的税收规则，并着重交易行为的价值（金额）计征税款。比如，个人职业收益课税，根据收益额适用 0.5% ~ 30% 的超额累进税；交易税，根据交易金额的级差分别按 1%、2% 及 10% 的税率课征税款；营业税按行业类别根据固定税额课征，在此基础上额外课征 10% 的附加税。

　　1922 年的税务改革，带给葡萄牙税制现代化的雏形。但是，其在级差方面所造成的税务效果，使得纳税人有意地分拆交易金额，降低税负，因而，其征收效果较差。再加上 1929 年席卷全球的经济危机以及葡萄牙本国秘密警察权的滥用，造成政府财政赤字的急剧扩张。② 或者说，1929 年的税务改革，导源于先前税务改革所引致的执行失败，因此基本上算是一项紧急改革。

　　改革的领导者是经济学家萨拉查，后来他成为首相并继续实施独裁统治。其目的在于有效地提高征税效率，并拓宽税基。因此，先前的累进及级差税率被取消，取而代之的是较高税率形式的比例税率。为扩宽税基，这次改革还对资本投资行为予以课税。

　　可以说，在提高有效征收效率的同时，这次改革也加重了商业活动的税务负担，并限制了社会经济的再投资活动的流动性。造成整个葡萄牙经济在 20 世纪 50 年代几乎停滞不前。这也说明，挽救多种原因即将崩溃的公共财产，似乎主要手段与税收关乎不大，而是关乎如何去限制滥无目的的公共行政开支。

　　为确保给予商业及经济活动税务宽免，并为社会经济的再投资活动提供恰当的流动性，葡萄牙进行了第三次税务改革——1960 年税务改革。

　　1960 年的改革，其含义在于，矫正对行为与财产的过度征税，并确立葡萄牙近代税制的基本框架，这个基本框架后来被澳门所部分移植。其主体税种有：职业税，适用 8% 税率；农业税，适用 10% 税率；城市建设税，适用 12% 税率；农村建设税，适用 10% 税率；资本投资税，适用 15% 税率；营业税，根据行业类别适用固定税额。

　　由此我们也可以看出，财产税在整个税务体系里面的比重在下降，行为税依然占据着较为重要的份额。只不过，作为直接税的所得税并没有得到明显提升。

---

　　① Vitor António Duarte Faveiro, *Noções Fundamentais de Direito Fiscal Português II Volume Estrutura Jurídica do Sistema Fiscal Português*, Coimbra Editora, Limitada, 1986：16.

　　② *Relatório da Comissão Para o Desenvolvimento da Reforma Fiscal*, Lisboa, Abril de 1996：759.

（二）较弱的管制权威

经由葡萄牙税务改革历史的分析，我们可以发现，葡萄牙税制结构整体上还是偏重于财产和行为课税，其征收效率低下。如果这样的税制结构能够得以有效实施的话，那么需要有一个强有力的征税机关予以执行。

葡萄牙治理澳门的法治基础本身就是不明朗的，华人以租借地的概念来理解葡萄牙管制活动。这样的心理活动，影响了人民的法律遵守行为。典型的案例是1966 年的"一二·三"事件。澳门凼仔坊众学校扩建校园，遭到澳葡当局强拆，由此引发了一系列的民众抗议活动。最后，以新任总督嘉乐庇亲自前往澳门中华总商会签署认罪书结束。

较弱的管制权威，无法有效地了解交易活动，以及交易活动本身应然的交易价值。因此，流转税和建设税当然也就无法得到有效征收。

加上澳门总体属于自由港，关于资本流动的一切课税，均会影响到自由港的运作，因而也无法有效移植这部分税收法律。

（三）葡萄牙税制本身的分散性和异质性特征

税制作为国家法律体系的一环，有别于已经全然系统化的法律分支学科（比如民法）。充斥葡萄牙税制其中的，是一系列的通则、法例、传阅性文件，导致在学习税收法律科学中需要碎片化地理解、分析交易中的实质或形式。

本身，税法各税种在课税对象、税率适用方面的差异，已经使得本国的法律从业者难以适用。特别是，在适用税法时，需要定性交易的实质，交易的经济效果，再辅以相应的会计与财政知识。这样零散的、多学科化的税务规制，使得一般的法律从业者很难理解税收背后的东西。

这样的分散性法律规范，更多的时候，还遭遇到经济危机的扭曲。[1] 要将它形成一个系统化的法律价值、原则、标准、目的，予以实践操作，是一件很难的事情。澳葡政府总体上处于一个小政府的角色，它也不可能体系化地理解这么复杂的税制结构。

（四）税法的延伸适用与本地化

澳门较大规模地移植葡萄牙税法始于 1964 年。1964 年 5 月 9 日，第 1630

---

[1]　Vitor António Duarte Faveiro, *Noções Fundamentais de Direito Fiscal Português II Volume Estrutura Jurídica do Sistema Fiscal Português*, Coimbra Editora, Limitada, 1986：10.

号立法条例首先将适用于葡萄牙的业钞（房屋税）延伸于澳门适用。实质上，澳门课征业钞始于 1893 年，该税的延伸适用，是对财产课税为主体的再一次确认①。

1964 年 5 月 16 日，第 1632 号立法条例将适用于葡萄牙的职业税延伸于澳门适用。较之今天的职业税，其在课征对象的范围上较窄的缺点，仅限于工作所得收益。对于企业主、董事、高管等以雇员身份从企业支取的薪酬，则未予以调整课征。

1964 年 5 月 30 日，透过第 1634 号立法条例，将营业税延伸适用于澳门。1964 年 6 月 2 日，透过第 1635 号法律，将超额纯利税延伸适用至澳门。超额纯利税主要的课征对象为个人或法人从企业获得的入息、利润、股息或薪酬，类似于今日税法所讲的股息、利息或红利所得。

至此，澳门透过上述四个立法条例的延伸适用，初步构建了分类所得的直接税制度，针对房屋收益的业钞，针对工作所得收益的职业税，针对股息、利息或红利所得的超额纯利税，以及针对企业或商号年度登记的营业税。

1974 年"康乃馨"革命后，革命者对殖民统治产生了反感。因此在 1976 年立法通过了《澳门特区组织章程》。章程第二条规定，澳门为一公法人，在不抵触共和国宪法与本章程的原则，以及在尊重两者所定的权利、自由与保障的情况下，享有行政、经济、财政、立法及司法自治权。

为践行自治权，有必要将延伸于葡萄牙的立法转化为本地化立法。因而，自 1977 年起，澳门开始了一系列税务章程的本地化转换过程。

1977 年 12 月 31 日，澳门立法会透过第 15/77/M 号法律，废除了第 1634 号立法条例并核准了营业税章程的实施。本地化始于营业税源于该税为固定税额征收，立法技术较为简单。

职业税的本地化则相对较为复杂。1978 年 2 月 25 日，澳门立法会颁布第 2/78/M 号法律，核准职业税章程的实施。此次本地化，有如下两个亮点：①将从事自由及专门职业的收益纳入职业税调整的范畴，也就是现代税法意义上的劳务报酬也列入职业税课征对象；②将企业主工薪收益及其从企业支取且并未列账的交际费、旅费及交通费以及管理机构成员工薪纳入职业税课征对象，缩小了纳税人避税的空间，提升了职业税的课征效率。

1978 年 8 月 12 日，颁布了第 19/78/M 号法律，重新订定市区房屋业钞（房屋税）。为配合业钞的征收，1978 年还对澳门市区房屋记录进行更新，以便对无

---

① José Hermínio Paulo Rato Rainha, *Impostos de Macau*, Universidade de Macau Faculdade de Direito, 1997: 10.

租赁关系的房屋有效课征房屋税。

所得补充税的本地化则相对较晚。1978 年 9 月 9 日，立法会透过第 21/78/M 号法律，废除了第 1635 号立法条例，以所得补充税取代了超额纯利税。所得补充税的本地化，实质上也是对澳门直接税制度的一次整体检讨。在立法的原则上，以量能课税为主导，意欲使该税成为营业税、职业税及房屋税的补充。这也是澳门税务历史上，第一次真正以企业的利润课税，同时也要求企业备齐相应的会计账簿，否则采用核定课税的方法计征。在体现纳税人负担能力课税方面，该税同职业税一样，采用超额累进税率形式，适用 7% ~12% 税率。

至此，澳门特区本地化税收法律体系正式形成。该法律体系具有如下几个方面的特点：

（1）以直接税为主体。

作为自由港，澳门特区并未设有商品及劳务的流转税（除特种消费品消费税外）。在博彩税（不是本文讨论的内容）为主体的框架下，澳门特区构建了直接税税务体系。

（2）低税率。

除了营业税定额征收外，其余三项主体税种房屋税、职业税及所得补充税，税率介乎 7% ~16%，属于较轻税负的地区。

（3）简单税制、不重复课征。

除了所得补充税和职业税自由职业课税，需要备齐相应的会计账簿外，澳门特区税制在申报方面显得较为简单。为提升征税效率，就源扣缴广泛地应用于税收的征收管理当中。

澳门特区税制并未根据自然人与法人类别区分自个人所得税与企业所得税，而是将纳税人混淆在一起。不过，这并不会造成重复课税的现象。因而，属于房屋收益的部分为房屋税调整，属于工作收益的部分受职业税调整，而属于工商业收益的部分则归所得补充税调整，在总体上属于采用分类所得各税调整的方法。股东在获得公司股息分配的时候，也不会产生公司利润课税与股息分配课税的双重征税现象。

三、现代税制结构差异与治税理念差异

自 1977 年始税收法规的本地化后，澳门特区税收法规与葡萄牙税法开始走上了差异化的路径。前者更加接近葡萄牙化，后者更加欧洲化。

（一） 葡萄牙税法的欧洲化

为加入欧共体（欧盟），20 世纪 70 年代之初，葡萄牙提交正式申请，并进行了为期十数年的卓著谈判，终于在 1986 年成为欧共体的第 11 个成员。

在此之前，为符合加入欧共体的条件，葡萄牙在 20 世纪 70 年代对自身的税务体系进行了彻底的改革。

这一场改革，在直接税领域，将先前的分类所得税制改变为综合所得税制，也就是根据自然人与法人类型的不同，分别课征个人所得税与企业所得税。

在间接税领域，废除了先前的交易行为税和资本税，根据欧共体增值税协调指令的指引，设置了增值税，规定在葡萄牙境内进行的所有商品和服务交易，以及从欧盟以外进口的商品等均需缴纳增值税。

经过历次改革之后，葡萄牙形成了直接税与间接税平分秋色的税制体系。

（1） 企业所得税。

在葡萄牙从事商业、工业或农业经营活动并在葡萄牙注册的企业，应根据其收入扣减可核销成本为基数缴纳 25% 的企业所得税。如果企业年度利润基数少于 12 500 欧元，可以按照 12.5% 的税率缴纳企业所得税。

各地方政府有权在征收企业所得税基础上加收最高为 1.5% 的城市附加税。

（2） 个人所得税。

葡萄牙居民个人在境内外取得的所得，非葡萄牙个人居民取得源于个人的收入，应缴纳个人所得税。个人应课税的收入包括工资、商业经营或提供服务所得收入、资本收益、不动产收益、投资收益、养老金收益等。

（3） 增值税。

增值税是葡萄牙现行税种中的重要一种，采用三档税率，一般税率为 23%，中间税率为 13%，优惠税率为 6%。在亚速尔和马德拉自治区，适用不同的增值税率，一般税率、中间税率和优惠税率分别是 16%、9% 和 4%。

在具体征税原理上，葡萄牙几乎奉行了欧盟及 OECD 关于课税基本规则。比如，在判定所得地域来源之时，奉行的就是 OECD 常设机构关联归属原则，事实上，这一原则也是判断葡萄牙是否对纳税人具有企业所得税调整权的前提；在判断跨境交易增值税纳税义务的时候，葡萄牙也是采用欧盟消费目的地原则，而不是行为发生地原则加以判断。

欧债危机之后，为吸引外来投资，葡萄牙对现行税制进行了一系列改革，改革的主要内容包括以下几个方面：

（1） 企业所得税适用税率降低到 21%，并承诺 2018 年降低到 19%；

（2）企业亏损的摊销期限由 5 年延长至 15 年；

（3）中小企业留存收益再投资，可以抵减 10% 企业所得税；

（4）部分农产品增值税实施税负超 6% 补偿政策；

（5）家庭成员开支可以凭票抵减个人所得税应纳税所得额；

（6）已婚人士可以选择家庭合并报税，也可选择个人单独报税；

（7）简化企业和个人报税程序。

（二）越加"葡萄牙化"的澳门特区税收法规

最近几年，澳门特区均以年度预算案的形式，对税收法规进行微调，主要的内容包括：

（1）连续几年豁免营业税的缴纳；由此，营业税成为年度税务登记及开业、结业的程序要件，失去了税收实体法的意义；

（2）房屋税税款扣减金额定为澳门币 3 000 元，倘若纳税主体为两个或以上自然人（个人），只要其中一位为澳门特别行政区居民，其房屋税税款，同样获上述税款之扣减，但如纳税主体为法人、自然人商业企业主或非澳门特别行政区居民，则不可享有上提房屋税税款之扣减；

（3）职业税税额扣减项目之扣减率订为 30%，豁免额订定为澳门币 144 000 元；

（4）最近几年，须课征之年度所得补充税收益，其豁免额订定为澳门币 60 万元。

经过上述微调后，如果不考虑博彩税，直接税实质课征的税项仅剩下职业税和所得补充税。由此我们也可以看出，回归祖国后，澳门特区税收法规越来越简易化。具体表现为以下几个方面：

（1）所得补充税实际适用比例税率。

虽然《所得补充税章程》仍然规定适用 7%～12% 的超额累进税率形式，但由于税前利润 60 万元澳门币以上始课征所得补充税，因而实质只适用了 12% 一级的比例税率。税率的单一化，使得在所得确认问题得以简化，因而利润差不再对适用税率有所影响。

（2）继承及赠与税并入印花税。

2001 年 7 月 2 日，澳门特区立法会透过第 8/2001 号法律，废止了第 5/99/M 号法律通过的《物业转移税以及继承及赠与税法典》，规定以无偿方式移转财产的，适用 5% 税率的印花税，该等税率实质重于一般物业转移交易的印花税（适用 1%～3% 税率）。这样的后果是，当事人之间，特别是直系亲属之间，除非情况紧急，否则一般会采用交易的方式来转移物业。

（3）简化申报程序。

澳门财政局灵活应用"一站式"税务服务，采用"e办事"网络申报方式，方便纳税人的申报。财政局提供各种简约式申报书并辅以申报指南，让纳税人清晰纳税义务发生时间、申报期，以及逾期申报的后果。与此同时，在税款之缴纳、退税方面，也与银行电子服务相结合，做到纳税人足不出户申报缴纳的效果。

（三）葡萄牙税法的新变化

欧债危机后，为应对欧盟救援承诺，葡萄牙被迫实施"减少财政支出、增加财税收入"的财政改革，这场改革，使得葡萄牙税制，无论在适用税率上，还是税种设置上，都与欧盟国家趋同。

在个人所得税方面，适用于居民纳税人的8档税率改为0~48%的5档税率，而非居民纳税人则以源于葡萄牙境内的所得课征25%的同一比率税率。除此之外，对个人收入畸高的群体，还适用2.5%~5%的附加税。收入畸高的判断，要求税制体系建立繁杂的申报和稽查系统。

新增市政房产税。葡萄牙非经济活动（商业、工业或服务业）的房产资产将新增市政房产税：价值在60万欧元到100万欧元之间的房产，将新增0.7%的市政房产税，100万欧元以上的房产将新增1%的市政房产税。市政房产税将代替原有的印花税，这也使得葡萄牙从原先倚重交易阶段通过印花税对房产的调节功能，转向持有阶段来进行房产市场调节。

这些变化，除了欧盟救援压力外，更重要的推力还是来自"欧洲2020战略"改革指引。这一场改革，是欧洲整体金融危机自救措施。具体表现为：

1. 向经济损害更小的税基课税

欧洲税制改革着眼于有利经济结构的优化，将税收转移到消费、财产和环境污染的税基上。因而，葡萄牙开征增值税、消费税，新增市政房产税，实际上也是配合这个优化经济结构的目的的。

2. 对低收入劳动群体减负

降低低收入劳动者税负，有助于解决经济危机带来的高失业问题。欧盟特别强调定向见面税收变动敏感群体的税负，如青年工人、单身母亲等群体。葡萄牙个人所得税税率的变化，实际上压低了低收入群体适用税率，转向抗敏感度强的群体课税，个人所得税适用税率的提高及附加税的课征，就是这一目标下的产物。

3. 有助于研发的税务激励措施

欧盟国家一直重视税收政策激励研发的作用，早在危机之前，所有国家或是着手引入研发税收激励政策，或是在原有政策基础上，加大了研发税收激励的力度。

欧债危机爆发后，欧盟建议成员国加大支持研发和创新的力度，而成员国均将税收激励作为完善创新制度条件的重要内容之一。葡萄牙注重优化制度设计，使得小型创新企业更容易享受这些优惠，对于投入研发费用所形成的税收抵免额赋予这类企业选择权，可以获得现金的补偿，或将未使用的税收抵免额向以后年度结转。近年来，相关优惠政策还聚焦于吸引顶级科研人才和改进研发支出的质量控制上，比如为雇用博士和研究人员的企业提供更为优惠的扣除。

（四）配合国际义务的最新税法变化

进入 21 世纪后，国际间在反税基侵蚀与利润转移方面的协作达成了共识。在此推动下，国际间避免双重征税和防止偷漏税的协定网络越来越强大，国家（地区）间相互提供税收信息以提高税务透明度的协作体系越来越规范。

澳门与葡萄牙早在 1999 年 12 月 13 日就签订了《澳门政府和葡萄牙政府关于对所得避免双重征税及防止逃税之协定》，该协定系以 OECD 税收协定范本为蓝本草拟。值得注意的是，协议第十三条第四款关于股权转让资本利得，采用居民国征税原则，也即如果仅在转让人为其居民之协议一方课税，来源地国豁免征税权。

现时，葡萄牙对外签订的税收协定有 79 份，情报交换协议有 16 份；澳门特区对外签订的税收协定及税收安排有 4 份，情报交换协议有 13 份。

（五）澳门特区与葡萄牙治税理念的差异

在加入欧共体之前，葡萄牙的税制就被欧共体成员国诸多诟病，其理由有以下几个方面：

其一，个人与法人混合适用同一税种课税，未能有效区别公司利润与股东股息收益，容易造成跨国企业利用穿透税制避税的弊端；

其二，税务征管上强调就源扣缴，仅就源头考察纳税人的所得，而不考察来龙去脉，容易造成税务信息不透明的弊端；

其三，单独给予某些外国企业特种税务优惠，有"围栏"的嫌疑，属于不正当税收竞争关系；

其四，没有构建统一的增值税制度，无法有效实现商品和劳务在成员国之间流通。

遗憾的是，澳门特区几乎把葡萄牙 1986 年之前税务体系的主要特点承接过来，再加上出台了葡语国家服务及商品贸易类别企业可以在澳门特区设置免征所得补充税的离岸公司，以及未能及时签订《多边税收征管互助公约》（目前澳门特区已经承诺执行），以致欧盟在 2017 年 12 月将澳门特区认定为避税地。这个争议，其实是关于税务制度认识和税务透明化的问题；事实上，在博彩业发达的今天，澳门特区的确没有必要以有害税收竞争来获得外资的青睐。

四、结语：营商环境与国际税务协调

经济多元化几乎成为澳门特区各界的共识。为此，特区政府提出了建设葡语国家经贸中介平台以及发展特色金融的构想。澳门特区在低税率、简单税制、不重复课征的大背景下，凭借其稳定的政治环境、自由的外汇制度和良好的营商环境，有机会成为中资企业"走出去"过程中的重要的"桥头堡"和"避风港"，特别是中央政府宣布 18 项加强与深化中葡经贸合作的新措施之后，澳门特区更是有机会成为中葡经贸往来的中心平台。

利用澳门特区税制与葡萄牙税制的比较差异，以及二者在国际税收协定中的协调关系，中资企业"走出去"到葡萄牙投资，完全可以以澳门特区作为中间控股公司的平台基地。

假设中资企业 YC 公司，通过其在澳门特区搭建的中间公司 YM，投资葡萄牙的 YP 公司。根据澳门特区与葡萄牙的税收协定，YM 公司从 YP 公司获得股息在汇出葡萄牙之时，将有机会得以享受税收协定所规定的优惠预提税税率；该等股息在汇入澳门特区时，将可根据税收协定的规定，在缴纳澳门特区的所得补充税时，得以抵免在葡萄牙实际负担的税款。

并且，上述 YC 公司在实质退出其在葡萄牙的投资之时，可以以澳门特区 YM 公司为转让方，从而享受到《澳门政府和葡萄牙政府关于对所得避免双重征税及防止逃税之协定》中关于股权转让免税的待遇。

当然，如果上述架构得以享受相应税收协定的话，需要 YM 公司满足实质经营的要求，也就是说，YM 公司不能是以避税为目的的中间控股公司。

只不过，上述架构设计，在欧盟宣布澳门特区为避税地黑名单后显得相对复杂，有可能因为欧盟及葡萄牙的反避税调整，而无法实质享受相应的税收协定的优惠待遇。

为此，如果澳门特区意欲建设葡语系经贸中介平台，发展特色金融产业，一个亟须解决的任务就是要摘掉避税地黑名单的称号。如何在税制设计上，使到澳门特区税制更加透明、高效，并获得国际社会的认可，实质上，葡萄牙 1986 年加入欧共体前的税务改革已经提供了一个良好的范例。相信，未来澳门特区的税制改革，在这样的经验指引下，必然会获得国际社会的认可。

澳门特区中小企业"走出去"：以盛世集团为例

宋雅楠[*]

摘 要：随着国家"一带一路"的进一步推进，经济全球化和区域经济一体化的深入发展，澳门地区作为搭建中葡合作的平台，正起到越来越重要的作用。但当前澳门中小企业存在对外投资经验不足、规模较小等问题，所以寻求发展的同时也面临严峻的挑战。本文以澳门本地企业盛世集团对葡萄牙投资为例，总结盛世集团的成功经验，及澳门特区中小企业"走出去"对葡萄牙投资提供参考和启示。

关键词：盛世集团　澳门特区　中小企业　中葡投资

一、盛世集团简介

盛世集团控股股份有限公司是一家澳门本地企业，成立于 1988 年，为企业及个人提供各项服务和技术方案，服务领域涉及建筑、工程、技术、咨询和能源相关等多个行业。盛世集团旗下设有四个子公司，分别是盛世设施管理股份有限公司、澳门专业顾问有限公司、盛世水有限公司、达富设施管理有限公司。

其中，盛世设施管理股份有限公司的服务对象包括澳门机场、澳门本地博彩娱乐场所及度假村酒店、学校、商业及政府建筑物、城市废物处理厂等。澳门专业顾问有限公司有着 20 年的专业经验，下属 100 多名专业技术人员提供包括城市规划、农工业技术、建筑管理等设计咨询和解决方面的服务产品。澳

---

* 宋雅楠，澳门科技大学商学院副教授。研究方向为国际贸易与投资、中葡经贸关系等。

感谢澳门盛世集团控股股份有限公司董事主席及行政总裁田达德先生和董事萧家明先生对本文的帮助，以及对葡萄牙投资经验的分享。

感谢蔡擎仪同学对盛世集团资料的整理。

门地区多项重要的项目该公司都得以参与并取得了良好的效果。除提供传统的方案解决和技术支持服务以外，盛世集团还在服务过程中关注能源和环境保护方案的有效实施，在废水及废物处理过程中加入行业经验，确保具有成本效益的同时充分考虑可持续性、高效的处理方案，谨慎选择处理程序，形成综合废物处理方案。

（一）盛世集团的业务发展

截至目前，盛世集团在企业发展中结合外部机遇，通过不断提升自身的技术和服务水平，参与澳门社会发展，从最初的基础设施工程、便民服务工程到包括酒店、度假村在内的旅游业（见表1）。

表1	盛世集团旗下分公司及其主营业务内容
盛世设施管理股份有限公司	为澳门国际机场提供设备管理及保养服务；为澳门文化中心提供维修保养工作。
盛世水有限公司	为澳门的污水处理厂提供有效的解决方案，以保护环境为目的，正确处理日常用水。
澳门专业顾问有限公司	为澳门电力股份有限公司、澳门垃圾焚化厂的建筑翻新扩建工程提供咨询和设计服务；为澳门本地的部分城市桥梁和建筑及景观工程提供设计服务；澳门威尼斯人酒店的开发工程中负责工程监理工作。
达富设施管理有限公司	为澳门新濠锋的冷热水和电力系统提供营运和保养服务；新濠天地、银河酒店的维修保养工作。

（二）盛世集团的社会参与

盛世集团及其子公司除了为澳门的各大行业提供建设、营运及管理服务外，还为澳门社会做出了许多贡献。2000年，盛世集团成立了盛世社会发展基金，每年将集团部分收益投入基金，并积极与澳门优秀企业合作，开展慈善活动，吸纳义工进行关怀社区等社会公益活动。先后开展诸如环保远足活动、献血活动、慈善五人足球赛、儿童电影日等活动，关怀范围从社区到社会，充分体现了该集团回馈社会和携手澳门广大市民建设美好城市的理念。

二、盛世集团在对外投资合作方面的经验

（一）积极"走出去"，学习海外先进经验

近年来，"一带一路"倡议的提出为中国企业"走出去"提供了良好的机遇。在加强与"一带一路"沿线国家发展合作的同时，也为中国企业向海外优秀企业学习经验提供了契机。

中国企业"走出去"是为了更好地与国际市场接轨，参与到国际市场的大环境中。同时，积极走向国际市场除了加快中国企业转型升级的步伐外，还为企业及时找到自身短板，提升在国际市场的竞争力铺设了道路。

澳门中小企业的整体规模较小，缺乏与海外企业投资合作的经验，而盛世集团作为澳门企业"走出去"在国际市场寻求发展的领军企业，充分利用了澳门地区在中国与葡萄牙经济贸易中发挥的纽带作用，借助良好的时代契机，积极开展了一系列与葡萄牙企业经济贸易与技术发展的合作项目。

从 2012 年开始，集团与葡萄牙 Magpower 公司在可再生能源领域进行战略合作，希望通过结合盛世集团的专业技术知识和经验，可以进一步与葡萄牙 Magpower 公司技术组件开发领域的先进成果相结合，提供具有更高价值的服务。也努力更好地发挥两国间桥梁的作用，在致力于可持续能源领域的探索和发展的同时，为中葡间的经贸投资合作建立平台。

盛世集团在葡萄牙目前有三个 CPV 太阳能发电厂项目，分别位于 Estol 和 Ferreira do Alentejo，总发电量可达 270 兆瓦。另外盛世集团在葡萄牙的新能源投资还包括 Ferreira 总装机容量为 5 兆瓦的 CPV 发电项目，其中的一期工程于 2013 年底并网发电。

随着盛世集团在新能源业务投资上取得的成功，盛世集团还考虑了葡萄牙优越的区位优势，投资了一家葡萄牙最大的牛产品生产商。葡萄牙所生产的牛产品均需要符合欧盟食品安全标准，而紧邻葡萄牙的非洲国家对牛肉的需求相当可观，盛世集团在葡萄牙投资了一家出口导向型的牛肉生产商，该生产商每年有 90% 的产品用于出口，从喂养到制作产成品完整，具有生产链成熟的优势。从 2015 年 9 月至 2016 年 10 月，该生产商已经向埃及、以色列、约旦等新市场提供约 2 万头牛及牛产品。在亚洲地区，人们对较高品质的牛肉的需求量逐渐增长，对牛肉的部位、做法愈加挑剔，目前也没有知名品牌和生产商填补这个空缺。盛世集团认为该葡萄牙生产商具有良好的生产条件，却没有对等的出口经销商进行

分销，通过深入葡萄牙市场逐渐挖掘出公司在食品行业的潜在机遇，将葡萄牙优质健康的食品引入澳门地区。

（二）注重以技术构造和提升公司竞争力

中国企业目前存在着国际化水平不高、企业自身创新能力不足等问题。在国际市场上中国企业对先进技术缺少自主权，尤其对于澳门中小企业来说，企业团队内科研人员的缺乏和专利技术资质的欠缺，是不利于澳门中小企业积极"走出去"的因素之一。

除了与葡萄牙的新能源公司合作开发光伏电站项目、投资畜牧业，盛世集团还在高科技智能技术上与葡萄牙的 Spin. Works 公司合作，在 2017 年的 MIECF 上向参会的中小企业及专业领域的研究学者们展示了与该企业利用航空、数据分析等世界先进技术开发的无人机项目。积极开展绿色环保的技术革新是盛世集团的另一项业务目标，开发投资无人机项目的目的也是为了利用先进的技术，使得原本需要大量成本的行业可以更智能化，将最新的科技应用在不同的领域。

MIECF 展会除了面向华南地区展示泛珠三角地区不同领域企业最新的科技产品，还为参会人员提供合作及投资机会的平台，盛世集团将与葡萄牙高科技企业合作的无人机项目带入展会。一方面，展现了在绿色发展和其他相关行业上的世界先进技术，提供了在智能农业发展和水源管理上的实际贡献；另一方面，也为我国泛珠三角地区的企业与葡萄牙的企业合作带来了机遇。

如今各个国家不再满足于传统的经济发展形势，都将可持续发展作为重要的经济发展方向，如何能将传统技术与现代智能科技结合推动经济发展已经成为一个关注的重点。而我国作为一个农业大国，仅仅依靠传统的农业技术远远不能满足需要，盛世集团与葡萄牙企业合作的该无人机项目，将从"种子到餐桌"的先进技术全方位推向农业发展。将商务农业、水资源处理和地形研究相结合，为传统农业向智能化和可持续发展提供了更为专业的解决方案。

盛世集团利用在葡萄牙投资的国际经验，借助中央发展"一带一路"的良好机遇，服务中国内地同类企业，也传递了将国际高科技技术合作本土化、将国际技术综合应用，更好地贴近本地社会发展的理念，为参会企业发现跨国合作的商业潜力、更好地利用技术平台开展国际合作起到了积极的纽带作用。

（三）利用自身优势，沟通内地与葡语国家市场

澳门特区作为中国内地与葡语国家间的重要平台，一直与葡萄牙有着密切的

联系。而随着葡语国家的贸易市场不断发展壮大，出口商品的种类也越来越多。盛世集团在澳门积极参加"澳门葡语国家商品展销会"，在特区政府的支持下，今年上半年该会展将天津选为第二处开设地。不仅促进了澳门进出口商和中小企业开拓内地市场，而且也为澳门搭建与葡语国家经贸文化交流的平台。

盛世集团借助敏锐的市场嗅觉发现，天津虽然地处中国北方，与澳门距离较远，但是随着近些年"一带一路""京津冀协同发展"以及天津自贸区建设的不断推进，天津在环渤海经济圈的地位是十分重要的。加之澳门特区政府的大力支持以及多年开办该展会的经验，可以带动中国内地企业更好更直观地了解葡语国家的商品，从而带来更多对外投资的机会。盛世集团在葡萄牙畜牧业上的投资经验也为葡语国家商品进入中国市场提供了可能，增加了葡语国家商品在市场上的知名度，也给澳门中小企业的市场化和全球化发展起到了表率作用。

天津在特色金融等方面的业务有丰富的经验，可以为澳门地区发展创新金融、特色金融等服务提供经验借鉴，为澳门地区中小企业加入到对外投资和发展行列提供学习机会。葡语国家以葡萄牙为代表，共有 7 个国家，分布在四大洲，而盛世集团有着与葡萄牙企业在不同领域合作的经验，对于中国内地部分企业来说葡语国家市场是比较陌生的，也没有渠道去了解，通过像盛世集团这样的企业可以作为带动内地有开发葡语国家市场想法的企业"走出去"的一个平台，通过双方的优势互补，合作开拓拉美、非洲等地市场从而达到双赢。

同时，葡萄牙作为欧盟成员国之一，近些年贸易出口国也不仅仅局限于欧盟其他成员国，而扩大到更广泛的国际市场。但是由于合作机遇较少，对于中国市场，葡萄牙许多企业不甚了解。盛世集团正是抓住了良好的平台机遇，积极主动地促进合作，为将先进技术"引进来"做出了尝试并取得成功。盛世集团借助地理和历史文化优势，为澳门中小企业在中葡贸易的发展中做出了良好的平台榜样作用，同时也为中国内地企业可以得到更多商贸机会做出了贡献。

（四）主动利用政府政策，促进企业发展与合作

2017 年第八届基础设施投资与建设高峰论坛在澳门举办，重点是"多元化""产业联动""可持续"，此次论坛也吸引了众多中国内地及葡语国家的业界精英共同探讨和交流。

澳门特区作为推动"一带一路"倡议与葡语国家发展战略的纽带，其平台作用得到了广泛的肯定，但是更需要像盛世集团这样的企业进行更多元化的发展，不仅仅是产能方面，还有贸易、投资、金融、文化等全方面的推进，这样的多元化发展得益于国家政策的支持，更需要抓住发展机遇。

盛世集团一直致力于将先进技术带入对澳门地区的服务中，并且对于水资源、垃圾处理等涉及环境保护的服务更为重视，还不断找寻并投入世界先进技术以将对环境的损害降至最低，力求达到国际标准。在第八届基础设施投资与建设高峰论坛上盛世集团与中葡合作发展基金签署了战略合作协定，希望可以利用中葡合作发展基金在澳门特区设立的优势条件，为更多澳门特区中小企业甚至中国内地企业与葡语国家企业之间建立投资关系和经贸合作发挥桥梁作用，使更多的企业得到发展机会。

同时，盛世集团的管理者在论坛中分享了与葡萄牙企业合作的经验并指出："虽然澳门与葡萄牙有着历史文化的渊源，但是并不完全一样，所以合作的过程中由于文化背景和工作环境的差异，在某些内容的执行上会存在一些困难，但是并不代表没有能力做到。"[①] 由此可见，合作发展虽然是未来发展的大势所趋，但合理利用政策条件才是抓住发展机遇的有效方法。

三、盛世集团投资经验对澳门特区中小企业的启示

（一）澳门特区中小企业进入葡萄牙市场的优劣势

1. 澳门特区中小企业进入葡萄牙市场的优势

澳门的企业规模普遍较小，根据 2013 年调查数据，按雇员人数对澳门 57 188 家企业进行分类，200 人以上的大型企业仅有 134 家，100 人以上的中型企业 194 家，少于 100 人的小微型企业多达 56 860 家。其中，中小微企占全澳门企业总数的 99.77%[②]。

澳门中小企业虽然个体规模小，但是发展行业多元化。不同于大型企业在经营发展方面的多元化，中小企业在自身所处行业的"小而专"的特点，使得目前澳门中小企业在市场中的弹性较大。

近年来，随着澳门与内地和海外的经贸往来的日益增加，仅靠博彩业已经不能满足澳门市场寻求多元化经济以带来更长远发展的需求，加上澳门博彩业的适度发展使得更多的中小企业业主开始寻求不同的行业发展机会，都促进了澳门中

---

① 盛世集团《电子通讯》，第 16 期，来自 http：//www. ceslasia. com/eNewsletter/External_16th/enews-letter_16th_CESLAsia. html#p = 1.
② 中小企服务平台：《创业攻略理论篇 1》，第 153 ~ 155 页，来自 http：//www. smes – macao. com/sites/default/files/uploads/pdf/20160410/t – ch07. 02. pdf.

小企业积极走向海外舞台。尽管澳门中小企业不论从经济附加值、人力资源还是资金等方面都处于劣势,但是这 99.77% 的澳门特区中小企业所涉及的主营行业为缓解澳门博彩业一业独大和实现澳门经济发展多元化起到了重要作用。

从盛世集团的投资经验中可以发现,澳门特区中小企业由于规模小,企业年轻且具有活力,同时结合中小企业具有"小而灵活"的特性①,更容易捕捉到国际市场上更符合时代发展的商业信息。

2. 澳门特区中小企业进入葡萄牙市场的劣势

由于澳门企业规模较小,从公司治理的角度看,澳门企业缺乏独立于家族关系的外部董事参与公司决策。对于所有权和经营权高度统一的"家族式"企业来说,虽然降低了经营成本,但缺乏有效的公司监督约束机制,其弊端会阻碍企业的进一步发展。澳门的中小企业受到"家族式"管理模式影响,经营管理模式上过于单一,造成了企业间差异化竞争不明显、无法体现企业优势等问题,随之带来的竞争压力愈加明显。

人力资源的缺乏也是澳门特区中小企业发展较慢的原因之一。澳门一直以博彩和旅游服务业为主,技术科研人员的不足和流失也带来了创新能力不足的问题。除了缺少完善的人才引进机制外,本地专业人才外流也使得澳门地区的人才储备不能满足需要。创业创新是第三次产业革命带来的新的发展潮流,在市场环境中,一方面受到大型博彩公司开业带来的普通供职人员流失危险;另一方面由于专业人才教育培训的规划不足导致的企业创新能力未能得到发展令澳门中小企业在人力资源方面处于劣势。

综上所述,澳门本地市场对澳门中小企业来说形势依旧严峻,但随着澳门特区政府对进一步推进澳门经济适度多元化发展的重视,澳门中小企业作为发展澳门经济重要的中坚力量,依旧保持着积极的奋斗精神并不断寻求新的机会。随着澳门特区在中国与葡萄牙的经贸交流中发挥着愈来愈重要的作用,积极"走出去"进入葡萄牙市场这一发展机会对澳门中小企业来说正处于机会与风险并存的时期。

(二) 澳门特区中小企业进入葡萄牙市场的机遇

1. 国家层面的政策支持

随着国家"一带一路"倡议的不断推进,澳门地区中小企业"走出去"的

---

① 澳门中小企业协进会:《2015 年度澳门中小微企白皮书》,来自 https://www.sme.org.mo/tc/whitepapers/2015%E5%B9%B4%E5%BA%A6%E6%BE%B3%E9%96%80%E4%B8%AD%E5%B0%8F%E5%BE%AE%E4%BC%81%E7%99%BD%E7%9A%AE/.

道路越来越宽阔，澳门特别行政区政府及澳门贸易投资促进局等机构开展了许多的商贸展会以吸引中国内地和葡语国家企业在澳门与澳门本地企业进行技术和经验交流，通过多样性的展会和论坛，搭建澳门中小企业对外投资的平台，充分发挥澳门地区在"三个中心"（中葡中小企业商贸服务中心、葡语国家食品集散中心、中葡经贸合作会展中心）中的纽带作用。

2017 年 12 月 20 日闭幕的十九大后首次中央经济工作会议上，提出了六项新举措促进"科学规划粤港澳大湾区建设"：

（1）深化产业分工合作，培育利益共享产业链；

（2）实施人才协同发展战略，搭建人才交流平台；

（3）加强金融市场互联互通，完善金融监管制度；

（4）构建区域协同创新机制，整合区域创新资源；

（5）对接"一带一路"建设，推进区域协同开放；

（6）推进湾区一体化建设，促进要素便捷流动。

这六项新举措的提出，体现了国家对与港澳大湾区区域联动、人才流通、金融信息系统、企业协同创新、加强国际合作以及粤港澳大湾区区内基础设施互联互通等方面的支持。为澳门地区在粤港澳大湾区内合理利用国家政策，进一步推动盛世集团这样的骨干企业带动区域内中小企业协同发展提供了更加广阔的平台。

2. 特区政府的政策支持

澳门经济财政司通过颁布对中小企业投资、税务和贷款等各项优惠政策鼓励澳门本地的中小企业积极参与投资，对于符合条件的中小企业提供二次援助的机会。例如，扶持中小企业发展 8 项税收优惠政策，中小企业援助计划，中小企业网站资助计划，中小企业辅助计划等扶助澳门本地中小企业的发展。同时，金融企业也积极响应澳门特区政府对澳门中小企业的扶持，协助中小企业顺利融资，为符合申请资格的业主提供了优惠贷款政策[①]。

除了表 2 涉及的贷款优惠政策，中国银行澳门分行还为符合条件的申请者提供企业融资贷款利息补点政策[②]以保证澳门中小企业资金流转，协助企业创新升级，从而达到促进澳门本地经济活动多元化的目的。

---

①②　中国银行澳门分行：《政府支援中小企政策》，来自 http：//www. bocmacau. com/cbservice/cb4/201406/t20140624_3536346. html.

表 2 中国银行澳门分行贷款优惠政策

	中小企业信用保证计划	专项信用保证计划
贷款最高限额	澳门币 500 万元	澳门币 100 万元
政府最高保证	70%	100%
贷款目的	无限制	特定用途
还款期及担保年期	最长 5 年	最长 5 年

注：特定用途为：企业革新及转型；推广及宣传所经营的品牌；改善产品质量的专门项目。

这一系列的优惠政策为澳门本地的中小企业拓展业务市场提供了更为便利的道路。另外，澳门经济局通过与多个大陆自由贸易实验区、国际经贸合作组织的联系，为澳门中小企业在中葡贸易中起到更好的平台和纽带作用提供了发展机遇。

3. 澳门经济适度多元发展的进一步需要

国家"十一五"规划纲要开始就提出澳门特区要促进经济适度多元化发展，"十三五"规划纲要中更是重申了这一点。但是澳门博彩业"一业独大"的情况依旧存在，加上澳门产业优势薄弱，要想进一步有效推进经济适度多元化，就要充分发挥澳门中小企业优势，积极"走出去"以获得更广阔的发展空间。

经济适度多元化发展与积极参与区域及平台合作是相互促进的。澳门中小企业在经济适度多元化发展的战略中作为充满活力的主体，在巩固现有产业基础的同时，从本地区域特色出发，根据企业自身的特点制定发展道路。例如，结合澳门旅游休闲业的蓬勃发展，推动旅游周边产品、本地手信等关联度较高的行业，共同打造"世界旅游休闲中心"。从澳门"三个中心"的角度出发，通过商贸会展等活动，加强与葡萄牙等葡语国家的经贸合作，利用澳门的区位优势，推销中国产品至有需要的国家，为中小企业"走出去"创造更多机会。

4. 澳门企业与葡萄牙历史文化环境的联系

葡萄牙作为欧盟成员国之一，也作为葡语国家曾经的宗主国，在对外贸易的市场上一直处于不断的发展之中。澳门有着中华传统文化背景，又融合了葡萄牙文化，在中葡合作当中扮演着重要的角色，近年来随着中葡关系的进一步加深，澳门中小企业在对葡投资和贸易往来方面有了更多机会。

欧债危机之后，葡萄牙对外市场不仅仅局限于欧盟地区，而是努力扩展到范围更广阔的全球市场。随着葡萄牙国内私有化进程的推进，已有许多中国企业对葡萄牙的基础建设进行投资并取得了成功，而像盛世集团这样的中小企业则看重葡萄牙在新能源行业中先进的技术水平进行投资，通过双方的经济技术合作，将国际领先的技术"引进来"，结合本地实际情况使技术本土化。葡萄牙得益于良好的自然条件，在新能源和绿色发展技术上处于国际领先水平，与葡萄牙的高科技技术企业合作一方面对中小企业来说是提升企业自身竞争力的途径，另一方面也是很好的学习机会。

对于澳门中小企业来说，灵活利用政府提供的展会平台找寻合作机遇，从成功的案例中学习经验，主动积极地拓展对葡投资业务，在中葡合作中可以抓住更多机遇，为企业今后的发展奠定更坚实的基础。

（三）澳门特区中小企业进入葡萄牙市场面临的挑战

1. 在葡萄牙及欧盟市场的竞争力不足

澳门中小企业目前由于规模较小，在企业管理制度上缺乏有效的激励政策，高新技术人才储备不足，导致澳门中小企业创新力欠缺，在国际市场的竞争环境中受到的制约较大，也使得澳门中小企业对外投资的发展脚步缓慢。如今经济全球化的速度不断加快，澳门中小企业虽然数量多，但占 GDP 的比重低，加上专业人力资源匮乏，这都使澳门中小企业的软实力不足，企业还要面临产业结构转型升级的挑战，众多的现实问题使得澳门中小企业对于对外投资一直持观望态度甚至不作考虑。盛世集团虽然以服务为主，但企业团队不断提升自我素质软实力，创新发展的实质也是技术和人才的发展，只有提升了企业自身的素质才能吸引更多的高素质人才，才更利于企业在社会经济发展的过程中更灵活地应对挑战。

同时澳门中小企业在对外的技术合作上若要提升自身竞争力，还需要加强对所投资行业知识产权和相应国际认证的了解。盛世集团在与葡萄牙技术企业合作的同时，也通过自身团队的努力成为东亚第一家同时获得了 ISO 9001、ISO 14001、ISO 14064、OHSAS 18001 和 ISO 50001 国际认证的设备管理企业，面对国际化市场，澳门中小企业通过提升企业自身的综合能力才能更好地"走出去"。

2. 跨国管理中的多重风险挑战

企业积极"走出去"除了带来更多的国际机会外，同时由于文化、法律法规等方面的差异造成的跨国管理风险也是多样的。虽然澳门地区有着葡萄牙文化的历史背景，但是随着经济的发展，澳门地区的社会发展越来越多元化，在合作过程中困难是不可避免的。

对于澳门中小企业来说，资金储备不及大型企业，财务风险较大。尤其在国际商贸合作项目需要一定的时间才可以得到回报，中小企业的融资管理和资金链管理就显得十分关键。即便澳门政府及银行提供了优惠政策支持本地中小企业合理贷款以发展业务，若缺少国际合作经验而盲目投资，对中小企业来说，所承担的风险是巨大的。

澳门本地的中小企业管理模式较为单一，在与葡萄牙甚至欧盟企业的合作中若不能及时沟通或调整企业内部管理模式，容易造成双方意见分歧，对于还在摸索经验中的企业来说极为不利。跨国合作中还要充分考虑到人力资源的整合，如果不能提高合适的人力资源在合作中的效用，一方面存在人力资源浪费的风险，另一方面还可能造成企业自身人员积极性下降，合作目标不能如期实现的问题。

由于目前对葡萄牙的法律法规政策了解较少，在合作当中要避免由于法律法规政策而导致的歧义或问题。这对于缺少国际经贸合作经验的澳门中小企业来说也是一大挑战，但是通过澳门政府举办的各项展会和论坛，加强双方的沟通，更直接地了解葡萄牙当地市场规模和法律条文细则，在发展合作时及时作出反应，使合作可以顺利进行。

四、总结

盛世集团作为澳门地区的龙头企业，在对葡萄牙的投资合作案例中为澳门本地中小企业起到了榜样作用。盛世集团通过积极参与特区政府组织的商贸展会活动，塑造了良好的企业形象，宣传了企业理念，为澳门特区中小企业提供了对葡萄牙投资的经验。

澳门的中小企业想要像盛世集团一样进入葡萄牙市场，除了需要借助政府的力量寻求机遇外，还要提升企业内部自身的资质，找到最适合的切入点进行投资。澳门贸易投资促进局、中小企业协进会等特区政府机构也为澳门中小企业提供了与葡萄牙等葡语国家的交流平台，方便企业了解符合自身发展的对葡投资的项目。

但不可否认的是，澳门的中小企业仍处在对 "走出去" 相对陌生的阶段，对外投资经验的缺乏令澳门中小企业 "走出去" 的道路存在着诸多机遇与挑战，希望盛世集团的成功案例可以为澳门特区有对外投资意向的中小企业提供一定的帮助。

参考文献

[1] 郭永中：《澳门中小企业提升竞争力的选择：制度、技术与管理创新》，载于《河南

师范大学学报》2010 年第 37 卷第 4 期，第 78～80 页。

　　［2］郭永中：《澳门中小企业的发展与挑战》，载于《广东行政学院学报》2013 年第 25 卷第 4 期，第 87～91 页。

　　［3］刘紫微：《履行企业社会责任：大陆地区的经验以及对澳门的启示》，载于《现代物业·现代经济》2014 年第 13 卷第 6 期，第 68～71 页。

　　［4］王进红：《"一带一路"战略下，中国企业走出去的思考》，载于《智能城市》2016 年第 8 期，第 138 页。

　　［5］萧志伟、戴华浩、吕开颜：《澳门经济适度多元化发展问题的思考》，载于《港澳研究》2016 年第 4 期，第 52～59 页。

　　［6］陈世倩：《浅析我国企业跨国并购的风险研究》（电子版），载于《城市建设理论研究》2013 年第 15 期，第 52～59 页。

　　［7］盛世集团：《把握"一带一路"与澳门商贸平台机遇　盛世集团展示与葡专研防御及空中无人驾驶系统科企 Spin. Works 的投资项目》，来自 http：//www. ceslasia. com/node/925？language = zh－hant.

　　［8］腾讯网：《第八届高峰论坛项目签约仪式成功举行》，来自 http：//new. qq. com/cmsn/20170602056129.

　　［9］《盛世集团》.《电子通讯》第 16 期，来自 http：//www. ceslasia. com/eNewsletter/External_16th/enewsletter_16th_CESLAsia. html#p = 7.

　　［10］网易新闻：《澳门政协委员：津澳联手扩大对外开放》，来自 http：//news. 163. com/17/0118/17/CB32BUAO000187V5. html.

　　［11］金羊网：《［新时代·中华儿女共筑中国梦］辜胜阻：六大举措推进粤港澳大湾区协同发展》，来自 http：//news. ycwb. com/2018－01/11/content_25878689. htm.